DESAPOSENTAÇÃO

1ª edição — 2008
2ª edição — 2009
3ª edição — 2010
4ª edição — 2011
5ª edição — 2012
6ª edição — 2014
7ª edição — 2015

Wladimir Novaes Martinez

Advogado especialista em Direito Previdenciário

DESAPOSENTAÇÃO

7ª edição

LTr®

EDITORA LTDA.

Rua Jaguaribe, 571
CEP 01224-001
São Paulo, SP – Brasil
Fone: (11) 2167-1101
www.ltr.com.br
Abril, 2015

Versão impressa: LTr 5246.3 – ISBN 978-85-361-8381-7
Versão digital: LTr 8678.9 – ISBN 978-85-361-8363-3

Dados Internacionais de Catalogação na Publicação (CIP)
(Câmara Brasileira do Livro, SP, Brasil)

Martinez, Wladimir Novaes
Desaposentação / Wladimir Novaes Martinez. — 7. ed. — São Paulo : LTr, 2015.

Bibliografia.

1. Aposentadoria — Brasil 2. Desaposentação 3. Renúncia (Direito do trabalho) — Brasil I. Título.

15-02333 CDU-34:331.25(81)

Índice para catálogo sistemático:

1. Brasil : Desaposentação : Direito do trabalho 34:331.25(81)

Sumário

Capítulo 4 – Visão dos Estudiosos

Capítulo 5 – Conceito de Renúncia

Capítulo 6 – Natureza Técnica

Capítulo 7 – Questões Jurídicas

Capítulo 8 – Enriquecimento Ilícito

Capítulo 9 – Constitucionalidade do Direito

Capítulo 10 – Natureza Alimentar

Capítulo 11 – Exaurimento da Via Administrativa

Capítulo 12 – Justiça Competente

Capítulo 13 – Pressupostos Lógicos

Capítulo 14 – Características Básicas

Capítulo 15 – Causas Determinantes

Capítulo 16 – Modalidades Adotadas

Capítulo 17 – Distinções Necessárias

Capítulo 18 – Revisão das Mensalidades

Capítulo 19 – Restauração do Pecúlio

Capítulo 20 – Art. 18, § 2º, do PBPS

Capítulo 21 – Volta ao Trabalho

Capítulo 22 – Transformação de Benefícios

Capítulo 23 – Despensão

Capítulo 24 – Abdicações Possíveis

Capítulo 25 – Prestações Renunciáveis

Capítulo 26 – Objetivos da Proposta

Capítulo 27 – Deferimento do Benefício

Capítulo 28 – Consequências Institucionais

Capítulo 29 – Desdobramentos Práticos

Capítulo 30 – Restituição do Recebido

Capítulo 31 – Aspectos Biométricos

Capítulo 32 – Devolução Tabelada

Capítulo 33 – Desconto Máximo

Capítulo 34 – Divergências Doutrinárias

Capítulo 35 – Instrumento Contencioso

Capítulo 36 – Avaliação da Oportunidade

Capítulo 37 – Cuidados Mínimos

Capítulo 38 – Contagem Recíproca

Capítulo 39 – Aposentação Compulsória

Capítulo 40 – Servidor Público

Capítulo 41 – Trabalhador Rural

Capítulo 42 – Regime dos Informais

Capítulo 43 – Previdência Complementar

Capítulo 44 – Reflexos na Complementação

Capítulo 45 – Súmulas Incidentes

Capítulo 46 – Regulamentação da Matéria

Capítulo 47 – Projeto de Lei

Capítulo 48 – Acordos Internacionais

Capítulo 49 – Art. 181-B do RPS

Capítulo 50 – Exame de acórdão contrário

Capítulo 51 – Recurso Extraordinário do STJ

Capítulo 52 – Desaposentação no Supremo

Capítulo 58 — À Guisa de Conclusão

Anexo

À Guisa de Introdução

Em setembro de 2008 fomos surpreendidos com a informação da LTr Editora de que a primeira edição deste Desaposentação, que viera à lume em janeiro do mesmo ano, estava para se esgotar. Realmente, os profissionais da área previdenciária resolveram inteirar-se desse instituto técnico, então novo, a ponto de resolvermos atualizar aquela edição, revê-la, acrescer recentes decisões jurisprudenciais e pontos de vista de doutrinadores publicados nesse curto espaço de tempo.

Ficamos mais surpreendidos no final de 2009, quando soubemos que a 2ª edição também havia se esgotado. E, no final de 2010, a 3ª edição careceu de uma revisão geral e logo em seguida sobreveio a 4ª edição. Por último, esgotada esta última edição, impôs a 5ª e a 6ª edições. Agora, voltamos ao tema nesta 7ª edição porque ela ainda se constitui num respeitável desafio à argúcia dos estudiosos.

Diante do interesse despertado pelo tema nos anos 2005/2014, com a realização de seminários, palestras e eventos científicos, artigos divulgados em revistas especializadas ou na internet (em parte, aqui registrados) — monografias universitárias de pós-graduação e centenas de decisões na Justiça Federal — com uns poucos estudiosos opondo-se à ideia e a maioria a apoiando e a aperfeiçoando, não resistimos à vontade de reentabular este ensaio sistematizado sobre a desaposentação, com as características de manual prático indutor de reflexões.

O tema produz o interesse dos profissionais, o que nos levou à elaboração desta 7ª edição.

Pesquisando aqueles trabalhos, constatamos a surpresa dos autores em relação a esse instituto técnico nascente, mas efervescente, e em corporificação, com a solicitação unânime de que ele deveria ser regulamentado brevemente para que a solução dos pedidos não tivesse de sofrer a via crucis das negativas administrativas e o demorado encaminhamento judicial. Dito isso, lembrando-se que um TCE e especialmente o TCU, rígidos no controle dos atos administrativos, tenha sustentado o direito de um segurado renunciar a uma aposentadoria para, depois, novamente se aposentar, ou seja, a pessoa se desaposentar.

Também ficaram claras as dificuldades de compreender que a desaposentação compõe-se de vários atos pessoais. Primeiro: renúncia formal às mensalidades de um benefício legitimamente deferido e em manutenção e não de todos os elementos da relação, o que é impossível. Segundo: a portabilidade do irrenunciável, definitivo e irreversível tempo de serviço, do regime de origem para um regime instituidor (da nova aposentadoria), dentro do próprio regime original ou fora dele.

Para se ter uma ideia desses óbices doutrinários, consulte-se Juan Menendez-Pidal, que escreveu em 1952: "Son nulos y sin valor toda renuncia de los benefícios concedidos por la legislación de accidentes del trabajo, así como los convenios y contratos contrarios a ella, cualquiera que sea la epoca y forma em que se realicen, quedando expresamente prohibidos los actos de conciliación y juicios de árbitros y amigables componedores en aquellas cuestiones que se planteen en esta materia entre los trabajadores y empresários, o entre aquellas y las entidades aseguradoras (art. 61 de la Ley, Disposición Final del art. 235 del Reglamento y Ley de 6 de diciembre de 1941)" (*Derecho Social Espanol*. Madri: Editoral Revista de Derecho Privado, 1952. v. II, p. 330).

De outro lado não há consenso científico sobre a necessidade de reposição das mensalidades auferidas no regime previdenciário em que se opera a abdicação, seguida de nova aposentação, particularmente quando se tratar de migração dentro de um mesmo regime, parecendo correto que os juízes, quando optarem pela devolução, devam delegar a tarefa de quantificação ao matemático.

A eventual questão da moralidade está superada e deveu-se à não compreensão desse aspecto jurídico. Alguns autores e julgados não lograram alcançar que a desaposentação não pretende o duplo cômputo do tempo de serviço. Ela segue as regras da contagem recíproca, que melhorar é preciso, e que hoje (2015) é impossível olhar para trás e tentar corrigir todas as mazelas pretéritas em matéria de regime de repartição simples, inexistência de taxa única, multiplicidade de salários de contribuição, enfim, uma parafernália de situações, preferindo-se ignorar esse passado.

Em face de contributividade previdenciária reforçada pela EC n. 20/98, ressalta-se que a Lei n. 9.796/99 pôs fim à solidariedade gratuita entre o RGPS e os RPPS, e que é imprescindível um acerto de contas, como se estivessem fundidos os dois regimes, se teria um desejado regime único da Carta Magna.

Os estudiosos sensíveis se deram conta de que a desaposentação é libertadora e quando praticada com respeito ao interesse público, logo sem causar prejuízos a ninguém e ao equilíbrio atuarial dos planos de benefícios envolvidos, é incensurável.

Talvez tenha contribuído para que alguns pensadores repensassem o amplo significado dos três portentosos postulados do art. 5º, XXXVI, da Carta Magna e o seu extraordinário papel, e que a Administração Pública, mesmo sem expressar permissão legal, desfruta sempre do poder de fazer justiça social.

A desaposentação propiciou a restauração da discussão do papel da contribuição, sua finalidade e, principalmente, fez renascer o debate em torno da validade da contribuição dos aposentados que voltam ao trabalho, olvidando-se que possa ter sido criada como mais uma fonte de custeio (o que custa crer) verifica-se que não existindo benefício, ela é tecnicamente insustentável.

Ver-se-á que, além de citar inúmeros trabalhos úteis, discorremos sobre temas conexos e próximos dos elementos da desaposentação.

O DOU de 14.1.2008 divulgou a mensagem do sr. Presidente da República, n. 16, de 11 de janeiro de 2008, segundo a qual Sua Excelência vetou integralmente o Projeto de Lei n. 78/2007 (PL n. 7.154/2002 da Câmara dos Deputados) e, com isso, os procedimentos da desaposentação deixaram de ser regulamentados. A tradição do Congresso Nacional tem sido de raramente rejeitar um veto presidencial.

Ouvido o MPS e outros ministérios, do texto de apenas dois curtos artigos restou perceptível o desconhecimento do instituto técnico por parte do Parlamento, causando a falsa impressão — num raro exemplo de eficácia jurígena da norma não positivada, não se desejaria a desaposentação, e não é isso que acontece.

Pena que o DOU não publique a redação dos projetos de lei quando vetados na íntegra. Os estudiosos ficaram sem saber qual foi a versão vetada.

Diz a mensagem: "Ao permitir a contagem do tempo de contribuição correspondente à percepção de aposentadoria pelo Regime Geral de Previdência Social para fins de obtenção de benefício por outro regime, o Projeto de Lei tem implicações diretas sobre os servidores públicos da União, dessa forma, sua proposição configura vício de iniciativa, visto que o inciso II, alínea c, § 1º, art. 61 da Constituição dispõe que são de iniciativa do Presidente da República as leis que disponham sobre tal matéria".

Salientam-se aqui dois equívocos basilares: a) eventuais implicações não diriam respeito apenas ao regime próprio da União, mas inclusive a todos os regimes próprios estaduais, municipais e distrital; e b) além dos ocasionais desdobramentos financeiros são os mesmos da contagem recíproca, criada em 1960 (*sic*), e corrigidos pelo acerto de contas da Lei n. 9.796/99.

Alhures há quem não perceba que o mecanismo do acerto de contas da desaposentação — para que não sobrevenham prejuízos a terceiros nem desrespeito ao princípio constitucional do equilíbrio atuarial e financeiro — é o mesmo da contagem recíproca (arts. 94/99 do PBPS). Ou seja, nao há diferença entre se desaposentar e portar o tempo de contribuição do Regime Geral (conforme o caso, devolvendo as mensalidades recebidas do INSS) com levar o mesmo tempo de contribuição mediante um acerto de contas da contagem recíproca. Nos dois métodos, caso subsistam prejuízos ao regime próprio, que eles sejam contornados pelo legislador. O que não pode perecer — é a desaposentação um instituto libertador do homem.

Outra importante observação: conforme salientado na segunda edição, esse instituto reclama regulamentação genérica e específica para a restituição. Hoje os magistrados da Justiça Federal adotam: a restituição total (I); nenhuma restituição (II); restituição parcial tarifada em 30% da nova mensalidade (III); devolução tão somente dos últimos cinco anos (IV); silêncio (V) ou excepcionalmente indeferem a pretensão (VI). Deveria adotar aquela tese aferida pelo matemático em função da idade do desaposentante (a), esperança média de vida resultante (b), contribuições vertidas no regime em que se aposentou (c), valor da anterior aposentação, cálculo da nova aposentadoria (d) etc.

O veto presidencial, mesmo acolhido pelo Congresso Nacional, não é contribuição (sequer doutrinária) à compreensão do fenômeno. Deveu-se à insuficiência, precariedade e pauperismo científico do Projeto de Lei. Por isso, deve o Poder Executivo de imediato reeditar a proposição, depois de ouvidos os técnicos do MPS, especialistas e interessados, para que os desaposentandos não tenham de ingressar na Justiça Federal e depois de seis ou sete anos venham a obter decisão que o RGPS e/ou o RPPS não sabem o que fazer com ela.

Ao final apresentamos mais de 300 tópicos práticos na forma de perguntas e respostas, sistematizando o texto para facilitar eventual pesquisa, muitas vezes reeditando seu texto principal de forma fácil para a consulta. De todo modo, como sempre fizemos em nossos ensaios, abordamos questões às vezes repetidas e paralelas ao tema, visando propiciar informações.

De certa forma, o destino da desaposentação ainda está nas mãos do STF e ele decidirá duas questões importantes: a) se ela tem cabimento como requerida e b) se tiver, a imposição ou não da restituição de algum valor.

Esse julgamento, que tarda desde 2010, já foi reiniciado com dois votos favoráveis e dois contrários, encontrando-se sob as vistas da Ministra Rosa Weber.

Já na 6ª edição acrescemos um capítulo sobre o valor da causa para fins de competência, continuamos a fazer a distinção entre revisão de cálculo e desaposentação e postados na ideia de que a data do início da nova mensalidade deve ser a data da citação válida e uma demonstração de que não se trata de um abono de permanência em serviço.

Diante da proximidade do julgamento final incluímos quatro capítulos novos que versam sobre o art. 18, § 2º, do PBPS, o exame de um acórdão contrário à tese, a apreciação do RE 1.334.88 no STJ, a desaposentação no STF e sobre a Sessão de Julgamento.

Pela oportunidade, não pudemos deixar de explicitar considerações sobre caso particular, o da desaposentação dos segurados favorecidos pela aposentadoria das pessoas com deficiência.

Wladimir Novaes Martinez

Capítulo 1
Histórico do Instituto

Instituto técnico ainda perfilhando um processo de formatação, a desaposentação despertou a atenção dos jusprevidenciaristas a contar de 1996, e vem produzindo uma série interminável de decisões na Justiça Federal, em sua maioria favoráveis, variando com ou sem o dever de restituir as mensalidades recebidas, com pouquíssimas decisões contrárias à ideia.

EC n. 20/98

Ultimamente, desde a EC n. 20/98, com os obstáculos opostos a um segundo benefício no serviço público a possibilidade de aposentar-se e novamente jubilar-se num RPPS de outro Estado da federação ou divisão estadual, ou seja, operando entre os regimes próprios, vem ganhando espaço, especialmente em razão da contagem recíproca de tempo de serviço e de o acerto de contas da Lei n. 9.796/99 ter tornado possível a observância do equilíbrio atuarial e financeiro como um princípio previdenciário.

O desenvolvimento histórico mostra que o instituto técnico evoluiu nos anos de 1996/2015, acrescido com contribuições jurisprudenciais e doutrinárias.

Em tempos já idos, em seu art. 12, a Lei n. 5.890/73 (modificadora da LOPS) dispunha sobre a suspensão da aposentadoria por tempo de serviço daquele segurado que voltasse ao trabalho, quando ele passaria a receber 50% da renda mensal. Cessada essa atividade, o benefício era restaurado com acréscimo de 5% por ano até um máximo de dez anos (§ 1º), sendo vedada indiscriminadamente a volta ao trabalho (§ 2º).

Juiz temporário

Tratando de juiz classista, cuja aposentadoria de legislação específica desapareceu com a Lei n. 9.528/97, pode-se dizer que a Lei n. 6.903/81 é o marco inicial normativo federal dessa possibilidade.

Dizia o seu art. 1º que: "A aposentadoria do Juiz Temporário do Poder Judiciário da União, prevista no parágrafo único, do art. 74, da Lei Complementar n. 35, de 14 de março de 1979, dar-se-á nos termos desta Lei. *Parágrafo único.* O benefício de que trata este artigo é devido: a) aos Ministros classistas do Tribunal Superior do Trabalho; b) aos Juízes classistas dos Tribunais Regionais do Trabalho; c) aos Magistrados de que tratam os arts. 131, item II, e 133, item III, da Constituição Federal; d) aos Juízes classistas que, como vogais, integram as Juntas de Conciliação e Julgamento".

Por seu turno, o art. 9º rezava: "Ao inativo do Tesouro Nacional ou da Previdência Social que estiver no exercício do cargo de Juiz Temporário e fizer jus à aposentadoria nos termos desta Lei, é lícito optar pelo benefício que mais lhe convier, cancelando-se aquele excluído pela opção".

Por intermédio do Ato n. 119/94 do TRT da 23ª Região, o *Juiz Manoel Alves Coelho* obteve essa vantagem (DOU de 10.10.94), sendo que a mesma decisão pode ser vista a favor de *Benedito Gomes Ferreira* (DOU de 7.6.95).

Primeiras idealizações

É possível que outro estudioso tenha pensado nisso antes ou até mesmo um aposentado ter cogitado dessa hipótese, mas se isso sucedeu tal *insight* não foi amplamente divulgado. Com certeza procedimentos administrativos na forma de consultas e pareceres, tramitaram internamente na Administração Pública cuidando do assunto, sem terem sido publicados.

Assim, cremos que fomos um dos primeiros a cogitar desse instituto técnico e a alinhavar um artigo versando o assunto (Renúncia e irreversibilidade dos benefícios previdenciários. *In: Suplemento Trabalhista*, São Paulo, LTr, n. 4/87, 1987).

Logo após a ocasião, criamos o neologismo, hoje amplamente adotado, de chamar de "desaposentação" ao ato de desconstituição do benefício mantido com vistas a uma nova aposentação.

Naquele trabalho, quando foram comentadas as conclusões do Parecer CJ/MPAS n. 27/86, usamos a expressão "aposentação" pela primeira vez. Parecer aquele que consignou manifestação anterior (Parecer CJ/MPAS n. 70/85), em que se admitiu o cancelamento da aposentadoria por tempo de serviço de *Maria do Carmo Peres dos Santos* (estudo que verdadeiramente não tratava da desaposentação, mas sim de cancelamento de benefício).

Voltamos ao tema em 1988 (Reversibilidade da prestação previdenciária. *In: Repertório de Jurisprudência*, São Paulo, IOB, 2ª quinzena de julho de 1988, n. 14/88, p. 187-88), insistindo na tese de que a irreversibilidade do direito era uma garantia do segurado e não da Instituição previdenciária, que pode ser demovida quando o seu interesse coincida com o interesse público (e é solar, não sobrevindo prejuízo para o sistema).

Ainda com alguma exclusividade, em 1992 apontamos esse direito como postulado de uma nova previdência social: "Em princípio, a concessão dos benefícios é irreversível. De acordo com a vontade do titular, subsiste a possibilidade de desaposentação, consoante prazos e regras legais, facultando-se ao interessado nova concessão, mesmo presente a deliberada intenção de melhorar o valor" (*Subsídios para um modelo de previdência social*. São Paulo: LTr, 1992, p. 45).

No mesmo ano repetimos essas conclusões (*A seguridade social na Constituição Federal*. 2. ed. São Paulo: LTr, 1992, p. 71-73).

Quatro anos depois aperfeiçoamos a investigação com o "Direito à desaposentação". *In: Jornal do 9º CBPS*, São Paulo, LTr, 1996, referindo-nos ao entendimento jurisprudencial favorável (Como andam os processos de desaposentação. *In: Jornal do 12º CBPS*, São Paulo, LTr, p. 73/74), ideia reeditada no ano seguinte e reproduzindo a ementa de vários acórdãos concordantes com a tese ("Como andam os processos de desaposentação". *In: RPS*, São Paulo, LTr, n. 231/137, 2000).

Em igual linha de raciocínio, em 2005 publicamos os "Pressupostos lógicos da desaposentação". *In: RPS*, São Paulo, LTr, n. 296/434, 2005.

Continuamos defendendo a tese em publicações, entrevistas, congressos e seminários. Recentemente outros estudiosos predispuseram-se a tratar do tema em livros, igual ao de Fábio Zambitte Ibrahim (*Desaposentação*. Rio de Janeiro: Impetus, 2005). Mais recentemente (2010), as advogadas Adriane Bramante de Castro Ladenthin e Viviane Masotti acresceram a bibliografia nacional com mais um livro, ambos por nós prefaciados.

Maria Cristina de Barros Migueis empregou o vocábulo "aposentação", crê-se pela primeira vez com o sentido de verbo (O trabalhador rural e a forma de sua aposentação. *In: RPS*, São Paulo, LTr, n. 194/15, 1997), expressão usada em Portugal, pelo menos desde o Decreto n. 16.669/29 e que hoje faz parte do Estatuto da Aposentação (Decreto-lei n. 498/72), com o sentido de benefício do servidor.

Congressos técnicos

Em 2006 a direção da LTr optou por incluir um IV Painel específico sobre a desaposentação em seu 19º Congresso Brasileiro de Previdência Social (CBPS), que se realiza anualmente em junho.

Eventos científicos

Suely Garcez de Martino Lins de Franco tratou do assunto no jornal do 9º CBPS (*Aperfeiçoamento da aposentadoria*. São Paulo: LTr, 1996. p. 74).

André Santos Novaes referiu-se ao instituto técnico, apoiando a ideia: "A Desaposentação é possível?". *In: Tribuna do Direito*, São Paulo, n. 346, fev. 1997, p. 12, trabalho citado continuamente daí para frente por outros pesquisadores.

Flávia Guaraldi Irion, lembrando o art. 181-B do RPS, que elege a irreversibilidade e a irrenunciabilidade das prestações previdenciárias, apreciou a transformação da aposentadoria proporcional na integral (Desaposentação: uma realidade contemporânea. *In: Jornal do CBPS*, São Paulo, LTr, p. 38, 2006).

Carla Mota Blank Machado Neto disse que: "A desaposentação consiste na desconstituição do ato administrativo declaratório de concessão da aposentadoria, para fins de aplicação do seu tempo de contribuição em outro ou no mesmo regime previdenciário, visando à obtenção de um benefício mais vantajoso" (Desaposentação. *In: Jornal do 26º CBPS*, São Paulo, LTr, p. 69-70, 2007).

Antonio Borges de Figueiredo e *Marcela Gallo de Oliveira* consideraram a distinção entre a desaposentação e outras modalidades de extinção do benefício, como o cancelamento e a cessação (Termo inicial da desaposentação. *In: Jornal do 19º CBPS*, São Paulo, LTr, p. 41-43, 2006).

André R. C. Fontes escolheu a desaposentação no "Curso de Extensão de Direito Previdenciário", organizado pela Universidade Cândido Mendes — Faculdade de Direito, realizado de 26.3.07 a 9.7.07.

O Juizado Especial Federal de São Paulo abriu inscrições para um seminário intitulado "Direito Previdenciário nos Juizados Especiais", de 9 a 13.10.06, e um dos itens abordados foi esse instituto técnico.

Faukecefres Savi comentou o instituto no "Projeto de Lei permite troca de aposentadorias", em 23.4.07, em seu site <Savi Advocacia>.

Nos anos 2006/2013, a EPDS organizou alguns seminários que incluíram a desaposentação.

No Encontro Regional de Direito Previdenciário, realizado em 15/16 de junho de 2007, pelo IAPE de Americana, discorremos sobre a desaposentação.

A possibilidade da desaposentação no âmbito do RGPS foi a tese desenvolvida por *Marcus Orione Gonçalves Correia* no "Congresso Brasileiro de Direito Previdenciário", realizado em Belo Horizonte em 19.5.06, pela *Revista Notadez.*

Sinésio Cyrino da Costa Filho tratou da desaposentação no "Seminário sobre Novas Áreas do Direito Previdenciário", promovido pela OAB/Secional da Bahia, no dia 18.8.06, em Salvador.

Estendendo-se por 17 páginas, *Isabella Borges de Araújo* desenvolveu sobre "A Desaposentação no Direito Brasileiro", Salvador: *Revista Jurídica da UNIFACS.*

Adilson Sanchez programou a ideia no "Curso de Especialização Telepresencial e Virtual", São Paulo: LFG, em 29.6.07.

Em 2007 publicamos o "Elementos da Desaposentação", *in: Revista IOB*, São Paulo, IOB, n. 218, p. 7-24, ago. 2007, revista que também acolheu o "Aspectos controversos da Desaposentação", de *Helena Mizushima Wendhausen* (*ibidem*, p. 25-33).

Dissertações acadêmicas

Um ambiente científico ideal para considerações sobre um instituto técnico em formação é o estudo acadêmico. Vários advogados apresentaram trabalhos, teses de dissertação e monografias em cursos de pós-graduação, caso de *Paulo de Tarso Guimarães* (Desaposentação, conceito, aspectos e possibilidades. São Paulo: EPDS, 2006).

Mayana Batista Neri escreveu uma monografia sob o título "Desaposentação — Um direito do aposentado de renunciar da sua aposentadoria", Recife: FIR, 2006.

A dissertação de mestrado de *Jacqueline Maria Moser* tratou do "Direito Adquirido e sua repercussão no Direito Previdenciário", abordando a aposentação no subitem "Desaposentação voluntária". Londrina: PUC do Paraná, 2005. p. 45.

Hugo Frederico Vieira Neves escreveu sobre "Aspectos controvertidos do instituto da desaposentação no Regime Geral de Previdência Social", São José, disponível na internet em 10.12.08.

Projeto de lei

Como não poderia deixar de ser, a questão acabou despertando o interesse dos políticos e parlamentares. Vários projetos de lei foram elaborados visando à regulamentação da matéria nos anos de 1997 e 2002 e tramitaram no Congresso Nacional. Como lembrado na Introdução, o principal deles foi vetado pelo sr. Presidente da República em dezembro de 2007. Novos projetos foram apresentados em 2009/2011, e, em particular Projeto de Lei n. 1.168/11 (apensado ao Projeto de Lei n. 5.688/09, que altera os arts. 18, 37-A, 54 e 96 do PBPS.

Diante das dificuldades inerentes à desaposentação, sua incompreensão, uma vez que os regimes previdenciários são pouco técnicos, complexos, sem muita uniformidade, adotam regimes financeiros e tipo de planos inadequados, o ideal é que a matéria seja regulamentada por lei ordinária.

Gilberto Santos Silva registrou e historiou os diversos projetos de lei ("O Instituto da Desaposentação no âmbito do RGPS", in RBDP n. 5/13).

Da mesma forma Cirlene Zimmermann (Desaposentação: a vedação constitucional da simulação de renúncia à aposentadoria e as propostas para a legalização do recálculo do benefício (*in Revista Juris Plenum Previdenciária* n. 1/33).

Cela Viana apresentou o seu TCC na Faculdade Anhanguera em 10.12. 14 e obteve nota 9,5, aprovando sua tese favorável a desaposentaçao.

Doutrina nacional

Hamilton Antonio Coelho estudou o tema e perfilhou aqueles que a defendem (Desaposentação: um novo instituto? *In: RPS*, São Paulo, LTr, n. 228/1.130). *João Batista Damasceno*, por ele citado, concordou que deveria haver essa possibilidade (Renúncia voluntária à aposentadoria, desfazimento de ato administrativo vinculado e definitivo e direito de certidão de tal ocorrência. *In: RDA*, Rio de Janeiro, n. 211, p. 179-280, jan./mar. 1998).

Carlos Alberto Pereira de Castro e *João Batista Lazzari* manifestaram-se a favor desse instituto (*Manual de direito previdenciário*. 4. ed. São Paulo: LTr, 2000. p. 488).

"Desaposentação e Nova Aposentadoria" foi o assunto escolhido por *Joseval Rodrigues da Cunha Filho* (*in: RPS*, São Paulo, LTr, n. 274/780, 2003).

Társis Nametala Sarl Jorge desenvolveu-o em seu livro *Manual dos Benefícios Previdenciários*. Rio de Janeiro: Lumen Juris, 2006. p. 191.

Roberto Luis Luchi cuidou da "Renúncia à aposentadoria". *In: Revista ADCOAS Previdenciária*, v. 35, nov. 2002.

O Juiz Federal *Marcelo Leonardo Tavares* admitiu a desaposentação em seu *Direito Previdenciário* (6. ed. Rio de Janeiro: Lumen Juris, 2005. p. 246), levantando parte da doutrina em acórdão por ele proferido na 1ª Turma Recursal do JEF do Rio de Janeiro (ibidem, p. 247).

Fábio Zambitte Ibrahim reportou-se ao fato de que a desaposentação "não prejudica o equilíbrio atuarial dos sistemas, pois as cotizações posteriores à aquisição do benefício são atuarialmente imprevisíveis, não sendo levadas em consideração para a fixação dos requisitos de elegibilidades do benefício" (*Curso de direito previdenciário*. 7. ed. Rio de Janeiro: Impetus, 2007. p. 564-565).

Ivani Contini Bramante acolheu inteiramente essa criação doutrinária e jurisprudencial (Desaposentação e nova aposentadoria. *In: RDA*, Rio de Janeiro, ano XXV, n. 244, p. 150-51, mar. 2001).

Daniel Machado da Rocha e *José Paulo Baltazar Júnior* ficaram ao lado do instituto técnico (*Comentários à lei de benefícios da previdência social*. 2. ed. Porto Alegre: Livraria do Advogado, 2002. p. 276-277).

Luciano Dorea Martinez, reportando-se ao acórdão em que foi relator o Juiz Federal *João Surreau Chagas*, em decisão de 5.6.01, da 6ª Turma do TRF da 4ª Região, *in* Proc. n. 2000.71.00.015111, quando esse magistrado não acolheu a ideia de se visar a aposentadoria no mesmo RGPS, reproduz a ementa em que aceita para emissão de CTC e registra outros acórdãos, especialmente o do Des. *Luiz Gonzaga Barbosa Moreira*, da 1ª Turma da 1ª Região, in Proc. n. 2002.38020020870/MG, in DJU de 3.11.04.

André Santos Novaes voltou ao tema no artigo "Possibilidade de Desaposentação" no livro T*emas atuais de previdência social em homenagem a Celso Barroso Leite* (São Paulo: LTr, 1998. p. 24-28).

Elsa Fernanda Reimbrecht Garcia foi uma das poucas a se preocupar com os aspectos atuariais (Da desconstituição do ato de aposentadoria e a viabilidade atuarial da desaposentação. *In: RPS*, São Paulo, LTr, n. 321/746, 2007).

Gisele Lemos Kravchychyn estudou amplamente as propostas em andamento (Desaposentação — fundamentos jurídicos, posição dos tribunais e análise das propostas legislativas. *In: RPS*, São Paulo, LTr, n. 321/756, 2007).

Lorena de Mello Rezende Colnago ficou contra, mas forneceu um conceito doutrinário, ressaltando que, como a aposentação é de interesse público, a desaposentação também tem de sê-lo (Desaposentação. *In: RPS*, São Paulo, LTr, n. 301/784).

Wilson Teles Macêdo não deixou dúvidas quanto a sua indisposição (Serviço público — aposentadoria — renúncia. *In: RDA*, Rio de Janeiro, n. 210, p. 316, out./dez. 1997). Ele ratificou as conclusões em artigo com igual título, publicado na RPS n. 228/1.130.

Também se opondo, *Daniel Pulino* alegou inexistir previsão legal, ser a concessão um ato administrativo, lembrando que o tempo considerado por um regime não pode ser considerado por outro. Mas a desaposentação não pretende isso. Sua menção ao contrato de seguro é inadequada, por não se prestar à espécie. A única hipótese que admite é a ilegalidade da aposentação, mas aí não há desaposentação e sim cancelamento (Da irreversibilidade das aposentadorias voluntárias do Regime Geral de Previdência Social. *In: Jornal do 11º CBPS*, São Paulo, LTr, p. 58, 1998).

Como lembrado antes, *Adriane Bramante de Castro Ladenthin* e *Viviane Masotti* enriqueceram a bibliografia nacional com o livro *Desaposentação — teoria e prática*, cuidando especificamente dos aspectos adjetivos da matéria (Curitiba: Juruá, 2010).

Tratando do tema, *Cleber Verde, Abel Magalhães* e *Silmara Londucci* publicaram o livro *Nova aposentadoria — Desaposentação, a chave para uma aposentadoria melhor*.

São Paulo: Sudeste/SP, 2010.

Tribunal de Contas

Embora se pudesse esperar resistência à inovação, tanto os tribunais estaduais como o TCU reagiram bem à ideia, reconhecendo o direito de alguém abdicar da percepção de mensalidades de um benefício de um regime e portar o tempo de serviço ou de contribuição para outro regime. Não ignorando que o procedimento obrigaria a adotar os critérios da contagem recíproca. Pena que nem todas as decisões abordaram questão tão relevante quanto à restituição ou não dos valores auferidos.

Ivani Contini Bramante reproduziu três julgados do TCU favoráveis, citando seis decisões referidas por *Hamilton Antonio Coelho* (Desaposentação e nova aposentadoria. *In: RPS*, n. 244/150), ainda fazendo menção à decisão da 3ª Câmara do Tribunal de Contas de MG, *in:* Proc. n. 323.876 — Relator: conselheiro *Moura e Castro*, decisão de 9.2.99, Belo Horizonte, *in: Jornal Minas Gerais* de 13.2.99, cad. I, p. 15.

Atualidade e tendências

Em 2015 prosperaram as ações visando à desconstituição da concessão de aposentadorias, no comum dos casos apenas tratando da aposentadoria por tempo de contribuição, mas não sendo rara a renúncia à proporcional em favor da integral e ainda causando alguma estranheza as hipóteses de aceitação dessa concepção.

A pretensão à felicidade é maior que o Direito. Destarte, é possível desistir de um benefício por incapacidade, tema, aliás, às vezes confundido com a cessação natural, após uma alta médica, transformando em outro benefício ou opção.

Praticamente acolhida a desaposentação, duas questões são ainda amplamente debatidas: a) se e quanto deve ser restituído e b) validade para o servidor.

Conselho de Recursos

Em decisão de 14.10.92, por meio do Acórdão CAj n. 065/92, contido no Proc. IAPAS n. 35.151/0007611/0, o CRPS determinou a renúncia à aposentadoria por tempo de serviço e concessão de aposentadoria especial, sem se dar conta de que se tratava de transformação de benefício.

Manifestando-se sobre o tema, veja-se a decisão do TCU no Proc. n. 002.392/81-0, em que foi relator *José Antonio B. de Macedo*, cuja ementa diz: "1. Aposentadoria. A concessão da aposentadoria em favor de *Helena Maria Castro de Souza*, a partir de 6.6.80, já foi considerada legal em sessão de 16.1.81 (fls. 15 v.). Trata-se, agora, da renúncia à aposentadoria em causa. Tendo em vista estar a servidora trabalhando em empresa privada, e deseja computar o tempo de serviço público para futura aposentadoria previdenciária. 3. O Diretor-Geral do Departamento de Pessoal do Ministério das Comunicações, através da Portaria n. 1.861/87 (fls. 19), homologou a mencionada renúncia, com efeitos a contar de 1º.1.88".

Direito comparado

São raras as manifestações doutrinárias e legislativas divulgadas em outros países, embora se colha algo sobre renúncia, até porque são raros os regimes previdenciários que adotam a aposentadoria por tempo de contribuição.

Sem razão *Ilídio das Neves*, que inicialmente acolhe a desaposentação para melhorar o nível das prestações, ao dizer que: "A renúncia implica, assim, o efetivo abandono, de forma assumida, de um interesse pessoal protegido por lei", para logo afirmar, amenizando a alegação que "no domínio do ordenamento jurídico da segurança social, deve haver restrições ao exercício desta faculdade" (*Direito da segurança social.* Coimbra: Coimbra Editora, 1996. p. 519).

Isso pode valer em Portugal, mas não no Brasil, em que os regimes são heterogêneos, não técnicos e desequilibrados por natureza, ou então ele aludia a trabalhadores hipossuficientes para os quais o benefício é a única fonte de subsistência. Raramente alguém, que dependa da Previdência Social, dispensará a sua única fonte de subsistência, justificando-se, então, interesse público, que quer que o segurado, sem causar prejuízo ao sistema protetivo do País, aufira a melhor aposentadoria. Ninguém deseja abandonar nada; ao contrário, todos querem obter mais.

Ele divide a renúncia em duas possibilidades: a) quando ele deixa de requerer a prestação no tempo especial e isto não é desaposentação e b) o segurado desiste de uma prestação para granjear outra.

Noutro momento recorda que aquele que aderir a um fundo de pensão, de acordo com a lei portuguesa, pode desistir. Isso também não é desaposentação (*Dicionário técnico e jurídico de proteção social.* Coimbra: Coimbra Editora, 2001. p. 633).

Fábio Zambitte Ibrahim lembra como Portugal, Canadá, Chile e Espanha trataram do assunto. Esses países, em alguns casos, admitem a acumulação do benefício com a remuneração; outros, a revisão da renda inicial com o acréscimo das novas em contribuições vertidas (*Desaposentação*, ob. cit.).

Capítulo 2
Direito à Aposentação

A aposentadoria é apenas uma das prestações previdenciárias, mas a principal delas. Considerada no universo das contingências protegidas pelo seguro social — contribuição por certo tempo (1); cobertura do ócio digno do idoso (2); benefício do incapaz (3) e indenizações decorrentes da assunção dos riscos de doenças ocupacionais (4) —, na proteção social a aposentadoria se posta como um benefício previdenciário.

Previsão constitucional

Juridicamente, apresenta-se como direito subjetivo posto à disposição do segurado que preencha os requisitos legais, ou seja, uma faculdade atribuída ao indivíduo depois de cumprir as exigências programadas para obtê-la. Tudo isso porque um dia o Estado se apropriou da iniciativa do cidadão, impondo-lhe o custeio obrigatório (no Brasil, no RGPS, em 24.1.1923; na Alemanha de *Otto von Bismarck*, em 21.6.1883).

Prestação dita constitucional em virtude de enquistar-se na Carta Magna para o servidor civil ou militar e para o trabalhador (arts. 40 e 201). E também para o parlamentar.

Direito patrimonial, por ser próprio e assegurado por uma determinada pessoa e, derradeiramente disponível, já que apenas dependente de sua volição.

Um direito nitidamente disponível, se a lei pretender a felicidade possível das pessoas que a previdência social possa propiciar.

Liberdade de trabalhar

Diante de um direito superior, que não o obriga a laborar, podendo fruir o ócio, o segurado tem a discrição de permanecer no serviço e de trabalhar após a aposentadoria. Tudo isso, se assim lhe aprouver e por conta de uma mera convenção histórica. Condições que definem o grau de liberdade de um ordenamento jurídico equilibrado.

A liberdade de um aposentado voltar a trabalhar, cientificamente se encontra sub judice no distorcido sistema brasileiro, e é um tema raramente debatido entre os especialistas.

Direito de jubilar

Resulta subsistir o direito de se aposentar, pretensão individual, *intuitu personae*, somente limitado pelo interesse público e pelo equilíbrio atuarial e financeiro do regime de cobertura.

A seguradora não pode se eximir do mau risco nem deixar de jubilar quem atendeu às condições determinantes antes pactuadas. Ela observará os requisitos vigentes — idade mínima, aptidões físicas de ingresso, tempo específico de acumulação de capitais, nível atuarial da contribuição necessária etc. —, submeter-se à programação do plano de benefícios, com a consumação do evento determinante, mas mais nada, além disso.

Se o deferimento das prestações põe em risco o equilíbrio atuarial e financeiro (por exemplo, porque a natalidade baixou e a expectativa de vida cresceu), o plano de benefícios será reformulado sem possibilidade de se negar o direito sob a alegação de incapacidade pecuniária de cumprimento da obrigação.

Natureza do ato

Desaposentação é ato administrativo formal vinculado, provocado pelo interessado no desfazimento da manutenção das mensalidades da aposentadoria, que compreende uma abdicação com declaração oficial desconstitutiva.

Uma desistência correspondendo à revisão jurídica do deferimento da aposentadoria anteriormente outorgada ao segurado.

Retrata a situação de quem legítima, legal e regularmente jubilara-se (pressuposto logicamente imediato), nas hipóteses possíveis, e que manifestou a renúncia do ato formal concessório para tornar-se um ativo, produzindo-se os efeitos práticos e jurídicos defluentes.

Como expediente burocrático, a desaposentação em parte seria o inverso da aposentação; restabelecimento do cenário jurídico pretérito, voltar ao estágio jurídico em que se encontrava quando da concessão do benefício.

Ontologicamente, apreciando os seus elementos constituintes, não haveria muita diferença entre quem completa 35 anos de contribuição e não requer o benefício e quem se jubila e depois se desfaz da aposentadoria.

Desistência do pagamento

Desaposentar compreende uma renúncia às mensalidades da aposentadoria usufruída, a abdicação do direito de se manter aposentado, que continua potencialmente indestrutível. Portanto, pressupõe a existência do referido direito, seja o simples seja o adquirido, mas não uma pretensão perecida. Nem apreensão por vir. A desaposentação não reclama motivação maior, mas frequentemente a ideia do solicitante é de melhorar a sua situação pessoal ou social.

Para o juiz *Wellington Mendes de Almeida*: "a renúncia à aposentadoria não implica renúncia ao próprio tempo de serviço que serviu de base para a concessão do benefício, se trata de direito incorporado ao patrimônio do trabalhador, que dele pode usufruir dentro dos limites legais" (Acórdão da 6ª Turma do TRF da 4ª Região, na Apelação Cível n. 0404738-l, *in:* DJ de 6.9.98, p. 516).

Manifestação de vontade

O desfazimento do benefício reclama expressão pública, ou seja, a exteriorização de vontade, legalmente assemelhada à do pedido da prestação, desejosa a pessoa de voltar ao *status quo ante*. Um direito personalíssimo de refazer a situação jurídica anterior à aposentação. *A priori*, com a preocupação sediada na razão do seu ato.

Nuanças procedimentais

Procedimentalmente é uma pretensão subjetiva, que lembra o direito à aposentação, um ato de requerer e receber a nova prestação. Nesse sentido, o segurado possui dois estados jurídicos: a) de contribuinte (expectativa) e b) de percipiente do benefício (direito). A rigor, neste segundo cenário se deveria dizer sinistrado, porque sucedeu a contingência protegida. Quem recolhe contribuições, de regra não é aposentado e este (se não voltar ao trabalho), um jubilado, não é mais contribuinte.

Ainda que sofra restrições (como a prescrição de mensalidades), a aposentadoria de quem preencheu os requisitos legais não pode ser destruída por nenhum ato jurídico, mas o ato formal dinâmico da aposentação pode ser desfeito; o direito ao benefício fica potencialmente suspenso e é refeito, restabelecido por vontade do titular (no mesmo ou em outro regime protetivo). Em suma: quem pode se aposentar pode se desaposentar.

Questões semânticas

O tema propõe questões meramente semânticas como a diferença entre a aposentadoria — que materialmente é um benefício previdenciário, juridicamente um instituto técnico protetivo — e a aposentação. Em Portugal, esta última palavra designa a jubilação do servidor público.

Não se deve chamar de segurado ao aposentado; aquela dicção tecnicamente indica aquele que, potencialmente, ainda não realizou o sinistro (evento determinante). Quem está fruindo a aposentadoria é designável como aposentado (mesmo que volte ao trabalho). Não há um vocábulo que se refira expressamente ao aposentado trabalhando.

A desaposentação, como ideia científica, difundiu-se quando os jubilados se deram conta de que, sem prejudicar quaisquer terceiros, poderiam melhorar sua situação previdenciária. Principalmente contando o tempo de serviço do RGPS num RPPS, mediante a contagem recíproca de tempo de serviço (e, raramente, na figura inversa). Fenômeno que busca maior proteção não estranha à procura de emprego em empresas com fundos de pensão.

Acórdão equivocado chamou de desaposentação ao ato de cancelamento de uma aposentadoria obtida no Poder Judiciário porque o segurado obtivera melhor benefício no INSS (*in RPS* n. 342/399).

Existem registros de palavras "desaposentadoria", "reaposentação" e outras mais. Cirlene Zimmermann diz que "na prática o termo tem sido utilizado para designar o interesse do aposentado em recuperar o tempo de contribuição anterior à aposentadoria para obtenção de novo benefício (mais vantajosa), no mesmo ou em outro regime previdenciário": Desaposentação: a vedação constitucional da simulação de renúncia à aposentadoria e as propostas para a legalização do recálculo do benefício. (*In Revista Juris Plenum Previdenciária*, n. 1, fev./2013, p. 38)

Há quem confunda a renúncia à aposentação com a renúncia ao tempo de serviço (esta última por ser indisponível é impossível). Como se verá adiante, importa distinguir, suspensão, cessação, reversão, revisão, transformação e desaposentação. E até mesmo a renúncia da desistência, como aquela que ocorre quando o segurando requer o benefício, ao ver o valor desiste da aposentação (o INSS encerra o processo) e mais tarde pede novamente a prestação.

Validade da ideia

O que convenceu os estudiosos da eficácia da desaposentação foi o passo dado pela Lei n. 9.796/99, mediante a qual os diferentes regimes previdenciários se compensam financeiramente e, assim, efetivamente, a contagem recíproca se tornou um instrumento lógico da desaposentação, por não causar prejuízos a ninguém. Quando for o caso, o quantum a ser encaminhado ao regime instituidor, no máximo, será o total das contribuições devidas pelo segurado.

Neste estudo a renúncia pressupõe a existência de uma aposentação, consubstanciada a partir da concessão e da manutenção de um benefício, mas são apresentadas outras hipóteses de desfazimento de prestações previdenciárias.

Com a concessão, o devedor da obrigação constitui o segurado em aposentado, conferindo-lhe a titularidade de um novo estado jurídico previdenciário. Para todos os efeitos, nessa condição de jubilado, sobrevirão determinados consectários jurídicos.

A desaposentação é modalidade de desfazimento da aposentação, ou seja, desconstituição do estado jurídico de jubilado, retornando a pessoa à condição de não aposentado. De regra, como ela pressupõe uma aposentação adiante, faz pensar na semelhança de ideias técnicas contidas nesses dois institutos técnicos.

Se requerer o benefício é exercitar um direito subjetivo, a desaposentação também é a prática de um direito subjetivo. Com a concessão, o órgão gestor constitui o *status* de jubilado; com a renúncia, constitui o *status* de não jubilado.

Não se pode ignorar 11 artigos publicados na Revista Juris Plenum Previdenciária n. 1 (Caxias do Sul, Editora Plenum Ltda., fev.2013).

Órgão concessor

Se legítima, não importa se a aposentação foi deferida pelo INSS ou se o segurado a conseguiu mediante ação judicial; alguns sustentam que a coisa julgada dessa decisão do Poder Judiciário não poderia ser modificada. Ninguém pretende isso, modificar a concessão judicial e, sim, desistir de um bem seu para melhorar a sua situação.

Conclusão adequada

Tida a aposentação, inicialmente como ato unilateral que vincula contratualmente a seguradora, obrigando-a a atender à pretensão (sempre que reunidos os requisitos legais e a isso não podendo se escusar, ainda que seja um mau risco), a desaposentação é ato pessoal que só depende da vontade do titular do direito, que, claro, terá de atender aos seus pressupostos.

Fábio Rodrigo Victorino dá um exemplo de um médico que passou num concurso público e diz: "O resultado será um manifesto desequilíbrio entre os valores já pagos a título de aposentadoria pelo Regime Geral e a renda inicial de sua nova aposentadoria" (Desaposentação: mitos e equívocos, disponível na internet). Se há desequilíbrio atuarial ou financeiro, ele tem de ser composto, mas sem arredar a possibilidade de desaposentação.

Capítulo 3
Fontes Formais

Exceto sopesando a doutrina ou a jurisprudência federal como tal (e têm sido), com o significado que se atribui usualmente à locução, com referência às normas dispositivas invocáveis, de modo geral, inexistem fontes formais federais que tratem especificamente da desaposentação.

Salvo uma ou outra situação particular, como é o caso do Juiz Temporário, ainda não foi promulgada lei federal ordinária específica tratando do assunto. Isso se deve ao fato de se tratar de instituto técnico em formação e ao pequeno número de procedimentos em andamento no contencioso administrativo, em que atualmente rechaçada a ideia, e um pouco maior no Poder Judiciário.

Embora, à evidência, desse tema se tratou como mera pretensão insatisfeita das pessoas, na verdade, até 1987 ninguém havia fundado tecnicamente os postulados sobre o instituto técnico e, por isso, ele foi tratado discriminatória, preconceituosa e moralmente como referente a indivíduo que queira levar vantagem indevida. Sem estar em vigor a Lei n. 9.796/99 (acerto de contas da contagem recíproca do tempo de serviço), é possível que isso fosse em parte uma verdade que o sistema desequilibrado permitia.

E, no entanto, já era válida; desde que a aposentação não seja obrigatória, de fato alguém sempre pôde e pode não pedir um benefício ou dispensá-lo depois de concedido. Normalmente, qualquer que seja o motivo, quem deixa para solicitar a aposentadoria integral está renunciando à proporcional. Mas esse comportamento, além de unilateral, não envolve o órgão gestor e jamais despertou interesse jurídico.

Carta Magna

Apresentando-se enganosamente como o maior óbice ao desfazimento do ato administrativo beneficiário da presunção de legitimidade, ao lado da coisa julgada e do direito adquirido, presencia-se esta magnífica garantia constitucional da estabilidade jurídica: "a lei não prejudicará o direito adquirido, o ato jurídico perfeito e a coisa julgada" (CF, art. 5º, XXXVI).

Tal postulado, por sua extrema relevância, tem de ser considerado pelos estudiosos, inclusive para proteger a desaposentação.

Mas nem mesmo a coisa julgada de alguém que obteve a aposentadoria por via judicial ou alguém que fez jus ao benefício *ex vi* do direito adquirido se pode excluir a desaposentação. Tal qual o ato jurídico perfeito, estes dois sacrossantos institutos jurídicos são garantias constitucionais do segurado e não da seguradora.

Texto constitucional

Diz o art. 40, § 9º, da Carta Magna que: "O tempo de contribuição federal, estadual ou municipal será contado para efeito de aposentadoria e o tempo de serviço correspondente para efeito de disponibilidade".

Com praticamente a mesma redação, reza o art. 201, § 9º: "Para efeito de aposentadoria, é assegurada a contagem recíproca do tempo de contribuição na Administração Pública e na atividade privada, rural e urbana, hipótese em que os diversos regimes de Previdência Social se compensarão financeiramente, segundo critérios estabelecidos em lei".

Evidentemente esta última disposição apresenta certo caráter de norma de super-direito, ou seja, tem validade para os regimes de origem e instituidor de previdência social. Já assinalamos que o disposto no art. 40, § 9º, aplica-se apenas entre os regimes públicos (*Reforma da previdência dos servidores*. São Paulo: LTr, 2004. p. 87).

Alguns autores e, principalmente julgados, veem nessas prescrições, por sua amplitude, particularmente na última, uma fonte formal invocável para a desaposentação. Os dois preceitos têm explicação histórica e foram concebidos com vistas à contagem recíproca sem que o legislador pensasse na desaposentação, por ele raramente cogitada.

A regra não vem de encontro, mas ao encontro do instituto técnico, limitada, porém, a sustentar que, no caso de o regime instituidor ter de computar o tempo de contribuição do regime de origem, deverá proceder aos acertos da Lei n. 9.796/99.

Norma legal

Como antes lembrado, a Lei n. 6.903/81 possivelmente é a fonte legal que fala numa opção do segurado de abandonar um benefício anterior do RGPS, para obter o da Justiça do Trabalho, computando o tempo de benefício abandonado.

Desoptante de IAP

Até 31.12.66, o regime nacional de previdência social compreendia seis IAPs: IAPFESP, IAPM, IAPB, IAPC, IAPI e IAPETC. Paralelamente havia o SASSE (dos economiários) e o PRORURAL (dos trabalhadores rurais). Em 1º.1.67, eles foram unificados no INPS (Decreto-lei n. 72/66), que mais tarde se tornou o INSS.

Diante dessa multiplicidade de regimes previdenciários, estabeleceu-se uma regra de escolha em relação àquele trabalhador que exercesse atividade e o submetesse a dois IAPs.

Com o art. 507 do RGPS subsistiu outra modalidade de opção que consistia em permitir ao segurado escolher para qual IAP deveria recolher as contribuições, abdicando a uma filiação até então obrigatória. O segurado poderia, por sua vontade, se desfiliar do IAPC.

E que causou, como não poderia deixar de ser, a figura da desopção, com a retratação de quem havia optado (Parecer MPAS n. 45/69).

Regra regulamentar

Diz o art. 18, § 2º, do PBPS que: "O aposentado pelo Regime Geral de Previdência Social — RGPS que permanecer em atividade sujeita a este Regime, ou a ele retornar, não fará jus a prestação alguma da Previdência Social em decorrência do exercício dessa atividade, exceto ao salário-família e à reabilitação profissional, quando empregado".

Esse preceito nasceu da necessidade de disciplinar a situação do trabalhador que voltasse ao trabalho, obrigando-o a contribuir diante do desaparecimento do pecúlio. Não ajuizava o legislador com a possibilidade de outra aposentadoria. Na verdade esse novo benefício, no que diz respeito ao RGPS, seria a majoração do valor, mas essencialmente o mesmo benefício.

Comentando o dispositivo antes reproduzido, o juiz *Eli Cordeiro*, citado por *Lorena de Mello Rezende Colgado* (Desaposentação. In: RPS, São Paulo, LTr, n. 301/784), diz que é "constitucional o art. 18, § 2º, da Lei n. 8.213/91 (com a redação dada pela Lei n. 9.528/97), ao proibir novos benefícios previdenciários pelo trabalho após a jubilação, mas não impede tal norma a renúncia à aposentadoria, desaparecendo daí a vedação legal" (Acórdão de 7.8.03 na Apelação Cível n. 46.106/RS, da 6ª Turma da 4ª Região, no Proc. n. 71.00.001821-5/RS, *in:* DJU de 3.9.03).

Na verdade ninguém deseja serem deferidos dois benefícios nem a desaposentação pretende isso. Obviamente, se obtida a aposentadoria integral em substituição da aposentadoria proporcional, esta última deve cessar. Reforçando a ideia de pôr fim à possibilidade de acumulação do auxílio-acidente com as aposentadorias.

De modo geral, a alegação de que esse art. 18, § 2º, do PBPS é inconstitucional não vem prevalecendo na Justiça Federal e quem a invoca não tem logrado computar as contribuições vertidas após a aposentadoria por tempo de contribuição proporcional ou integral. Melhor que os autores tivessem pensado na desaposentação (Apelação Cível n. 2001.71.00.8800-3/RS, relator *Luciano Amaral Correa Munch*, decisão de 18.4.07, da Turma Suplementar do TFR da 4ª Região).

Disposição administrativa

Ausente disposição no PBPS, favorável ou contrária, tentando firmar critério no âmbito da administração (e poderia, mediante medidas provisórias, ter convencido o Congresso Nacional da propriedade de suas razões), por intermédio do Decreto n. 3.265/99, o MPS acrescentou o art. 181-B ao Decreto n. 3.048/99 (RPS).

Da mesma forma, regulamentando a desistência do pedido do benefício (não do benefício), o Decreto n. 4.729/03 acresceu um parágrafo único a esse art. 181-B, falando da desistência em 30 dias após a concessão.

Cancelamento do abono

Iguais ideias, de menor expressão normativa, comparecem no art. 452 da Instrução Normativa INSS/DC n. 95/03, tratando da desistência do pedido e declarando a irreversibilidade das aposentadorias por idade, especial e por tempo de contribuição.

Sem ter sido expressamente revogada, diz a Circular INSS n. 601.005.0/138/86: "a) o segurado que estiver em gozo de abono de permanência em serviço e pretender aposentar-se como funcionário público federal, estadual ou municipal, sendo necessário completar o tempo de serviço para a aposentadoria estatutária com o prazo privado, poderá requer o cancelamento do abono e a experiência de certidão de tempo de serviço nos termos da Lei n. 6.226, de 14 de julho de 1975".

Trabalhador público

O art. 24 da Lei n. 8.112/90 alude à volta ao trabalho do servidor aposentado por invalidez que recuperou a higidez, sem se confundir com a desaposentação.

Não admite o ESPCU a reversão do "aposentado que já tiver completado 70 (setenta) anos de idade" (art. 27).

O art. 103 acrescenta: "O tempo em que o servidor esteve aposentado será contado apenas para nova aposentadoria" (§ 1º), restando visível que se trata de norma laboral limitando direitos trabalhistas.

Parecer normativo

Atualmente, no âmbito da Administração Pública, relevam os pareceres emitidos em sua maioria contrários à desaposentação.

Mas o primeiro deles foi favorável. Trata-se do Parecer CJ/MPAS n. 70/85, em que o Procurador Federal *Ronaldo Maia Marcos* opinou pelo cancelamento da aposentadoria de *Maria do Carmo Peres dos Santos*, seguindo-se o Parecer CJ/MPAS n. 27/86.

Jurisprudência contenciosa

Em 14.10.92, a Câmara de Julgamento do CRPS (Acórdão n. 065/92 exarado no Proc. IAPAS n. 35.151/0007611/90) determinou a renúncia à aposentadoria por tempo de serviço e concessão da aposentadoria especial. Possivelmente, o que se teve foi transformação de benefício e não desaposentação.

Acerto de contas

Quando os regimes de Previdência Social estavam mais equilibrados em razão da alta natalidade e pequena esperança média de vida e não preocupava as autoridades, desde 1960 criou-se a contagem recíproca. Isto é, os regimes próprios e o RGPS forneceriam, mutuamente, CTC para que os segurados contassem no regime instituidor o tempo de serviço prestado no regime de origem (Lei n. 6.226/75).

Evidentemente, o mecanismo não era tão recíproco assim, porque o mais comum era o trabalhador filiado ao INSS computar o tempo num RPPS, de sorte que o RGPS era desonerado, mas o regime instituidor assumia o encargo de aposentar esse trabalhador, então servidor, sem que tivesse os recursos necessários. Fato ainda mais verdadeiro até 16.12.98.

Com a Lei n. 9.796/99, esse visível desequilíbrio começou a ser corrigido. Ela dispõe que os diferentes regimes, para que houvesse a emissão das CTCs, deveriam promover acerto de contas.

Logo, essa lei e a sua regulamentação constituem fontes formais a serem consultadas, se não aplicadas diretamente (quando concebidas, elas diziam respeito ao simples cômputo do tempo de serviço), pelo menos referidas analogicamente quando da portabilidade dos recursos necessários.

Capítulo 4
Visão dos Estudiosos

Com toda certeza perquirir o conceito e, se for o caso, alcançar uma definição sintética do que seja a desaposentação será útil para a compreensão deste novo instituto técnico. Nem todos cuidaram especificamente disso; alguns preferiram simplesmente descrevê-lo ou arrolar suas principais características. Por se tratar de uma técnica em formação, propuseram-se vários enfoques doutrinários com ênfase deste ou daquele aspecto. De todo modo, ficou evidente que será possível conceituá-lo em *stricto sensu* e *lato sensu*, segundo as nuanças então examinadas.

Já sintetizamos ser o desfazimento de um benefício mantido, promovido pelo próprio titular. Tê-lo apenas como meio de deixar o RGPS e migrar para um RPPS (por ser o caminho mais comum) é diminuir-lhe sua natureza técnica. Deve ser visto como uma renúncia específica à aposentação e, no mais comum dos casos, mas não necessariamente, objetivando uma nova e melhor aposentação.

Basicamente, então, a desaposentação é uma renúncia às mensalidades da aposentação, sem prejuízo do tempo de serviço ou do tempo de contribuição, *per se* irrenunciáveis, seguida ou não de volta ao trabalho, restituindo-se o que for atuarialmente necessário para a manutenção do equilíbrio financeiro dos regimes envolvidos com o aproveitamento do período anterior no mesmo ou em outro regime de Previdência Social, sempre que a situação do segurado melhorar e isso não causar prejuízo a terceiros.

O Juiz Federal *Ivori Luis da Silva Scheller* chegou perto da distinção entre essa renúncia e a desaposentação. Para ele, a primeira é abdicação do tempo de serviço (o que é uma impossibilidade técnica), enquanto a segunda é a utilização desse tempo de serviço precedida da primeira aposentação (Acórdão de 5.8.04 no Proc. n. 2004.91.95.003417-4, da Turma Recursal de Santa Catarina, publicado no *Caderno Previdenciário do TRF da 4ª Região*, n. 1.2005).

Cláudia Vilela

Cláudia Sales Vilela Vianna lembra ideia próxima do tema, que merece reflexão: "O requerente, seja ele segurado do RGPS ou servidor público, poderá, a qualquer tempo, desistir do reconhecimento da filiação obrigatória à Previdência Social, no todo ou em parte, relativo ao período alcançado pela decadência, desde que as contribuições não tenham sido quitadas, vedada a restituição" (*Previdência social — custeio e benefícios.* São Paulo: LTr, 2005. p. 712).

A rigor, o que há é desistência do cômputo do tempo de serviço em razão do seu custo ou outra conveniência, mas em si mesmo ele é irrenunciável. A qualquer momento, quando interessar ao segurado, ele poderá pagar as contribuições e aumentar o seu patrimônio previdenciário.

Como antecipado, a migração do RGPS para um RPPS, embora a mais comum é um âmbito menor da desaposentação. Até que o País conheça um sistema verdadeiro universal, será de grande utilidade.

Isabella Araújo

Isabella Borges de Araújo lembra que a desaposentação é uma construção doutrinária, aperfeiçoada pela jurisprudência. Ela assinala ainda que "a doutrina tergiversa e a desaposentação ora é considerada como a desconstituição da aposentação com vistas a possibilitar o aproveitamento do tempo de filiação em contagem para nova aposentadoria no mesmo regime de previdência e ora para nominar tal aproveitamento somente quando nova aposentadoria ocorrer em outro regime previdenciário" (A desaposentação no direito brasileiro. *In: RPS*, São Paulo, LTr, n. 317/341).

Assim, teríamos quatro hipóteses a considerar: a) desaposentação no mesmo regime; b) desaposentação envolvendo dois regimes públicos ou público e privado; c) simples volta ao *status quo ante*, sem qualquer outra pretensão previdenciária (e que não exige o pressuposto de novas contribuições); e d) melhorar a situação mesmo providenciando em outro regime. Não existe a distinção entre desaposentação no mesmo regime ou fora dele, ambas presumidamente precedidas da renúncia no regime de origem; o que pode haver é uma renúncia sem nova aposentação (ou com ela).

Tarso Guimarães

Em sua monografia, *Paulo de Tarso Guimarães* tem a desaposentação como "o direito ao retorno à atividade remunerada" (*Desaposentação — conceito, aspectos e possibilidades*. São Paulo: EPDS, 2006. p. 12). É ideia simplificada decorrente de uma primeira avaliação. De regra, pode dar-se de alguém simplesmente não querer voltar ao trabalho ou já estar trabalhando, eventualmente, no serviço público, e desejar computar o tempo do RGPS no RPPS.

Ivani Bramante

Num primeiro momento *Ivani Contini Bramante* diz que a desaposentação "é o direito ao retorno à atividade remunerada". Adiante, ela assevera ser "o desfazimento do ato administrativo concessivo do benefício previdenciário no regime de origem, de modo a tornar possível a contagem do tempo de serviço prestado em outro regime" (Desaposentação e nova aposentadoria. *In: RDA*, Rio, ano XXV, n. 144, p. 150-51, mar. 2001).

Tal concepção acrescenta o principal objetivo do instituto que é o aproveitamento do tempo de serviço. Como outros autores, ela preferiu não exigir, na sua conceituação, a reposição ou não do *status quo ante*.

Castro e Lazzari

Para *Carlos Alberto Pereira de Castro* e *João Batista Lazzari* "é o direito do segurado ao retorno à atividade remunerada com o desfazimento da aposentadoria por vontade do titular, para fins de aproveitamento do tempo de filiação em contagem para nova aposentadoria, no mesmo ou em outro regime previdenciário" (*Manual de direito previdenciário*. 4. ed. São Paulo: LTr, 2000. p. 44).

Avançando nos seus pressupostos, o conceito lembra a subjetividade do direito, assinalando que somente o aposentado requererá a desaposentação.

Como os demais estudiosos, nesse momento os dois juízes não pretenderam ampliar a ideia nem particularizaram outras prestações.

Fábio Zambitte

Fábio Zambitte Ibrahim a descreve como a "reversão da aposentadoria obtida no Regime Geral de Previdência Social, ou mesmo em Regime Próprio de Previdência de Servidores Públicos, com o objetivo exclusivo de possibilitar a aquisição de benefício mais vantajoso no mesmo ou em outro regime previdenciário" (*Desaposentação*. Rio: Impetus, 2005).

Ele foi o primeiro destes autores a considerar a amplitude do instituto, afirmando ser possível em outros regimes. Lembra a possibilidade de ocorrer dentro de um RPPS ou envolvendo dois deles. Mas não quis absorver a possibilidade da volta ao trabalho ou ao simples ócio.

Hamilton Coelho

Hamilton Antonio Coelho a tem como "um direito do aposentado renunciar à jubilação e aproveitar o tempo de serviço para nova aposentadoria".

Ele acrescenta um esclarecimento útil: "Logo, o escopo último do fenômeno jurídico desaposentação é, exatamente, o de outorgar ao jubilado a prerrogativa de unificar os seus tempos de serviços numa nova aposentadoria", evidentemente também considerando um enfoque limitado do direito (Desaposentação: um novo Instituto? *In: RPS*, São Paulo, LTr, n. 228/1130).

Lorena Colnago

Sem embargo de não aprovar a ideia, *Lorena de Mello Rezende Colnago* a define como "tentativa do beneficiário de desfazer a ato administrativo de aposentação, com fundamento exclusivo na sua manifestação volitiva, a fim de liberar o tempo de contribuição utilizado na concessão da aposentadoria para que o mesmo possa reutilizá-lo no requerimento de concessão de nova aposentadoria em um regime mais benéfico" (Desaposentação. *In: RPS*, São Paulo, n. 301/784).

Como restringe à adoção do instituto técnico ela assevera ser uma tentativa, lembrando as dificuldades operacionais de se obter a desaposentação.

Roseval Rodrigues

Para *Roseval Rodrigues Cunha Filho*, "A desaposentação constitui na renúncia à aposentadoria para aproveitamento do tempo de contribuição neste regime previdenciário com vistas à nova aposentadoria mais favorável em outro regime previdenciário" (Desaposentação e nova aposentadoria. *In: RPS*, São Paulo, LTr, n. 274/780, 2003).

Da mesma forma julga ser possível, quando da migração de um para outro regime.

André Cazu

O advogado *André Luiz Cazu* discorreu sobre o tema garantindo ser "um direito do aposentado em renunciar à jubilação (aposentação) e aproveitar tempo de serviço para nova aposentadoria". Assim: "referido instituto é, exatamente, de outorgar ao aposentado a prerrogativa de unificar os seus tempos numa nova aposentadoria" (Desaposentação. Palestra proferida na 1ª Jornada de Direito Previdenciário Prático, São Paulo: IAPE, 2006).

Rodrigo Cardoso

Embora focasse mais o servidor, *Rodrigo Felix Sarruf Cardoso* discorreu amplamente sobre o instituto técnico, dizendo que a "renúncia à aposentadoria consiste na desistência do beneficiário em perceber seus vencimentos de inatividade, sendo, portanto, apenas uma abdicação dos frutos advindos da aposentação", no que estava correto.

Ele conclui: "Como tal, é ato privativo de vontade do servidor-renunciante dependendo tão somente de manifestação unilateral do beneficiário, não podendo a Administração Pública obstar essa pretensão. Nessa espécie, o ato administrativo permanece íntegro em relação ao ente público que o exarou" (A desaposentação do servidor público: aspectos controvertidos, colhido na *internet* em 30.9.07).

Cirlene Zimmermann

Um longo estudo da desaposentação foi oferecido por *Cirlene Zimmermann*, objeto de considerações adiante (ob. cit., p. 33/56), em princípio postando-se contra esse instituto técnico e, *ad argumentandum*, somente o admitindo mediante a restituição das mensalidades recebidas.

Ela entende que o RGPS é um regime financeiro de repartição simples e não de capitalização (em que seria viável a desaposentação), possivelmente pensando em termos coletivos uma vez que o cálculo dos benefícios a partir da Lei n. 9.876/99 afetou a sua construção, subsistindo desde 1999, numa correspectividade entre a contribuição e o benefício.

Capítulo 5
Conceito de Renúncia

Abstraindo agora os que não têm conhecimento, sem se dar conta, todos os dias, muitas vezes, o ser humano abdica de alguma coisa.

Quem preenche os requisitos legais e não requer um benefício, juridicamente está deixando de receber as mensalidades correspondentes. Procede assim por uma boa dose de razões subjetivas e objetivas.

Uma das diferenças entre o direito simples e o direito adquirido que vem à tona diz respeito àquele titular que, com o direito incorporado ao seu patrimônio, por qualquer motivo, não deseja usufruí-lo relegando para mais tarde; isso é uma renúncia consentida praticada diuturnamente. Às vezes, caso do fator previdenciário, o adiamento do momento da aposentação é forçado pela norma.

No antigo regime contributivo do salário-base, instituído pela Lei n. 5.890/73, os que atenderam aos interstícios e em vez de progredir permaneceram, abstiveram-se de elevar-se na escala de salários-base. Quem havia regredido, permanecia, e se não quis retornar à classe de onde regredira também se absteve de um direito que poderia desfrutar (PCSS, art. 29).

A competência do Juizado Especial Federal implica numa renúncia de jurisdição, comentada por *Daisson Portanova*: "Há uma notável deformidade legal, pois o que é indisponível — em tese — é o direito, não o patrimônio, arguindo a inconstitucionalidade" (Juizado especial — renúncia de créditos e o Estado, de necessidade econômica. *In: Jornal do 16º CBPS*, São Paulo, LTr, p. 88-90, 2003).

Presença na desaposentação

Como instituto técnico previdenciário, a desaposentação é um ato administrativo vinculado complexo, envolvendo várias iniciativas de pessoas físicas e de algumas pessoas jurídicas. O passo inicial é a desistência de um direito próprio, o de receber as mensalidades de uma prestação anteriormente constituída que esteja sendo mantida (nunca de um direito por vir).

Por se tratar de um direito social, a teoria da desaposentação sopesa a migração da renúncia do Direito para o Direito Previdenciário.

Requerida essa desistência, aprovada e formalizada essa abstenção jurídica por parte da entidade administradora do regime de origem, a partir de certa data-base ela produzirá efeitos práticos e jurídicos no seu domínio e fora dele, sem que tenha de ser necessariamente no dia seguinte à declaração. O autor a requer, porque ato unilateral, mas quem a efetiva formalmente é o requerido; enquanto o órgão gestor não a constituir, não existe a renúncia. Seu efeito é *ex tunc*, desde um determinado instante.

Fábio de Souza Silva estabeleceu a nítida distinção entre a renúncia ao benefício como um direito e a renúncia às mensalidades, que ele chama de proventos ou parcelas: "a renúncia aos proventos não implica a perda do direito à aposentadoria, pois esse já foi adquirido, passou a integrar o patrimônio do segurado. Apenas parcelas que seriam devidas caso o segurado estivesse aposentado são renunciadas" (Desaposentação. *In: Direito Previdenciário*. Niterói: Impetus, 2005. p. 99-122).

Definição doutrinária

Tanto quanto o direito adquirido, a renúncia é tema intrigante, desafiador e deflagrador de muitas reflexões no campo do Direito.

Previdenciariamente, renúncia é a abdicação de um direito pessoal disponível que não cause prejuízos para terceiros. Não é sinônimo de desaposentação, a qual, no comum dos casos, exige uma nova aposentação.

Antonio Houaiss a tem como: "Abandono de direito por seu titular, sem o transferir a terceiros" (*Dicionário Houaiss da língua portuguesa*. Rio de Janeiro: Objetiva, 2001. p. 2.429), em que ele declara a titularidade da ação e faz alguma distinção quanto ao escopo do exercício. Se assim fosse, seria transferência de benefício e isso é impossível no Direito Previdenciário.

Ilídio das Neves diz que é um "Ato pelo qual o titular de um direito dele abdica voluntária e unilateralmente, perecendo, assim, a titularidade ou a faculdade de o exercer" (*Dicionário técnico jurídico da protecção social*. Coimbra: Coimbra Editora, 2000. p. 633), que é uma visão obstativa do arrependimento.

A renúncia não põe fim ao direito à prestação, apenas suspende o seu exercício como direito. Ela continuará produzindo efeitos jurídicos (que é exatamente o que deseja o titular), entre os quais o seu arrependimento. Não se pode ajuizar que a renúncia destrói esse direito, apenas suspende o seu exercício; quando desaposentado porta o tempo de serviço para outro regime e o direito a esse tempo está integralizado na CTC.

A desaposentação não implica na renúncia ao tempo de serviço, que é intocável e apenas as mensalidades de um benefício mantido. A proteção ao tempo de contribuição é garantida até mesmo aquele após a aposentação. *Luiz Fernando S. Doria Júnior* (A desaposentação e a não obrigatoriedade da evolução da parcelas recebidas, *in Revista Juris Plenum Previdenciária*, n. 1, p. 13), afirma que não pode ser destruído nenhum ato jurídico, o que é uma verdade, mas não se pode ignorar que o ato jurídico perfeito, a coisa julgada e o direito adquirido não são absolutos. Eles podem ser afetados pelas condições econômicas e pelo interesse público, fato que sucedeu em alguns países da União Europeia, nos anos 2008/2012.

De Plácido e Silva o vê "como o abandono ou a desistência do direito que se tem sobre alguma coisa" (*Vocabulário jurídico*. 4. ed. Rio de Janeiro-São Paulo: Forense, 1975.

p. 1.346), idealização que não corresponde outra vez à ideia da desaposentação, que é um pouco mais sutil; nesse instituto previdenciário é impossível alguém abandonar um direito ou dele desistir.

A qualquer momento, quem apenas renunciou (sem pretender portar o tempo de serviço), desejando fruir o ócio remunerado por outra fonte, poderá reaver aquele direito.

Antonio de Paulo quase conseguiu sintetizar essas ideias: "Ato pelo qual alguém desiste voluntariamente de um direito" (*Pequeno dicionário jurídico*. São Paulo: D&PA, 2002. p. 268).

Sem que pudéssemos alcançar o sentido de sua conclusão para a desembargadora *Margarida Cantarelli* a renúncia somente seria possível no RGHPS (ou talvez num RPPS) para que o tempo e as contribuições fossem aproveitados em outro regime. Nestes casos, diferentemente da contagem recíproca, se o INSS tiver de repassar as contribuições que recebeu, desfazendo a relação jurídica, como ficam as mensalidades pagas? (AC n. 510002/PE – Proc. n. 0007714-15.2010.4.05.8300, da 4ª Turma do TRF da 5ª Região de 14.12.11, *in* RPS n. 364/264).

Sujeitos capazes

Nessa relação jurídica presente uma pessoa física (o renunciante), ela terá de ser alguém juridicamente capaz, ou seja, alguém no pleno domínio de suas faculdades mentais e jurídicas e usufruindo um direito previdenciário regular, legal e legítimo, presente.

Uma vez provado que não dispunha dessa capacidade jurídica, é nulo o pedido da desaposentação e não produz efeitos.

Por outro lado, somente a Administração Pública competente para conceder o benefício pode acolher o protocolo de um pedido de renúncia. Substituindo-se essa atribuição, é claro, também o Poder Judiciário.

Quando o Tribunal de Contas apura irregularidades numa aposentação, não está desaposentando o titular, mas anulando a concessão indevida.

Essência jurídica

A renúncia reduz-se ao exercício de um direito subjetivo, expresso adjetivamente em relação a um bem disponível, como é o caso das mensalidades das prestações previdenciárias.

Representa um instituto técnico jurídico construído pela doutrina e aprimorado por decisões judiciais iterativas.

Ao lado de uma declaração, nascida da necessidade da publicidade administrativa, no seio do regime de origem constitui-se num ato de desconstituição de uma ação de concessão e manutenção, que poderia ser chamado de constituição negativa.

Aliás, diante do requerimento, é um ato vinculado que somente impõe esclarecimentos do requerente se, no exame da petição inicial, o órgão gestor ficar convencido de que o titular está equivocado em suas pretensões e que, com seu ato, possa ser prejudicado.

Tipos de abdicação

São poucas as modalidades de abdicação do exercício de um direito, podendo ser lembradas a expressa, a implícita, a tácita e a obrigatória.

Desejada e manifestada publicamente pelo titular, no primeiro caso, de preferência por escrito, é o caso da desaposentação.

No Direito do Trabalho, caso alguém abandone o serviço por mais de 30 dias e logo após o afastamento assuma outro vínculo empregatício, nas mesmas condições do primeiro e com vantagens de variada ordem, renunciou implicitamente àquela primeira relação jurídica.

Tacitamente ocorre a renúncia quando os dois polos da relação constatam o abandono de um direito decorrente de atos e circunstâncias.

A abdicação de ofício não existe, embora algumas figuras de anulação possam apresentar praticamente os mesmos efeitos.

Uma desistência obrigatória sucede quando a pessoa está sujeita a desfazer-se de uma relação em favor de outra. No caso do servidor aposentado no regime de origem e tomou posse nesse mesmo regime ou no regime instituidor, terá de renunciar ao primeiro para não incidir na acumulação.

Características elementares

Em face das enormes consequências que advêm da desistência de uma prestação previdenciária, geralmente responsável pela manutenção da pessoa humana, o procedimento exige certa estrutura técnica e o processo apresenta características ressaltáveis, muitas das quais bastante evidentes.

Uma característica comum aos institutos jurídicos previdenciários é a titularidade. Somente quem detém o direito à aposentadoria pode dela desistir.

O gesto é espontâneo e ninguém será forçado a ele.

Ainda que seja qualquer, terá de haver uma motivação.

Joseval Rodrigues Cunha Filho avulta um aspecto da renúncia que é a unilateralidade da iniciativa (que nada tem a ver com as ações procedimentais do requerido) e o fato de o órgão gestor não interferir no processo de decisão do titular. Cabe à Administração Pública apenas encaminhar as medidas burocráticas cabíveis.

Ele a distingue do abandono, situação em que alguém despreza o direito, simplesmente não o exercita e permanece inerte. Deixar de receber um benefício, largando as mensalidades no banco, é um exemplo (Desaposentação e nova aposentadoria. *In: RPS*, São Paulo, LTr, 274/780, 2003).

Direitos disponíveis

A rigor, todos os direitos materiais são renunciáveis; a vida é feita de decisões, uso e fruto de direitos e abandono deles (quase sempre na busca de melhores situações). Não deveria ser assim, mas alguns abandonam até a existência.

Quando o escopo do titular for buscar a maior felicidade possível, ele tem o direito de desistir do que quer que seja, fato que causa muita estranheza às pessoas.

O limite maior de sua discrição é o interesse público e a possibilidade de afetação de terceiros. Enfatiza-se ad nauseam: não constituem obstáculos o ato jurídico perfeito, a coisa julgada nem o direito adquirido.

No comum dos casos as prestações programadas apresentam nuanças que tornam mais palatável a ideia da desaposentação.

Luciano Dorea Martinez Carreiro, sem deixar muito clara sua posição doutrinária de aprovação, preferindo descrever o instituto técnico, respondendo à indagação sobre a aposentadoria ser renunciável ou não, afirma não haver vedação legal para isso, não se prestando ao art. 58, § 2º, do Decreto n. 2.172/97 nem ao art. 181-B do RPS, reproduzindo a decisão da 1ª Turma do TRF da 1ª Região na Apelação Cível n. 2002.38020020870/MG, quando Relator o Desembargador *Luiz Gonzaga Barbosa Moreira, in:* DJU de 3.11.04, p. 14), mas ele também reproduz acórdão contrário, emanado do Juiz Federal *João Surreaux Chagas*, por conta da Lei n. 8.870/94 (acórdão da 6ª Turma da 4ª Região do TRF, em Apelação Cível, *in:* TJ de 5.6.01).

Extinção de processo

Reafirma-se cansativamente: a renúncia permeia o Direito. As dicções positivadas ou não sobre a irrenunciabilidade dos direitos sociais deveram-se historicamente à enorme preocupação dos profissionais do Direito em assegurar a defesa desses direitos da cidadania, a tal ponto que muitos julgaram impossível desfazer-se essa proteção, de sorte que possa resultar no contrário do pretendido.

É tão forte o poder da renúncia que o Código de Processo Civil diz claramente que se extingue o processo: "quando o autor renunciar ao direito sobre que se funda a ação" (art. 269, V). Prosseguir na ação, se não mais tem interesse, seria onerar o Poder Judiciário, e, às vezes, as partes.

A parte contrária não tem o direito de objetar, se a outra parte não quer recorrer (CPC, art. 502). A renúncia, in casu, é unilateral, podendo-se até mesmo renunciar ao prazo processual (CPC, art. 186).

Direito do Trabalho

A CLT não tem disposição sobre a renúncia de direitos substantivos, mas é no Direito do Trabalho que mais se constata a abdicação de pretensões laborais.

No acordo trabalhista diariamente são negociados milhares de valores em todo o País, com desistência de alguns deles e até mesmo para não ter de esperar a sentença final.

Aqueles que têm o efetivo caráter da norma pública como absoluta devem ajuizar sobre esse poder cometido ao trabalhador, mesmo após a Junta de Conciliação e Julgamento ter mudado a designação e passado a ser Vara do Trabalho. Porque, acima do direito individual, está o interesse público em obter a tranquilidade jurídica.

Contencioso administrativo

O próprio Estado, *in casu* a União, frequentemente renuncia: "O Ministro da Previdência e Assistência Social poderá autorizar o INSS a formalizar a desistência ou abster-se de propor ações e recursos em processos judiciais sempre que a ação versar matéria sobre a qual haja declaração de inconstitucionalidade proferida pelo Supremo Tribunal Federal — STF, súmula ou jurisprudência consolidada do STF ou dos tribunais superiores" (Lei n. 9.528/97).

Quem ingressa com ação judicial abandona o procedimento administrativo (Portaria MPS n. 548/11).

Quando não interessar ao segurado, até mesmo em razão do custo financeiro, ele poderá desistir de computar período em débito (IN INSS n. 11/06).

Questões incontroversas

Não são muitas as questões que desfrutam de acordo doutrinário ou jurisprudencial e mesmo assim não se pode falar em unanimidade, mas a disponibilidade do direito e a possibilidade de renúncia são duas delas.

Capítulo 6
Natureza Técnica

Para se examinar a intimidade jurídica da desaposentação, é preciso perquirir o significado da aposentação, principalmente contemplar a essência do benefício no domínio previdenciário. Condição sopesada em face de cenários mais abrangentes que são os direitos individuais constitucionais de trabalhar e os de não se jubilar. A prestação previdenciária tem validade ampla para o ser humano, em alguma hipótese constituindo-se em extraordinária conquista social no sentido de determinante da cidadania.

Já desenvolvemos os aspectos mais relevantes das prestações (*Curso de direito previdenciário*. 5. ed. São Paulo: LTr, 2013. p. 781-784). Os desembolsos mensais em dinheiro por parte do devedor da obrigação são institutos jurídicos complexos, esmiuçáveis e compreensíveis a partir de sua nuclearidade essencial e com fulcro na existência de outros, meramente exteriores, formais por natureza, mas quase todos se revestindo de aspectos jurídicos e práticos. Portanto, produzindo significativos efeitos na esfera científica, convindo repassá-los. Quem quiser analisar estes aspectos terá de admitir, em qualquer caso, *ab initio* tratar-se de direito patrimonial disponível.

A despeito de inexistir qualquer similitude, negando a possibilidade do direito alguns magistrados consideram a desaposentação um abono, que é um benefício de que não se aposentou (*in RPS* n. 384/941).

Direito subjetivo

Com o surgimento da filiação obrigatória, característica histórica fundamental da implantação da previdência social, cujo subproduto foi e é a compulsoriedade da contribuição por parte da pessoa jurídica (empresa) e física (trabalhador), no bojo da relação jurídica securitária, ao mesmo tempo constitui-se num direito subjetivo do segurado de ter de volta a reserva técnica das contribuições pessoais e da sociedade, com os frutos inerentes às aplicações ou sem eles, atuarialmente concebida e submetida à norma pública, na forma das prestações, como idealizadas em algum momento pela lei ordinária.

Para isso carece o beneficiário preencher os requisitos contemplados no plano de benefícios, equacionados matematicamente conforme a massa de protegidos de um regime previdenciário.

Esse pano de fundo há de informar, por seu turno, o direito à desaposentação, circunscritos à hipótese apenas e tão somente a elementos subjetivos: a vontade do titular e escopo de melhoria (1) e objetivos (2) — unilateralidade da decisão, observância do equilíbrio do plano (restabelecimento do *status quo ante*, quando for o caso, e não haver prejuízos para terceiros).

Direito personalíssimo

Gilson Gipp, manifestando-se no RESP n. 606.821/CE, *in* Proc. n. 2003.0101949-5, do STJ de 18.2.04, a par de reconhecer a desaposentação como um direito personalíssimo aos benefícios e de se referir à irreversibilidade e à irrenunciabilidade, acolhe-a por ser "uma renúncia que possui, também, a natureza de opção e que permite ao segurado obter uma vantagem em sua fonte de subsistência" (Apelação Cível n. 133.529/CE, relatado pelo desembargador *Araken Maria*, julgado em 28.4.98, unânime). Para ele, pois, é uma opção válida, que, evidentemente, pressupõe uma renúncia.

Theotônio Costa, admitindo o direito à desaposentação, reproduz acórdão do juiz *João Surreaux Chagas* (exarado no Proc. n. 1996.04.042248.11-1/SC, *in:* DOU de 26.2.97) em que este magistrado assinala que a desaposentação é devida "se não contraria qualquer interesse público" (Apelação Cível n. 1998.03.037653-5/SP, do TRF da 3ª Região, de 1º.9.98). Ou seja: não causar prejuízo ao regime nem às pessoas (o que quer que isso signifique).

A renúncia é ato unilateral e não depende do regime de origem; a desaposentação, que a tem como pressuposto, associada à nova aposentação, envolve uma pessoa física e duas pessoas jurídicas.

Nuclearidade alimentar

De regra os benefícios destinam-se à subsistência da pessoa humana (e não à sobrevivência, que é o papel da assistência social), que enfrenta dificuldades para obter os meios habituais fora da atividade profissional e, na maioria dos casos, mas não em todos eles, a prestação previdenciária, por conta de sua exclusividade e nível pecuniário, assume caráter nitidamente alimentar (CF, art. 100, § 1º-A), conforme a EC n. 30/00.

Razão que já levou alguns estudiosos a se porem contra a desaposentação, esquecendo-se de que o objetivo do interessado na abdicação é exatamente melhorar as condições de vida; possivelmente pensadores que ainda não assimilaram o significado da alimentaridade previdenciária e que não há solução de continuidade na manutenção do benefício.

Curiosamente, alguns deles julgam ser impossível a desaposentação porque ofenderia essa alimentaridade. Ora, diante da não suspensão dos pagamentos das mensalidades enquanto perdurar o processo de desaposentação, e possivelmente estar o pretendente usufruindo outros meios de subsistência, o que ele deseja é otimizar os referidos meios, com alimentaridade ampliada. Esta ideia, *per se*, poderia ser lembrada no que diz respeito à restituição, mas não à possibilidade de realização do instituto técnico.

Marina Vasques Duarte, citada pelo juiz *Alexandre Gonçalves Lippel* no Recurso Cível n. 2005.71.95.015024-3/RS, da 4ª Região, em 8.11.06, sustenta: "Por outro lado a irrepetibilidade dos alimentos existe para proteger o indivíduo. Se ele tiver de abrir mão desse direito para postular outro que lhe seja mais vantajoso, aquela regra não o pode impedir de fazer a opção".

No exame da Apelação Cível n. 925.069-7, contestando a ação e lembrando a Súmula STF n. 359, o INSS alegou a impossibilidade da renúncia da aposentadoria por ser alimentar. Analisando a questão, a juíza da 17ª Vara opôs-se a essa postura, considerando válida a possibilidade de *Juarez de Almeida* vir a se desaposentar (Sentença n. 1.215, de 17.10.94).

Substitutividade dos ingressos

Não escapa ao estudioso que a previdência social tem por objetivo tentar oferecer um meio distinto de subsistência ao trabalhador que não seja o laboral, condição que explica a definição do *quantum* da renda mensal inicial, toda ela aferida a partir do nível constante dos últimos ingressos do segurado enquanto contribuinte (fase precedente da aposentação).

Por isso mesmo, durante o pedido administrativo ou o curso da ação de desaposentação, não se suspende o pagamento das mensalidades (mas pode aumentar o débito do aposentado), devendo ele, sem certeza do sucesso, consignar os valores.

Intuitu personae

A relação jurídica previdenciária é *intuitu personae*. Isto é, diz respeito à pessoa individualizada, identificada e não a outra, embora possa produzir efeitos em terceira pessoa (por exemplo, na pensão por morte).

Daí indicar-se: todo o tempo em que o pedido de desaposentação terá de ocorrer, será da mesma forma pessoal e intransferível. Claro, exceto por delegação regular.

É um direito pessoal e intransferível, não se submetendo à vontade do legislador (manifesta na aposentadoria compulsória). Que, aliás, quer o bem-estar da pessoa humana, nos limites da lei e em respeito ao ordenamento técnico.

Definitividade da concessão

Protegido pelo postulado da propriedade da concessão, isto é, sob o império da legitimidade do ato administrativo, em condições normais, ou seja, quando deferida legítima, legal e regularmente a prestação, ela se torna irreversível. Vale dizer, a seguradora não pode reavê-la sob nenhuma condição.

Para isso são fixados critérios legais que autorizam a manutenção do benefício até mesmo quando de equívoco da administração (PBPS, art. 103-A).

O art. 181-B, do RPS, uma ordem imperativa para os servidores da Previdência Social, reafirma a definitividade, irreversibilidade (*sic*) e irrenunciabilidade. Afirmações que não ofendem o fenômeno da desaposentação; a definitividade jamais será afetada (ela é apenas diferida). A irreversibilidade diz respeito à autarquia e não à pessoa e ninguém renuncia ao tempo de serviço ou à aposentadoria, mas à percepção de suas mensalidades.

Continuidade mensal

Como subproduto da definitividade da concessão, da eventual natureza alimentar da prestação e da sua substitutividade, a exemplo da remuneração, tem-se que a aposentadoria é mensalmente contínua e paga até a normal cessação. Na figura da desaposentação será preciso considerar, em cada caso, *de lege ferenda*, como subsistirá o trabalhador desaposentando enquanto não sobrevém outra proteção.

Manutenção do valor

No bojo do direito subjetivo ao benefício decanta-se o direito ao seu valor, que, em termos reais, nunca pode ser diminuído.

Tema que deve ser investigado quando o segurado pretender receber menos, porque a ideia que cimenta a desaposentação só pode ser a busca legal de uma situação mais vantajosa e nunca ao contrário (exceto se, num raríssimo caso, *ad argumentandum*, isso o faça feliz).

Independência de condição

Abstraindo por ora as exigências legais definidas como pressupostos lógicos, a concessão das prestações nunca depende de qualquer condição, da mesma forma a desaposentação. Em algum caso, quando devida a restituição do recebido, pode tornar -se inviável, devendo ser abandonada a pretensão. O certo, ainda que não exigível, é o segurado iniciar o processo quando convencido do novo direito, caso contrário, se desaposentado, terá de renunciar à desaposentação (*sic*).

Imprescritibilidade do direito

O direito ao benefício é imprescritível, querendo-se dizer que a qualquer momento o seu titular pode solicitá-lo. Pressupõe, também, a faculdade de não fazê-lo, vale dizer, deixar de se aposentar quando da reunião dos pressupostos.

Da mesma forma, não há termo para o pedido da desaposentação; a qualquer momento, o titular desse direito instruirá o pedido. Por isso descabe a invocação do art. 103 do PBPS.

Impenhorabilidade do montante

Convencionadamente, construindo uma rede de proteção às mensalidades da prestação (em certos casos, protegendo o percipiente de benefícios dele mesmo), o legislador ordinário configurou uma impossibilidade jurídica: que é penhorar o benefício. Isso não pode ser alegado como obstáculo à desaposentação porque é garantia do indivíduo.

Desistência do pedido

Nos casos de desistência do pedido (por qualquer motivo, entre os quais a inconformidade com a RMI), antes do aperfeiçoamento do ato de concessão (que se dá o recebimento da primeira mensalidade), o segurado pode arrepender-se do pedido inicial.

Na sentença do juiz substituto Lucio Rodrigo Maffassidi de Oliveira colhe-se: Desaposentação — Procedente — Sentença, que nessas hipóteses, se o segurado requerer o benefício mais adiante, ele não pode exigir a DIB anterior, restando como DIB a nova DER (Proc. n 2008.71.67.003022-6, *in Revista Juris Plenum Previdenciária*, p. 113).

Capítulo 7
Questões Jurídicas

Um instituto técnico como a desaposentação suscita várias nuanças com caráter teórico, inclusive inúmeros desdobramentos jurídicos a serem apreciados. À exceção da discussão do direito em si mesmo, esses pontos não apresentam particularidades especiais que já não façam parte dos demais institutos previdenciários.

Evidentemente o exercício implica na produção de pequenas provas, ainda que simplificadas em comparação com a questão jurídica envolvida. Em matéria de pedido administrativo, o regime de origem dispõe de praticamente todos os elementos necessários, bastando ao segurado expressar sua vontade (conclusão válida, exceto se ocorreu o extravio dos autos do benefício inicial). Em se tratando de ação judicial, carece haver a prova da concessão e da manutenção do benefício a ser abdicado e uma declaração quanto à disposição do interessado.

Constitucionalidade do tema

A desaposentação, cuidando de uma primeira aposentação à qual se segue uma segunda aposentação computando o tempo de serviço da anterior prestação, é matéria a ser disciplinada na lei ordinária previdenciária, ou seja, à luz da Lei n. 8.213/91, no caso do RGPS e na Lei n. 8.112/90, no que diz respeito ao servidor federal.

Numa lei de superdireito para os demais servidores civis, militares e parlamentares.

Ainda que o trato desse instituto implique na aplicação de princípios elevados da Carta Magna, não se refere a um tema constitucional. A renúncia a um benefício e um novo pedido de benefício cifra-se com a lei ordinária; logo, ela seria legal ou não.

Segurança jurídica

Alhures afirma-se que o desrespeito ao ato jurídico perfeito poria em risco a segurança jurídica da relação previdenciária. Ignora-se esse fundamento por que isso aconteceria. Basta o Poder Judiciário definir a pretensão ou não e, se for o caso, sumular e encerrar-se-á a discussão.

Nesse sentido, como é o caso do AG. RG RESP n. 968.730/SP, em 21.6.10, o Ministro *Napoleão Nunes Maia Filho,* descumprindo o princípio da norma mais benéfica não concordou com a aposentadoria proporcional (obviamente de maior valor) e manteve a integral (!), de menor valor, possivelmente em razão do fator previdenciário (*apud Cirlene,* ob. cit., p. 47).

Titularidade do direito

Desaposentação é ato jurídico praticado pelo aposentado de um regime de previdência social básica do trabalhador ou do servidor — ainda que possa admitir figuras assemelhadas na previdência complementar fechada.

Como direito subjetivo será exercido exclusivamente pelo titular da aposentação mantida, reclamando procedimento pessoal expresso e rejeitando-se a modalidade implícita de solicitação.

Um servidor aposentado no serviço público que tomou posse em outro ente político, caracterizando a acumulação vedada pela Constituição Federal, não significa que, *ipso facto*, deseja desfazer-se do primeiro vínculo. Porém, se pretende regularizar a situação, terá de optar por um deles.

É, pois, uma relação *intuitu personae*, ainda que possa produzir efeitos em terceiras pessoas e que, de regra, envolve duas pessoas jurídicas (gestores de regime de Previdência Social).

Relação jurídica

A relação jurídica contida na desaposentação, dispensado o pretendente na data-base de ser filiado ao regime instituidor, de estar na expectativa de direito ou já fazer jus à outra prestação, dá-se entre duas entidades: a) uma pessoa jurídica de direito público (regime de origem), habitualmente o INSS como autarquia federal ou um RPPS e b) uma pessoa física (aposentado ou o dependente, no caso da pensão por morte).

Vale dizer, um elo entre pessoa jurídica e pessoa física, propondo-se *ab initio* quais são os direitos constitucionais e legais assegurados à pessoa física e qual a competência da pessoa jurídica, desdobrando-se como uma questão a ser solucionada no âmbito do Direito Público.

Ministério Público

Ainda que o Ministério Público possa opinar num processo judicial dessa natureza, ele não substitui a vontade livre e consciente do indivíduo capaz. Tratando-se do idoso protegido pela Lei n. 10.741/03, atuará para que tudo se resolva celeremente, sem interferir na vontade deste.

Alcance do instituto

São abrangidos por esse instituto técnico os aposentados do RGPS, PSSC, RPPS e dos servidores militares, do universo excluídos os servidores disponibilizados.

Sem a pretensão de arredar a possibilidade da desistência pura e simplesmente de uma pensão por morte, a única figura aproximada em matéria de dependentes é a que diz respeito à renúncia a uma pensão por morte para que seja concedida outra (geralmente de maior valor).

Excepcionalmente se refere aos percipientes de prestações programadas sem serem rejeitadas as não programadas.

Prestações securitárias

É possível também abdicar de uma pensão não previdenciária, especialmente o amparo assistenciário da LOAS (Lei n. 8.742/93).

Prestações sanitárias

Até mesmo do atendimento médico, mas esta última é solução distante da desaposentação propriamente dita.

Decadência da pretensão

Sem se confundir com a pretensão da revisão dos valores da concessão, objeto do art. 103 do PBPS, o direito de desaposentação é imprescritível.

Tanto quanto sucede com a aposentação, a natureza do instituto técnico impede um prazo decadencial. Na ausência de disposição legal, a qualquer tempo, o aposentado poderá promovê-la. Claro que se assim se dispuser positivar, o termo deveria ser o próprio da revisão, de dez anos.

Para não parecer uma mera construção cerebrina, consulte-se a opinião do desembargador *Francisco Wildo* que sustenta não haver prazo decadencial para a solicitação da desaposentação (AC n. 511.895/SE, de 14.12.10, da 2ª Turma do TFR da 5ª Região, *in* RPS n. 365/347).

Sendo um direito potestativo, do mesmo modo pensa *Adir José da Silva Júnior* (*A desaposentação e o prazo extintivo do art. 103 da Lei n. 8.213/91, in* RPS n. 456/71).

Impedimento de fato

Evidentemente há um impedimento factual, obstativo dessa pretensão: aquele derivado da idade do desaposentante, em face da expectativa de vida, dos pressupostos exigidos no regime instituidor e do eventual valor a ser restituído.

Duração do procedimento

Também não há norma sobre a duração do processo de desaposentação e, até que seja regulamentado, inexiste qualquer prazo.

Mas os efeitos materiais são bastante discutidos: de regra, se houve solicitação administrativa, a data-base deverá ser a da DER e, se não houve, a da petição inicial da ação judiciária.

No ensejo convém recordar que quem impulsiona o procedimento é sempre o regime concessor do benefício a ser renunciado, a quem cabe praticar os atos conducentes ao deferimento ou não da pretensão.

Princípios aplicáveis

Os princípios gerais de Direito Previdenciário são aplicáveis à desaposentação, podendo ser lembrados alguns deles:

a) Solidariedade dentro um regime

Pensando-se, por exemplo, no RGPS e, principalmente, na desaposentação da aposentadoria proporcional para obtenção da integral, mas valendo também para outras prestações, será a solidariedade do regime financeiro de repartição simples que tornará possível a renúncia e a nova aposentação.

Diz-se isso porque esse regime financeiro gera uma infinidade de situações desequilibradas expressas exatamente na solidariedade social.

b) Solidariedade dos regimes

Este é um princípio poucas vezes enunciado, aquele que diz respeito a uma solidariedade entre os regimes, ou seja, aquele que existiu até a Lei n. 9.796/99.

Ele se refere à fusão da solidariedade contida nos regimes, alargada para dois ou mais deles e que ainda não existe e está distante em face da multiplicidade de regimes existentes.

c) Equilíbrio atuarial e financeiro

Este é o princípio fundamental a ser perfilhado: os regimes não podem ser prejudicados pela transferência dos encargos previdenciários. Especialmente o regime emissor, que terá de repassar recursos para o regime receptor, desfalcando o seu ativo em virtude de ter mantido o benefício a ser abdicado.

Regras de interpretação

Sem prejuízo das prerrogativas dos idosos, antes assinaladas, a desaposentação é direito excepcional e assim deve ser interpretado, ou seja, restritivamente.

Abstraindo questões relativas à prova necessária (de pouca expressão), que comportam apenas visão restritiva — se ela foi produzida ou não —, a exegese da desaposentação reduz-se à interpretação do direito em si mesmo.

Partindo do pressuposto básico (respeito ao interesse público, cujo subproduto é o equilíbrio atuarial e financeiro do regime de origem, não causar prejuízo a terceiros) em face do sistema vigente — por sinal bastante desequilibrado e socialmente injusto —, cabe ao magistrado concluir se a desaposentação é moralmente sustentável no Direito Previdenciário.

Em suma: se for alcançado o sentido social da lei que quer o melhor para o bem-estar dos cidadãos.

Caberá a ele decidir se é equânime portar o tempo de contribuição de alguém não jubilado (como faculta a contagem recíproca desde 1960 em relação a alguém aposentado).

Verificar, ainda que sem grande aprofundamento atuarial e financeiro, se está presente a analogia entre quem se aposentou proporcionalmente aos 30 anos, continuou contribuindo e deseja a aposentadoria integral aos 35 anos e aquele que apenas se aposentou aos 35 anos. Daí derivando ou não a necessidade de restituir o que o primeiro recebeu.

Presunções possíveis

Não são muitas as presunções jurídicas constatadas em matéria de desaposentação. O desejo de renunciar não deve ser presumido; há de ser expresso, claro e formalmente demonstrado.

Porém, exceto na figura da pretensão apenas à atividade não remunerada previdenciariamente, pode-se imaginar que a pessoa que requer a desaposentação presume-se estar filiada ao regime instituidor ou próximo dele, e que obterá uma proteção social.

Como se vê, essas presunções não são jurídicas, mas fáticas como pensar que terá de arcar com eventual devolução do recebido. Possivelmente a única efetiva presunção de natureza jurídica é de que pretende melhorar de situação.

Ofensa à isonomia

Fabio Zambitte Ibrahim estuda eventual ofensa à isonomia, comparando quem requereu a aposentadoria após 35 anos de contribuição com aquele que o faz com a desaposentação, então, entendendo descaber essa solução.

Capítulo 8
Enriquecimento Ilícito

Os advogados que reconhecem a existência da desaposentação, entre outros argumentos por eles tidos como válidos, abraçam a assertiva de que se o INSS não a promove, a autarquia federal estaria cometendo o enriquecimento ilícito ou sem causa; crê-se tratar-se de algum exagero de retórica.

Natureza dos indeferimentos

Bem, a Previdência Social não empobrece nem enriquece por não ser uma empresa comercial; o seu plano de custeio pode enfrentar excessos orçamentários e o de benefícios, algumas insuficiências nas fontes de financiamento ou, conforme a linguagem da previdência complementar, superávits ou déficits, mas apropriar-se de algo que não é seu, por definição, por ser um órgão público isso não existe.

Talvez seja devedora momentânea (e frequentemente é), entre em mora, caracterize certa inadimplência, mas quando definida qualquer obrigação, inclusive a de desaposentar, juridicamente a Administração não tem outro caminho que não seja atender a essa pretensão.

Estudo jurídico

Da mesma forma como é usual invocar-se genericamente a natureza alimentar das prestações — de vez que singularmente isso é válido, *ex vi* do art. 100, § 1º-A, da Constituição Federal — alega-se ocorrer um enriquecimento sem causa da Administração Pública.

O tema é tormentoso; sugeriu a *Alexandre Leitão* o livro *Enriquecimento sem causa da Administração Pública*, da Editora A. A. F. D. L., de 1998.

Posse indevida

Para que alguém cometa o enriquecimento ilícito é preciso que fique indevidamente com um bem de outrem, sem claramente fazer jus a ele. Comete essa ilicitude aquele que detém o que não é seu e a negativa da Administração não é o caso.

Atribuição legal

Quando o INSS indefere um pedido de benefícios, ele o faz no exercício legal de suas atribuições e tecnicamente não se apropria de nada que não lhe pertence, mas se para isso foi condenado e não faz os pagamentos, ficaria com algo que não é dele.

Poder de contestação

Ao contestar o direito à desaposentação, máxime a partir da determinação do art. 181-A do RPS, ele age em consonância com os seus poderes administrativos. Em se tratando de autarquia federal, que não é empresa no sentido comercial da palavra, quando administra o plano de benefícios, pois não visa lucro, ela não pode enriquecer nem empobrecer.

Superávit previdenciário

Qualquer superávit previdenciário que possa obter ou algum valor excepcional que recebeu ou mantenha em seu poder destina-se legalmente ao FPAS, jazendo no seu orçamento e será utilizado para cumprir as demais obrigações constitucionais.

Déficit da inadimplência

Por indevida razão, se dá quitação apenas de uma parte do que deveria quitar, está inadimplente, em débito com a fração restante, mas não pode se utilizar desse valor que não seja para quitar suas outras obrigações legais.

Se não restitui a contribuição indevida, deixando de atender ao art. 89 do PCSS, é devedor dessa obrigação, mas não comete o enriquecimento sem causa, que seria logicamente impossível em face de suas atribuições.

Enriquecimento do segurado

Alguns autores mencionam um possível enriquecimento ilícito do aposentado que contesta a restituição quando a ela obrigado. Isso é possível, pois se foi condenado a devolver a quantia com a qual não concorda e a decisão transitou em julgado, ele se torna devedor.

Capítulo 9
Constitucionalidade do Direito

Segundo *Jamille Coelho*, do jornal Folha de Pernambuco de 18.4.10, o MPS consideraria a desaposentação como sendo inconstitucional.

Posição do MPS

Ainda não foi publicado qualquer parecer declarando a improvável inconstitucionalidade dessa pretensão dos segurados, por parte da AGU ou da Consultoria Jurídica do INSS.

A seguridade social e sua principal vertente, a previdência social, são temas constitucionais em abstrato. Com alguns excessos, impropriedades vernaculares e destaques desnecessários a Carta Magna de 1988 e suas várias emendas, apresentam espaço tópico para as regras comuns das prestações previdenciárias, com ênfase exagerado para a aposentadoria por tempo de contribuição. E é este o benefício cogitado para a desaposentação, uma prestação inegavelmente constitucionalizada.

Para esse cenário contribuíram politicamente as esperanças populacionais em relação à preservação das expectativas e dos direitos previdenciários.

Benefícios positivados

A Lei Maior prevê os principais tipos de aposentadorias, como a por idade, especial e por tempo de contribuição, para os servidores (art. 40) e para os trabalhadores (art. 201), aquelas que facilmente poderiam admitir a renúncia ao pagamento das mensalidades mantidas e, em seguida, uma nova aposentação, mas o Estatuto Maior não cuida do expediente administrativo da aposentação nem deveria cuidar.

No máximo, o que faz é deixar claro o direito de ver os pedidos de benefícios examinados pela administração e, no caso de dissídios, pelo Poder Judiciário.

Logo, tem-se que a desaposentação, um expediente meramente administrativo, não é tema constitucional e, repete-se *ad nauseam*, nem deveria ser. A rigor, acolhida essa primeira interpretação, não tem sentido apurar-se sua constitucionalidade.

Direito adquirido

Em nenhuma hipótese a desaposentação agride o direito adquirido do aposentado nem haveria direito adquirido do INSS em relação à definitividade da concessão. Rigorosamente, em vez de direito, o INSS tem é o dever de propiciar o deferimento.

Ao contrário, oferece-lhe, quando não causar prejuízos a terceiros (especialmente ao equilíbrio atuarial e financeiro do plano de benefícios), técnicas que favorecem melhores condições para os jubilados. Entre as quais, enobrecendo o Direito Previdenciário, a aplicação imperativa da norma mais benéfica.

Quem tem o direito simples pode dispor dele e também pode abdicar do direito adquirido.

Ato jurídico perfeito

Sustenta-se cansativamente não haver ofensa ao ato jurídico perfeito, considerado uma garantia do indivíduo e não da autarquia federal.

Renunciar a essa garantia visando maior proteção sem prejudicar o sistema é realizar outro ato jurídico perfeito, em si mesmo, que é a desaposentação.

Se o procedimento cercou-se de regularidade, legalidade e legitimidade administrativa ou judicial, sua consumação é um ato jurídico e perfeito, que a autarquia federal não poderia afetar.

Coisa julgada

Uma decisão judicial que comandou a renda mensal inicial ou a própria concessão do benefício faz coisa julgada em relação àquele benefício que ela configurou.

Nem por isso obstará a renúncia, que é um ato subjetivo postado a sua margem, pois se entende que a desaposentação dará mais que a coisa julgada e, por seu turno, em algum momento também fará coisa julgada. Por isso a desembargadora *Eva Regina* mandou desfazer um benefício concedido pelo Poder Judiciário (AC n. 2001.61.02.005533-4/SP).

Caso, por qualquer motivo isso não venha a acontecer, aquela decisão do Poder Judiciário se mantém intocável como quer a Carta Magna.

Tranquilidade jurídica

Não há por que falar em tranquilidade jurídica. Se o Governo Federal não quer enfrentar tantos requerimentos administrativos e ações judiciais, bastaria disciplinar a matéria.

Igual pensamento se entende para o sossego administrativo, uma vez que o INSS é uma entidade a serviço do protegido; se os processos de desaposentação têm algum custo extra, que se cobre alguma taxa, depois de fixada em lei.

Subsiste alguma intranquilidade jurídica porque o Governo Federal não toma a iniciativa de regulamentar a matéria e tentar restaurar o pecúlio, fixar uma revisão periódica da renda mensal ou acolher a própria desaposentação (ocasião, claro, em que viria a se definir quanto à restituição).

Ofensa ao ordenamento

Não há nenhuma agressão ao ordenamento jurídico, que sempre silenciou sobre o tema; não há autorização nem vedação, logo permitida a inovação.

A afirmação é gratuita na medida em que as pretensões são deduzidas em juízo; o INSS poderá contestar caso a caso, divergir da não restituição, mas terá que se submeter ao Poder Judiciário.

Direito Administrativo

Não se vislumbra qualquer princípio de Direito Administrativo ameaçado ou ofendido; não há imoralidade na pretensão de melhorar. O que existe ou não é um direito subjetivo.

Papel da previdência

Cirlene Zimmermann (ob. cit., p. 45) cita *Sérgio Henrique Salvador*, segundo o qual "a previdência social deveria ser da pessoa quem dela necessitar, independentemente de contribuição à seguridade social", que é o papel da assistência, como ela próprio acentua.

Capítulo 10
Natureza Alimentar

Principalmente depois que a EC n. 30/00 introduziu o art. 100, § 1º-A no corpo da Carta Magna, nos estudos de direito cresceram sobremaneira as alusões à natureza alimentar de certos valores, principalmente as que derivam das consequências de tal classificação jurídica.

Um número respeitável de estudiosos sustenta que em virtude dessa essência jurídica não haveria necessidade de restituir as mensalidades auferidas até a consumação da renúncia que predispõe para a desaposentação. E tais autores não ignoram que nesse tempo essa pessoa recebia a aposentadoria e uma remuneração, dois valores frequente e individualmente cunhados com tal característica.

Introdução do tema

É bastante usual a utilização da expressão "natureza alimentar" de determinado valor na doutrina e em sentenças judiciais, normalmente referindo-se à quitação de montantes securitários das prestações previdenciárias e do benefício assistenciário de pagamento continuado (Lei n. 10.741/03).

Entretanto, não existe definição legal clara do papel reservado aos pagamentos que detenham essa natureza. Nem se sabe se será possível tabelar-se um *quantum* único para todas as situações. O benefício médio do RGPS em novembro de 2014 da ordem de R$ 926,38 e, evidentemente, se posta abaixo do que é necessário para a alimentação de uma pessoa.

Em cada caso, diante da multiplicidade de circunstâncias, examinando cada ambiente jurídico em particular um magistrado poderá declarar como alimentar determinadas quantias e, entre elas, as mensalidades da desaposentação.

Ainda que seja relevante na esfera do Direito Previdenciário é possível pensar-se na existência de conceitos próprios para diferentes ramos jurídicos. No Direito Penal, mantido pelo Estado, o que um presidiário receba pelo seu trabalho não poderia ser tido como alimentar.

Fonte formal

Em seu art. 100, § 1º-A, diz a Carta Magna: "Os débitos de natureza alimentícia compreendem aqueles decorrentes de salários, vencimentos, proventos, pensões e suas complementações, benefícios previdenciários, indenização por morte ou invalidez, fundadas na responsabilidade civil, em virtude de sentença transitada em julgado".

Componentes básicos

Doutrinariamente, pode-se afirmar que um valor alimentar destinar-se-ia, a princípio, à alimentação propriamente dita, ao vestuário, residência e transporte para o trabalho das pessoas. Fora desse universo, convencionalmente outras importâncias indispensáveis à existência são necessárias, mas sem o caráter alimentar.

Logo, estariam excluídos os numerários consumidos com o lazer, viagens de recreio e supérfluos de um modo geral.

Uma concepção dessa natureza não pode se olvidar do enfoque pessoal e familiar. Uma família, em média constituída de pai e mãe e dois ou três filhos, precisa de menos do que cinco valores com essa natureza para a subsistência.

Um pagamento pode deter alimentaridade até determinado nível e não possuí-lo depois desse patamar.

Salário mínimo

O País conhece dois conceitos de salário mínimo: a) o constitucional e b) o real. Em 2015, este último era de R$ 788,00, quando a cesta básica média nacional era de aproximadamente R$ 250,00.

Nestas condições, em virtude do seu nível pecuniário, o salário mínimo seria inteiramente alimentar.

Prestações securitárias

O valor do benefício de pagamento continuado é o salário mínimo; sem dúvida é alimentar.

Levando-se em conta que elas variam de R$ 788,00 até R$ 4.663,75, não se pode afirmar que todas as mensalidades dos benefícios possuam caráter alimentar, mas é garantido que o nível escolhido esteja aí compreendido.

Pensão alimentícia

Primacialmente, embora possa ter sido concebida pensando-se na nutrição da mulher e dos filhos, ainda que com esse título, a pensão alimentícia civil não se destina exclusivamente para a sobrevivência e observa outros critérios relativos ao alimentante e ao alimentado.

O percentual da renda do condenado a pagar a pensão alimentícia não se destina necessariamente para a alimentação dos alimentados.

Situação do percipiente

O valor com caráter alimentar é personalíssimo e tem a ver com a situação econômica ou financeira do destinatário. Uma determinada parcela poderá assumir essa nuança e não ter em relação à outra pessoa (que tenha, por exemplo, rendas próprias).

Sobrevivência e subsistência

O exame da natureza alimentar de uma importância não despreza o conceito de sobrevivência e de subsistência, que são valores mínimos garantidores da dignidade humana. E também de outras fontes de renda do titular.

Pagamento de atrasados

A percepção de atrasados cuja soma reflita vários montantes alimentares em cada caso pode não ser alimentar. Quem solicitou um benefício e conseguiu sobreviver até o seu deferimento, tecnicamente obteve os meios de subsistência mediante empréstimos com terceiros e necessita pagá-los. O correto é que não há alteração na natureza do valor.

Consequências da classificação

Sendo definido qual é o pagamento que assume esse caráter, sobrevirão consequências jurídicas dentro e fora do Direito Previdenciário.

O primeiro deles é a distinção de que o benefício correspondente deva ser deferido preferencialmente (nesse sentido, a pensão por morte e o auxílio-reclusão).

Um segundo efeito é que uma vez pagos mensalmente valores indevidos eles não devam ser restituídos, exceto se decorrente de má-fé.

No caso da desaposentação boa parte dos magistrados vem entendendo que não deve haver a restituição por ser alimentar (e também quando de pagamentos indevidos).

A questão, entretanto, não nos parece estar tão vinculada à essência desse valor, mas, em cada caso, sobre a ordem previdenciária, merecendo estudos mais aprofundados, despegados de aspectos morais como é o caso da boa ou má-fé.

Se os desaposentados não tiverem de devolver o que receberam por conta desse argumento ninguém mais deverá restituir coisa alguma.

Necessidade de regulamentação

É solar a imperiosa necessidade da regulamentação desse conceito, ainda que atualmente ele encontre leito válido na doutrina, mas a ausência de uniformização conduz a absurdos.

Neste caso, a lei fixaria parâmetros básicos, percentuais mínimos e critérios legais que orientem os profissionais. Por exemplo: todas as prestações abaixo do valor médio são alimentares.

Valor padrão

Sem embargo de não ser necessariamente correto, inicialmente é possível pensar num montante padrão, de caráter nacional e, posteriormente em valores regionais e conforme o padrão de vida de grupos de pessoas que compõem os segmentos sociais.

De modo geral, o consumido em alimentos propriamente ditos varia menos do que o consumido em relação aos demais itens obrigatórios do conceito.

Pensamento da doutrina

Acostando-se ao regime financeiro de repartição simples e sustentando não ser possível quantificar os valores recebidos e na irrepetibilidade dos pagamentos (conforme acórdãos cuja ementa reproduz), *Adriane Bramante de Castro Ladenthin* e *Viviane Masotti* reconhecem a natureza alimentar das prestações previdenciárias e daí elas tiram conclusões sobre a impossibilidade da restituição (*Desaposentação — teoria e prática.* São Paulo: Juruá , 2010. p. 102-103).

Conclusões finais

Provavelmente todas as prestações previdenciárias do RGPS e a da LOAS sejam alimentares mas esse não pode ser o motivo para que sejam excluídas da possibilidade de restituição com vistas à desaposentação; se assim for, como frequentemente decide a Justiça Federal, pagamentos indevidos não poderiam ser devolvidos ao INSS.

Capítulo 11
Exaurimento da Via Administrativa

Diante da tomada de posição do MPS, acostado à irreversibilidade da concessão dos benefícios, pouco se discute sobre a necessidade de exaurimento da via administrativa para que o aposentado se socorra da via judicial; sem embargo, o tema não deve ser abandonado.

Juízo sumular

A Súmula TRF da 3ª Região n. 9 lembra: "Em matéria previdenciária, torna-se desnecessário o prévio exaurimento da via administrativa, como condição de ajuizamento da ação".

Esta é uma disposição válida para a ação da desaposentação. Diante da certeza do indeferimento da pretensão administrativa que decorre da assertividade do art. 181-B do RPS, o qual obrigou o INSS a filiar-se à corrente da definitividade da concessão, não haveria necessidade de o titular do possível direito à desaposentação percorrer todo o procedimento administrativo, indo até o CRPS, para, somente depois, poder ingressar com ação judicial.

Pensamento doutrinário

Segundo *Marisa Ferreira dos Santos* bastaria o requerimento protocolado na APS e a passagem de certo tempo sem resposta para que o aposentado pudesse ingressar com a ação na Justiça Federal.

Igual se colhe na Súmula TRF da 2ª Região n. 44: "Para a propositura de ações de natureza previdenciária é desnecessário o exaurimento das vias administrativas".

Para *Aluísio Gonçalves de Castro Neves* é necessária a oitiva da APS (AC n. 2009.51.02.002591-0, da 1ª Turma do TFR da 2ª Região, decisão de 7.7.11 *in* SRP n. 43/216).

Norma constitucional

O art. 5º, LV, da Carta Magna afirma que "em processo judicial ou administrativo, e aos acusados em geral são assegurados o contraditório e ampla defesa, com os meios e recursos a ela inerentes", dispositivo que consagra a existência do contencioso administrativo e o judicial. Mas, não obriga, excetuado no comum dos casos, a busca da opinião administrativa quando ela estiver consolidada.

Soluções possíveis

Quando um beneficiário da previdência social (aí incluído o da assistência social) objetiva uma prestação resistida, ele tem quatro caminhos a seguir: a) consultar a quem de direito sobre a sua pretensão para saber da validade da pretensão; b) entabular negociações com o órgão gestor; c) requerê-la administrativamente e impugnar o indeferimento, indo até o CRPS; e d) postular no Poder Judiciário.

Às vezes, sucede de ele tomar estas duas últimas iniciativas ao mesmo tempo ou entremeadamente. Quando isso suceder, entender-se-á que o expediente administrativo deva ser sobrestado, aguardando-se a decisão da justiça.

Portaria do MPS

Neste sentido diz o art. 36 da Portaria MPS n. 323/07: "A propositura, pelo interessado, de ação judicial que tenha objeto idêntico ao pedido sobre o qual versa o processo administrativo importa em renúncia tácita ao direito de recorrer na esfera administrativa e desistência do recuso interposto".

Alguns juízes e até mesmo tribunais têm exigido que, primeiro, o titular da pretensão deve procurar o órgão gestor e deduzir o seu escopo para, somente diante de uma negativa, peticionar. Outros magistrados julgam que bastaria ter havido a solicitação não atendida em certo prazo pelo INSS (60 dias), para justificar a ação judicial.

Parece certo que o Poder Judiciário não é uma divisão do INSS, o verdadeiro devedor da obrigação, e que este último deve ser acionado sempre em primeiro lugar. Somente nos casos que esteja confirmado que a autarquia disciplinou de modo desigual e venha frequentemente decidindo, não tem sentido procurar inicialmente a Administração Pública.

O direito sumular posiciona-se no sentido de que não é preciso exaurir a via administrativa. Implicitamente ele afirma que tenha havido um requerimento. Não está autorizando alguém a se dirigir diretamente à Justiça Federal com um pedido de benefício, pois o devedor originário é a autarquia federal.

Tratando apenas da infortunística, a Súmula STJ n. 89 dizia: "A ação acidentária prescinde do exaurimento da via administrativa".

O desembargador *Francisco Barros Dias* acolheu ação judicial mesmo sem o requerimento administrativo em relação ao benefício de pagamento continuado, fixando a DIB na data da petição inicial (AC n. 2000.05.00025852-2/E, em 12.1.09, *in* RPS n. 341/303).

No Ementário n. 2.324-6 da 2ª Turma do STF, de 3.6.08, o Min. *Eros Grau* relatou: "1. Não há no texto constitucional norma que institua a necessidade de prévia negativa de pedido de concessão de benefício previdenciário no âmbito administrativo como condicionante ao pedido de provimento judicial" (Recurso de Agravo do INSS no RE n. 548.676-1, São Paulo: IOB, *Revista IOB* n. 230, de ago./2008, p. 155/57).

Por outro lado, a Súmula Turma Recursal do RGS n. 2 diz: "Tratando-se de concessão de prestações previdenciárias, é imprescindível o prévio requerimento administrativo, que deve ser comprovado pela Carta de Indeferimento ou pelo protocolo fornecido pela Administração (no caso de demora injustificável). No caso de cancelamento de prestações previdenciárias, ou de ações de reajustamento, o exame das questões ventiladas prescinde da via administrativa".

A súmula citada é muito elucidativa. Ela esmiúça aspectos da diferença entre a existência de um pedido administrativo (qualquer que seja a fase da instrução em que se encontre o expediente) e o esgotamento da via administrativa.

Também especifica as várias causas dos conflitos como determinantes dos critérios de dispensa final da oitiva administrativa.

Protocolo no INSS

De posse dos documentos, o interessado deve protocolar o seu pedido, até para fixação da data-base da desaposentação.

Papel do Judiciário

Diante do art. 181-B do RPS, de modo geral a Justiça Federal tem entendido ser dispensada a oitiva à autarquia previdenciária.

Jurisprudência dos tribunais

Como antecipado, tem sido no sentido de não exigir o esgotamento da via administrativa.

Requerimento administrativo

Subsistindo um requerimento administrativo, que é uma exigência mínima para ingresso no Poder Judiciário, o requerente está dispensado de esgotar o trâmite administrativo. Isso deve ser mais verdade quando de temas em que pública, notória e sistematicamente sobrevenha divergência entre os dois polos da relação (como foi o caso do IRSM, aumento das viúvas, desaposentação, cumulação de auxílio-acidente com aposentadoria, designação de dependentes etc.).

Provas do requerimento

A prova do requerimento é o protocolo do pedido (fato que sobrevém antes da decisão do INSS) ou a Carta de Concessão, em que o indeferimento é comunicado ao interessado (na Súmula designada como Carta de Indeferimento).

Capítulo 12
Justiça Competente

Poucas dúvidas jazem no que diz respeito à competência jurisdicional em relação à desaposentação. *Adriane Bramante de Castro Ladenthin* e *Viviane Masotti* discorreram sobre as diferentes hipóteses derivadas do regime em que se dará tal providência (ob. cit., p. 138).

Segurado e INSS

Tratando-se de uma questão que envolve um aposentado e o INSS, à luz do que dispõe a Carta Magna, o órgão competente é a Justiça Federal, em cada caso devendo a ação ser protocolada no Juizado Especial ou na Vara Previdenciária.

Para nós pouco importará se o benefício é uma aposentadoria acidentária ou comum, porque não se estará discutindo o fato infortunístico.

Servidor Federal e RPPS

Os servidores federais e o RPPS devem debater o dissídio no âmbito da Justiça Federal, diante da presença da União.

Servidor estadual e RPPS

Nesta hipótese a justiça que deve apreciar o feito é a justiça estadual.

Forças Armadas

Diante da presença da União, a justiça competente é a federal.

Militares dos Estados

Em face do Estado, a justiça estadual é a competente.

Parlamentares do Congresso Nacional

O PSSC é um regime privado e, portanto, caberá à justiça estadual apreciar os feitos da desaposentação.

Previdência complementar

Caso um participante assistido pretenda desfazer o ato de concessão da complementação por parte de um fundo de pensão, aproveitando até mesmo as contribuições que verteu como complementado, para um novo deferimento daquela complementação, um fato em si mesmo inusitado e possivelmente jamais sopesado pelos interessados, ele terá de se haver com uma ação que envolve as duas partes da relação jurídica de previdência fechada (participante e EFPC), hipótese em que a justiça competente é a Justiça Estadual, por não envolver questão trabalhista.

Benefícios trabalhistas

Examine a remotíssima hipótese de desfazimento da complementação dos planos trabalhistas.

Servidor e EFPC pública

O fundo de pensão que virá complementar aposentadoria básica dos servidores tem natureza de entidade pública o que atrairá a competência da Justiça Federal (União) ou estadual (Estados e Municípios).

Capítulo 13
Pressupostos Lógicos

Direito subjetivo do filiado de um regime de previdência social, como a aposentadoria representa uma garantia permanente de subsistência da pessoa física, quando ele não dispõe da condição de obtê-la pelo trabalho ou por decantação legal — tornando-se, em muitos casos da nossa economia, um ambicionado objetivo existencial —, a ideia de abdicar desse instrumento de liberação humana, *a priori* a desaposentação, apresenta-se com uma oposição de pensamentos.

É uma tentativa de desfazer-se do que aparentemente sempre se quis.

Com idealização (1987), discussão e aceitação recentes (2005/2015), enfatizada assim que a previdência básica perdeu a expressão histórica que antes detinha e o cidadão busca a proteção social no serviço público ou na previdência privada, a desaposentação é uma instituição técnica em aperfeiçoamento e que suscita o cumprimento de alguns pressupostos.

Até que essa consumação seja unanimemente reconhecida pela doutrina, acolhida internamente pela Administração Pública e homologada pela Justiça Federal ou, o que é preferível, regulamentada por lei — *ab initio* reconhecendo-se que boa parte da objeção deveu-se ao ineditismo que ela continha — carece destacar os fundamentos técnicos da desistência do deferimento de uma prestação previdenciária.

Aposentação e desaposentação

A aposentação é ato vinculado de constituição de um estado jurídico e reconhecimento oficial do direito subjetivo do segurado. A desaposentação, por outro lado, é o ato de constituição do estado jurídico de não aposentado.

Constituição positiva e negativa, como lembra *Hamilton Antonio Coelho* (Desaposentação: um novo instituto? *In: RPS,* Sao Paulo: LTr, n. 228/1.130).

A desaposentação dispensa autorização legal que, aliás, inexiste, provavelmente porque ninguém havia cogitado disso; não porque o legislador a vede. Se não há proibição, por ser moralmente justa deve-se entender que há permissão e esta é daquelas, como outras, que dispensam expressa determinação normativa.

Sem razão *Wilson Teles de Macedo* quando diz que: "A ordem jurídica não contempla a renúncia à aposentadoria, donde indevido esse direito, somente atribuível por lei, dado o princípio da legalidade" (Serviço público — aposentadoria — renúncia. *In: RDA,* Rio de Janeiro, n. 210, p. 326, out./dez. 1997).

A uma, porque nem todo ato humano lícito, legítimo e válido tem previsão legal. A duas, porque a legalidade não é ofendida; ela não causa prejuízo a ninguém.

Quem só renuncia, como lembra *Roberto Luis Luchi Demo,* nada tem a repor, somente quem renunciar e portar tempo de serviço para outro regime.

Benefício em manutenção

Para atribuir validade à proposta de desfazer a concessão, além de motivação real, logicamente, é preciso que o titular esteja aposentado, só gozando dessa capacidade jurídica o legalmente autorizado a obter e a usufruir o benefício; claro, legítima, legal e regularmente concedida a prestação.

Noutras palavras, de quem fez e faz jus ao benefício, não sendo relevante se derivado do direito simples ou do direito adquirido, mas, à evidência, não se cogitando da pretensão, da expectativa de direito ou de direito perecido. Sem nenhuma confusão com outras modalidades de desfazimento da relação jurídica de benefício (suspensão, cancelamento, cessação, anulação, opção, conversão, transformação, substituição etc.).

A desaposentação pressupõe a existência de um direito previdenciário eficaz, protegido pelo ato jurídico perfeito ou coisa julgada, deferimento aperfeiçoado de certa prestação, de regra uma aposentadoria. Entretanto, tecnicamente a expressão também diz respeito a outros benefícios.

Quem detém um bem deferido por equívoco da administração (erro de direito) ou induzido ao engano formal (erro de fato), restando insofismável sua impropriedade técnica, cabe a suspensão provisória e, depois, o cancelamento, ambos por ato vinculado da Administração Pública. *In casu,* sem se poder falar em renúncia nem em desaposentação.

Mergulhando-se no domínio da norma pública (predominante, mas não sendo exclusiva, a disposição protetiva do legislador), em tese todos os benefícios são renunciáveis, mas seguramente serão raras as hipóteses de desconstituição das prestações nos casos de incapacidade para o trabalho. Destarte, *ab initio,* é imprescindível separar o que não é renunciável do que é renunciável, a teoria da desaposentação tratando em particular deles.

De imediato é possível assinalar três tipos de aposentadorias formatadas entre as que a desistência é, doutrinariamente, mais fácil de ser acolhida: a especial, a por idade e a por tempo de contribuição (nesta última incluídas as várias modalidades de legislação específica, como a do professor, ex-combatente, exilado etc.). Cada uma delas merecendo observações técnicas em particular.

Manifestação do titular

Por se tratar de direito personalíssimo (tanto quanto é desfrutar o benefício), o procedimento administrativo será deflagrado exclusivamente pela demonstração da volição do titular dessa faculdade; por sua expressa vontade, sendo preferível que ele pessoalmente a manifeste por escrito.

Quando se pensa em desejo, carece auscultar a intenção do titular, reconhecendo-se a pretensão de terceira pessoa legalmente autorizada: a) representante; b) dependente; e c) tutor. Uma procuração desse tipo precisa justificar claramente o motivo do mandato e especificar o objetivo da delegação, restando incorreta a outorga genérica ou desmotivada.

E sob esse aspecto releva a capacidade jurídica do titular (aí salientada a intelectual), a ser verificada em cada caso.

Será difícil aceitar-se a intenção implícita, não se acolhendo a tácita, só se abraçando a disposição comissiva. Afirmativamente, ela não abriga a omissão. Dessa forma, também não existe a desaposentação compulsória, e admitindo-se a anulação somente com a presença dos seus pressupostos materiais.

A desaposentação é sempre voluntária. Por se tratar de direito subjetivo, em face da definitividade da prestação previdenciária, não há desaposentação de ofício. A primeira aposentação de um servidor que indevidamente acumulou será objeto de anulação e não de desaposentação.

Confirmado, *a posteriori*, o vício do pedido, o ato deve ser inteiramente desfeito, restabelecendo-se a aposentadoria. Há, sempre, de se respeitar o *animus* da pessoa que não pode ser induzida até mesmo para melhorar de situação. Constitui crime contra o idoso "induzir pessoa idosa sem discernimento de seus atos a outorgar procuração para fins de administração de bens ou deles dispor livremente: Pena — reclusão de 2 (dois) a 4 (quatro) anos" (art. 106 da Lei n. 10.741/03).

Desistência formal

A desaposentação tem em seu bojo a abdicação de direito disponível.

Se o interesse público entende que, ao final de certo tempo, é bom para o segurado e para a sociedade que ele se afaste do trabalho ou que obtenha uma parte de sua subsistência mediante um benefício previdenciário, é preciso considerar os elementos intrínsecos da renúncia a essa proteção.

No Direito Social, a desistência de direitos sempre foi concebida como instituto, cujos limites são o interesse público e a proteção à liberdade do indivíduo. Caso convenha ao obreiro abdicar parte dos seus salários, deles se absterá (que é o fundamento lógico do acordo trabalhista).

Na aposentação, constituindo-se numa garantia do indivíduo, não pode haver renúncia forçada; a compulsória estranha a sua volição. Exceto quando determinado expressamente pela lei (o que aconteceu com a substituição da indenização trabalhista pelo FGTS).

A desaposentação tem como pressuposto a renúncia do direito de receber as mensalidades de um benefício regularmente deferido. Não carece desconstituir o direito anteriormente deferido.

José Ricardo Caetano Costa, mencionado por *Isabella Borges de Araújo* (A desaposentação no direito brasileiro. *In: RPS,* São Paulo, LTr, n. 317/341), assevera que a renúncia à aposentadoria é perfeitamente válida, visto tratar-se de direito patrimonial disponível. Ela alude a *Ilídio das Neves* (*Direito da segurança social.* Coimbra: Coimbra Editora, 1996. p. 519) que tem a prestação previdenciária sob uma indisponibilidade relativa, uma vez que o escopo do titular é outra prestação e mais vantajosa. *Felipe Epaminondas de Carvalho,* citado por *Isabella Borges de Araújo,* diz que o objeto da desaposentação é "uma melhor aposentadoria do cidadão para que este benefício previdenciário se aproxime, ao máximo, dos princípios da dignidade humana e do mínimo existencial, refletindo o bem-estar social" (A desaposentação no direito brasileiro. *In: Revista Jurídica da UNIFACS,* Salvador).

Para *André Santos Novaes* a disponibilidade não se refere ao direito à aposentadoria em si mesma irrenunciável, mas ao pagamento das mensalidades, que ele chama de proventos. O direito ao benefício é de ordem pública, cuja disposição está nas mãos apenas do legislador. Ainda que importante a expressão monetária das mensalidades, o que releva é o direito ao benefício. Ele é irreversível, o que cessarão são os pagamentos (A desaposentação é possível? *In: Tribuna do Direito,* São Paulo, n. 346, fev. 1997).

Restabelecimento do equilíbrio

Olvidando-se o regime financeiro de repartição simples, que permeia o RGPS e os RPPS, de regra, para que a desaposentação seja sustentável do ponto de vista técnico do seguro social e atenda aos seus objetivos, é imprescindível o restabelecimento do *status quo ante.* De modo geral, não subsiste esse efeito gratuitamente; a relação jurídica aí presente não prescinde de fundamentos econômicos, financeiros e atuários de um plano de benefícios.

Ainda que seja um seguro social solidário, pensando-se individualmente, se a Previdência Social aposenta o segurado, ela se serve de reservas técnicas acumuladas pelos trabalhadores, entre as quais as do próprio titular do direito ao benefício. Na desaposentação, conforme o caso, o órgão gestor teria de reaver parte dos valores pagos para estar econômica e financeiramente apto para aposentá-lo adiante ou poder emitir a CTC.

Na hipótese da aposentadoria por tempo de contribuição proporcional a ser transformada na integral, enquanto o RGPS e o RPPS sustentarem-se no regime de repartição simples — raciocínio que vale para outros regimes previdenciários —, não haveria necessidade de compensação dentro de um desses regimes. Aliás, é sempre bom lembrar que o matemático consultado considerará que pagar maior renda mensal (100%) por menos tempo pode propiciar o acerto de contas.

No caso da contagem recíproca de tempo de serviço, mesmo no bojo de um regime de repartição simples, só será possível repassar os recursos ao ente político acolhedor da CTC se eles não foram consumidos pelo segurado.

Evidentemente, falando-se de aposentados com alguma idade num regime de origem pretendendo se jubilar num regime instituidor, e que este, por sua vez, exige o cumprimento de seus requisitos, cada caso é um caso e o débito terá de ser apurado em razão da expectativa de vida dessas pessoas e reclamando regras mais adequadas à espécie que o simples acerto de contas da Lei n. 9.796/99.

No dizer de *Fábio Zambitte Ibrahim* a hipótese de que a pretensão do segurado seja buscar uma desaposentação para se submeter a novas regras mais favoráveis, contrariaria este princípio ("Desaposentação — Novos Dilemas", *in Revista Juris Plenum Previdenciária* n. 1, Caxias do Sul, 2013, p. 73).

Cremos que seja uma brecha na legislação, mas um direito do trabalhador, na medida em que tal solução não prejudicaria o sistema.

Motivação específica

O escopo da desaposentação é amplo: a) *a priori* — sociologicamente, deixar de ser aposentado, importando o que isso signifique pessoalmente; b) voltar a trabalhar, contribuir e novamente se aposentar no mesmo regime; c) renunciar, obter a CTC e se jubilar logo ou depois em outro regime. Em suma, em todos esses casos, melhorar de situação.

Moralmente, não se admite que um aposentado, querendo se prejudicar, receba menos, exceto, num raríssimo caso, se isso lhe trouxer alguma forma de felicidade.

Também é rejeitada a ideia de causar dano a terceiros (deixar de pagar pensão alimentícia para os alimentandos) ou às instituições. A motivação será pessoalmente nobre e expressada quando do pedido. Dessa forma, se a deliberada intenção do aposentado é desaposentar para nada receber e, dessa forma, não ter de pagar pensão alimentícia à ex-esposa, é descabida a desaposentação. Solução viável seria o órgão gestor repassar para o regime receptor o débito mensal, sem que assim o interessado consiga deixar de cumprir o seu dever para com os dependentes.

Contraria o interesse público da norma previdenciária um masoquista querer se prejudicar. Pelo menos em termos jurídicos, porque nada impede que ele, depois de recebidas, doe as mensalidades.

Algum magistrado chegou ao cúmulo de falar em torpeza bilateral (*sic*), quando negou a desaposentação, como sucedeu na Apelação Cível n. 1992.01.12895-0/MG, de 19.8.99, ao afirmar que após optar pela aposentadoria celetista, o requerente estaria impedido de transformá-la na estatutária, por ser mais vantajosa.

Desaposentar para não fazer nada não quer dizer desmotivação; nos raríssimos casos em que isso suceder, o que o desaposentante deseja é um ócio garantido por outra fonte de subsistência, ou seja, presente um motivo.

Objetivo de melhorar

A par da necessidade de haver uma motivação (que é extensa e compreende o ócio não remunerado, vale dizer, sem pensar noutra aposentadoria, mas na própria felicidade), a renúncia pode ser *stricto sensu* e *lato sensu*.

Na primeira ideia assim ajuízam alguns julgados; para que seja acolhido o instituto técnico, ele somente poderia acontecer para aumentar pecuniariamente a renda mensal.

Nesse sentido, *Marcus Orione Gonçalves Correia* e *Érica Paula Barcha Correia*, acostando-se à primeira corrente, postam-se favoráveis à ideia de que a motivação para uma melhor aposentadoria é pressuposto da desaposentação: "Portanto, não havendo qualquer óbice legal à renúncia e redundando esta em um benefício para o segurado, não há como se inviabilizar a desaposentação — que trata exatamente da possibilidade jurídica da renúncia à aposentadoria para a obtenção de uma situação jurídico-previdenciário favorável" (*Curso de direito da seguridade social.* 3. ed. São Paulo: Saraiva, 2007. p. 290).

Assevera *Fábio Zambitte Ibrahim* que: "Outrossim, ao contrário do sustentado por parcela da doutrina, a desaposentação não exige a imediata opção por outra aposentadoria mais benéfica. É possível que o segurado deixe de exercer o direito a uma aposentadoria sem desejar receber, naquele momento, outro benefício" (*Desaposentação.* Niterói: Impetus, 2005. p. 107).

Raciocínios como esses valorizam a eficácia da norma pública, matéria de Direito Previdenciário, a merecer novas reflexões.

Na segunda concepção, mais ampla que a primeira, o aposentado quer melhorar pessoalmente e não apenas materialmente, limitando-se a renunciar ao direito que exercia.

Lei de reciprocidade

Em razão da Lei n. 6.226/75, são comuns leis estaduais e municipais estabelecendo a contagem recíproca entre o RGPS e os seus diferentes RPPS, mas poucos os Estados e os Municípios que fizeram o mesmo entre si.

Ela não se confunde com acerto de contas entre o regime de origem e o regime receptor da desaposentação, mas tanto quanto sucede com a contagem recíproca, quando o primeiro regime promove formalmente a renúncia e, a partir da data-base, desobriga-se de pagar as mensalidades abdicadas, terá de emitir a CTC e repassar recursos financeiros correspondentes para o segundo regime.

Isso se fará em cada caso, depois de definido o dever de receber de volta algo do desaposentante, matéria melhor disciplinada *de lege ferenda.*

Ausência de prejuízo

O desfazimento do ato administrativo da aposentação não pode causar prejuízos para o plano de benefícios do RGPS ou do RPPS, na regulamentação do assunto convindo ouvir as ponderações dos atuários. Ela implica em custos internos que, *de lege ferenda,* poderiam ser cobrados.

Por isso a ideia de que a renúncia tem de restabelecer o *status quo ante* e posicionar o segurado como se ele não tivesse se aposentado.

Não se alegue, como fez a 4ª Turma do TRF da 4ª Região, que o custo de desaposentação é prejuízo financeiro para o INSS, porque esta é a função da autarquia federal: conceder e cancelar benefícios, aposentar e desaposentar. Claro, só não estará lá para fazê-lo muitas vezes, podendo, então, cobrar uma taxa para isso. Bastará utilizar o mesmo critério do pecúlio dos aposentados (Lei n. 8.870/94), que, quando existente, reclamava um interregno de 36 meses entre um e outro deferimento (por conta do custo operacional).

Boa parte da disposição de negar a pretensão do segurado é um simples desconhecimento do sistema, discriminação e falsa moralidade, o que é uma pena, como foi o argumento da decisão da 5ª Turma do TRF da 4ª Região, no Proc. n. 1997.10004887. *In: DJU* de 31.1.01, quando a ementa fez referência à "Existência de prejuízo financeiro para o INSS em face da necessidade de compensação financeira entre os sistemas de previdência, no caso da contagem recíproca de tempo de serviço", concluindo sem fundamentar: "Não pode o autor requerer um benefício, dele usufruindo por anos, até preencher os requisitos de outro, mais vantajoso financeiramente".

Primeiro, se há o restabelecimento do *status quo ante*, aliás, por determinação do magistrado na sentença, restituindo o aposentado as mensalidades que recebeu do INSS, financeiramente é como se ele não tivesse se jubilado, podendo a autarquia emitir a CTC e promover o acerto de contas com o ente político em que ela se prestará (ou não) para um futuro benefício. Na segunda parte, a desinformação é ainda maior, porque se usufruiu as mensalidades e o interessado terá de devolvê-las não há qualquer usufruto. Por outro lado, claro que o objetivo é obter benefício de maior valor não necessariamente vantajoso; em previdência social não existe vantagem ou privilégio, mas direito ou não em contrapartida às contribuições ou não.

Cessação do pagamento

Para que a desaposentação produza os seus efeitos práticos e jurídicos, entre os diversos passos do andamento administrativo do pedido impõe-se um ato final, o encerramento do benefício em manutenção a partir de certa data-base.

Não quer dizer que o aposentado tenha renunciado às mensalidades anteriores a essa data-base nos casos de revisões administrativas ou ganho de causas judiciais (valores que, se quiser, poderão fazer parte do acerto de contas da restituição).

Evidentemente, dentro da regra de utilização única do tempo de serviço, o período de contribuição que gerou a primeira aposentação que foi portado para o regime instituidor não terá mais existência no regime de origem.

Preservação do direito

Como salientado em inúmeras oportunidades neste ensaio, de regra a desaposentação não põe fim ao benefício como um direito, mas sua manutenção. Quer dizer, o fundo de direito permanece e, nesse sentido, devem ser entendidas a definitividade e a irrenunciabilidade das prestações previdenciárias.

Em algum momento, se a pessoa se der conta de que não lhe convém a nova aposentação ou ela será impossível, a primeira prestação estará disponível e poderá ser restabelecida a contar da data da manifestação.

Capítulo 14
Características Básicas

Alguns atos e fatos envolvem o processo da desaposentação, que a fazem distinta de outras renúncias previdenciárias, tornando possível diferenciá-la da cessação (I), opção (II), conversão (III), transformação (IV), reversão (V), suspensão (VI) ou cancelamento (VII).

Tais nuanças, quando avultadas, contribuem para uma melhor compreensão na aceitação das ideias e de como as dúvidas podem ser solucionadas.

Sergio Henrique Salvador estudou as suas principais nuanças ("Desaposentação e suas principais características", *in* RBDP n. 3/87).

Direito procedimental

A desaposentação insere-se no Direito Previdenciário Procedimental como instituto técnico adjetivo; ela implica em expedientes internos formais e com reflexos no mundo exterior ao regime de origem. Consequências que, em cada caso, têm de ser examinadas pelo regulamentador da matéria.

Não se pode esquecer de que, entre a teoria dessa proposta, o processo judicial e a execução, largos passos administrativos têm de ser dados; um dos mais difíceis, a aferição do *quantum* a ser restituído.

Desconstituição de ato

Com essa renúncia opera-se o desfazimento de ato regular antes praticado, que somente pode ser produzido por quem for capaz para isso na Administração Pública.

Não se trata de anulação nem de nulidade, porque a concessão observava as regras legais e caracterizava o ato jurídico perfeito. Está-se diante da constituição de um novo *status* jurídico: de desaposentado. Ao qual, se assim regulado, poderá corresponder um título formal.

A concessão, com todos os seus consectários, é regularmente desfeita, sendo imprestáveis, *in casu*, técnicas próprias do cancelamento de benefício em razão de vício de origem.

Prazo decadencial

À míngua de regulamentação e levando em conta a imprescritibilidade que permeia o Direito Previdenciário, até que sobrevenha alguma normatização inexiste tempo para a expressão da renúncia e para obter declarada a desaposentação.

O pedido formal de sustação do pagamento das mensalidades pode sobrevir a qualquer momento e a administração deve estar com o benefício em manutenção todo o tempo à disposição do aposentado. Não se tratando de revisão nem de transformação, no RGPS não pode ser invocado o prazo do art. 103-A do PBPS (termo próprio da revisão).

Desaposentar-se é direito subjetivo do titular da relação jurídica de previdência social, envolvendo praticamente as mesmas pessoas da concessão, órgão gestor e titular do direito (pretender portar o tempo de serviço para outro regime, ainda que indicado na petição, não passando disso). Não depende da vontade da administração, trata-se de ato unilateral impulsionado pelo interessado.

Efeito suspensivo

Protocolado o pedido, até que seja atendido ou não, as mensalidades do benefício devem ser continuamente mantidas. Não se pode pensar em renúncia sem que sobrevenha o Termo de Desaposentação, que define o novo estado jurídico, a partir de certa data-base.

Diante da possibilidade de ter de devolver tudo o que recebeu antes, parte desse montante ou algum valor fixado iliquidamente na sentença como sendo o atuarialmente devido, o recomendável é deixar consignado quais esses valores.

Reedição do pedido

Não há unicidade de comportamentos. Abstraindo o custo operacional que, *per se*, reclama regulamentação própria (sob pena de causar ônus extraordinário e ofende o interesse público), a renúncia e a desaposentação podem reeditar-se cada vez que presentes os fundamentos lógicos do pedido.

Se, em algum momento, o desaposentante tomar conhecimento de que não será possível obter a nova aposentadoria, ele tem o direito de retornar à situação de aposentado, renunciando, por sua vez, à desaposentação, que apenas significará o restabelecimento dos pagamentos mensais.

Custo administrativo

Sempre se entendeu que as contribuições do indivíduo e da sociedade, isto é, dos segurados e das empresas, destinam-se a custear as prestações e as despesas administrativas da entidade gestora da previdência social; no caso da previdência básica e complementar fechada, sem se falar em lucro.

Por isso, nunca se cobrou qualquer taxa para a emissão de CND, CTC, declaração ou concessão de benefícios.

Da mesma forma, enquanto a solicitação não implicar em despesas excepcionais, será despiciendo falar em encargo burocrático, mas a questão é meramente convencional. Até que culturalmente a medida seja acatada no mundo jurídico, ficará bem que seja cobrada.

Providências internas

Desaposentar-se promove movimentação interna do órgão gestor, obrigando-o a receber o requerimento, protocolá-lo, instruir o expediente, verificar a presença dos pressupostos, se for o caso a recepção dos montantes anteriormente pagos ao requerente, desfazimento formal do ato concessório e de manutenção e expedição da certidão de desaposentação, com a posterior comunicação ao requerente e aos entes controladores. Na prática, admitida a restituição, enorme ônus será apurar o valor histórico e corrigi-lo com revisões administrativas e judiciais, para sua precisa determinação.

Luciano Dorea Martinez garante: a desistência do pedido de aposentação, consoante o parágrafo único do mencionado artigo (ela se refere ao RPS n. 181-B) "somente se aceitará se o segurado manifestar essa intenção e requerer o arquivamento definitivo do pedido antes do recebimento do primeiro pagamento do benefício, ou de sacar o respectivo FGTS ou PIS, ou até 30 dias da data do processamento do benefício, prevalecendo o que ocorrer primeiro" (A aposentadoria e volta ao trabalho. Extensão e limites dos direitos previdenciários do trabalhador aposentado. *In: RPS,* n. 335/765).

Declaração da desaposentação

Assim como expedida a Carta de Concessão/Memória de Cálculo, a seguradora emitirá algo como uma Carta de Desaposentação, para que formalmente produza os efeitos práticos e jurídicos.

Distinções cabíveis

Uma prestação previdenciária, máxime de pagamento continuado, tem início (DIB), manutenção ao longo do tempo e encerramento (DCB). Ela termina e não mais produz efeitos práticos e jurídicos por variados motivos:

a) Morte do titular

Todos os benefícios de pagamento continuado cessam pela morte do titular, seja do segurado (aposentadoria) seja do dependente (pensão). A figura é da cessação natural.

A concessão da pensão por morte, ato contínuo à cessação de um benefício do segurado, não é transformação, porque são direitos distintos (segurado e dependente).

A ausência e o desaparecimento produzem o mesmo efeito.

b) Transformação

Às vezes, as mensalidades cessam porque a prestação é transformada em outra. No caso do auxílio-doença comum, uma vez reconhecido o Nexo Técnico Epidemiológico Previdenciário (NTEP) do Decreto n. 6.042/07, ele é convertido em auxílio-doença acidentário.

No caso do auxílio-doença comum ou acidentário seguido da aposentadoria por invalidez, o que se tem é cessação de um e início de outro benefício.

c) Extinção natural

A extinção acontece naturalmente, quando ele perde a razão de ser (alta médica do auxílio-doença, recuperação da higidez por parte do dependente inválido etc.).

d) Suspensão

Dá-se a suspensão, que é medida profilática, quando o órgão gestor dispuser de fortíssimos elementos de persuasão que o convençam da impropriedade da concessão.

e) Cancelamento

No cancelamento sobrevém a extinção porque a concessão fora indevida.

f) Opção

Em diversos casos o segurado dispõe do direito a uma de duas ou até de três prestações e deverá escolher a de sua conveniência (Portaria MTPS n. 3.286/73 — Entendimento n. 1).

Imagine-se um professor inválido, com 35 anos de serviço, dos quais 25 especiais e com 65 anos de idade. Ele poderá optar pela aposentadoria por invalidez, aposentadoria por tempo de contribuição, do professor, a especial e a aposentadoria por idade (*sic*).

g) Reversão

No RPPS é reconhecido o direito de reversão, que é a volta ao trabalho no serviço de quem reúne as condições para trabalhar (art. 25 da Lei n. 8.112/90).

Irrenunciabilidade do direito

Por construção técnica, uma convenção histórica e por pertencer ao passado é impossível destruir-se materialmente o tempo de serviço de um segurado. O direito o assegura. Por idealização jurídica e enquanto isso protegê-lo, não pode ser abdicado.

Na desaposentação cessa a manutenção, o pagamento das mensalidades, o benefício se finda e o tempo de serviço é portado para o mesmo regime, outro regime ou não.

Arrependimento da desaposentação

No bojo desse direito, depois da desaposentação admitir-se-ia um arrependimento do reaposentado, voltando ao *status quo* anterior, matéria que deveria ser disciplinada para evitar encargos administrativos.

Capítulo 15
Causas Determinantes

Concebida pela primeira vez a desaposentação em 1987, somente no ano de 1996 ela despertou o interesse dos profissionais voltados para o Direito Previdenciário. A partir de 2005 cresceu extraordinariamente o número de ações na Justiça Federal.

Extinção do pecúlio

Em 15.4.94 desapareceu o pecúlio, um benefício calculado com base nas contribuições recolhidas posteriormente à aposentação e, assim sendo, tais cotizações mensais em vez de melhorar o benefício do aposentado que continuou trabalhando ou voltou ao trabalho, vêm se destinando tão somente ao FPAS, sob a alegação do regime de repartição simples do RGPS.

Fator previdenciário

A partir de 1999, com a introdução parcial do fator previdenciário o tema passou a ser suscitado entre os estudiosos, incentivado esse interesse cinco anos depois, quando a Lei n. 9.876/99 adquiriu eficácia plena em relação ao mencionado instituto técnico.

Para *Cirlene Zimmermann* o fator previdenciário seria um indutor da desaposentação, na medida em que pode propiciar, se tiver sucesso na Justiça Federal, uma melhoria da RMI não prevista quando da Lei n. 9.876/99 (ob cit., p. 53).

Piores meses

No passado existiram os indigitados piores meses para a aposentação — que nos levaram a conceber esse instituto técnico inovador — e se for o caso a desaposentação é uma solução legítima para corrigir esse estado de coisas.

Quem se aposentava num mês podia ter uma renda mensal inicial 40% superior à do mês anterior (e nem todos os segurados sabiam disso, a despeito dos sucessivos artigos por nós publicados na RPS, *Suplemento Trabalhista LTr* e *Revista LTr*).

Essa é uma causa remota que continuou produzindo efeitos por todo o tempo e que foi acrescida de eventuais inconformidades supervenientes à Constituição Federal de 1988.

Redução das aposentadorias

O certo é que se constata todo o tempo, nos últimos 20 anos, um desencanto dos aposentados com o valor das aposentadorias e certa incompreensão do papel da previdência social, identificada com a redução dos seus valores (ainda que isso não seja real, pois principalmente o que as minorou vem sendo o alto consumismo tecnológico).

A insatisfação dos aposentados aumentou significativamente e um pedido de revisão de cálculo viria a calhar.

Serviço público

Desde que desapareceu o limite mínimo de idade para o ingresso no serviço público, muitos aposentados percipientes de baixas aposentadorias do RGPS fizeram concurso, foram aprovados e tomaram posse em cargos estatutários municipais, estaduais e federais e desejam computar o tempo de serviço ou de contribuição do RGPS (que lhes propiciou a aposentadoria no INSS) para fins de contagem recíproca e melhor benefício.

Ensinamentos da doutrina

O que levou outro tanto de interessados a procurarem o Poder Judiciário foi a extrema divulgação, máxime na *internet*, do direito à desaposentação, com artigos em sua maioria a favor dessa possibilidade, às vezes com canhestra fundamentação, até mesmo com alguns pendores para alguém levar vantagem (*sic*).

Posição da jurisprudência

A partir do momento em que os primeiros tribunais reconheceram esse direito, isso estimulou não só os profissionais do Direito Previdenciário, como também os próprios aposentados a tentarem obter sucesso na sua pretensão.

Superação da decadência

Ultrapassados os dez anos da decadência do direito de revisão da renda mensal inicial (prevista na Lei n. 10.839/04), quem continuou recolhendo as contribuições tenta renunciar àquele valor menor para obter um valor maior.

Mas, louvem-se os advogados que convenceram os seus clientes que a desaposentação não é um subterfúgio para escapar do decênio decadencial, ela pressupõe um benefício corretamente deferido e um segurado sem fazer jus a qualquer revisão da renda mensal inicial.

Sobrevindo um equívoco do INSS que não possa jamais ser revisto, sua renda mensal inicial é que será considerada, vedada, por conseguinte qualquer revisão de fatos vitimados pela decadência.

Disposição de ser ativo

Em raros, mas possíveis, casos, aqueles que configuram a renúncia simples, algumas pessoas pretendem desfazer-se da condição jurídica, pessoal e social de aposentados para se apresentarem como não aposentados, visando diferentes fins, é também uma causa válida.

Capítulo 16
Modalidades Adotadas

A previdência social é técnica protetiva enciclopédica; ela compreende um universo vasto em que são concebidos tipos possíveis de desaposentações, tomado esse vocábulo em seu sentido mais amplo (semanticamente ele diria respeito apenas ao desfazimento da aposentação e não a benefícios não jubilatórios). Estabelecem-se agora distinções meramente didáticas; no fundo, há uma renúncia e uma opção, seguindo-se os aspectos formalísticos da desconstituição de um ato jurídico e os encargos inerentes a tal procedimento. E, no comum dos casos, uma nova aposentação.

José Ricardo Caetano Costa pondera haver duas sequências nesses momentos: a) aposentadoria é um ato constitutivo positivo e b) desaposentação é um ato desconstitutivo negativo (*Desaposentação.* Disponível em: <http://www.diariopopular.com.br/16_08_01/ponto_de_vista.html>).

Escopo não previdenciário

Ab initio presente a ideia de que a solicitação sempre terá de ser motivada (ainda que objetive apenas o *ocium* com renda não securitária), com justificativa moral relevante, numa hipótese remota admitir-se-á alguém desejando renunciar ao benefício previdenciário, principalmente a aposentadoria, pura e simplesmente para não ser intitulado como aposentado ou percipiente de certa prestação. Às vezes, até para poder cumprir o requisito de um Edital de Concurso, que reclame a condição de ativo.

Ao final do procedimento ou processo, se aprovada esta abdicação particular, não será emitida CTC, mas uma declaração do órgão gestor, que poderia se chamar Termo de Renúncia a Benefício. Nem deveria sobrevir alguma restituição: a concessão e o seu fim são atos jurídicos perfeitos.

No bojo do RGPS

O fator previdenciário da Lei n. 9.876/99, enquanto mantido na legislação, levou e leva alguns trabalhadores desempregados e com dificuldades financeiras a solicitarem uma aposentadoria por tempo de contribuição, com renda mensal inicial menor (de 70% do salário de benefício). Posteriormente acabaram reunindo condições para continuarem contribuindo (às vezes, na mesma empresa), arrependendo-se da solicitação daquele primeiro benefício e pensando na aposentadoria integral.

A desaposentação *a posteriori* permitiria a eles tornar a se aposentar com um fator previdenciário mais elevado e melhorar sua renda mensal inicial (claro, com expectativa de vida menor).

Noutros casos, especialmente quando da EC n. 20/98, muitos segurados solicitaram a aposentadoria proporcional antes de 16.12.98 por não cumprirem as idades mínimas de 48 anos (mulheres) e 53 anos (homens), arrependendo-se quando completaram os 30 anos ou 35 anos de serviço (sem pedágio e sem limite mínimo de idade).

Sem se preocupar com o acerto de contas entre os dois regimes, quando a desaposentação se dá do RGPS para o RPPS não precisa devolver, é o que pensa o juiz *Eduardo Tonetto Picarelli*, em 23.2.2010 (AC m., 2008.71.05.001952-4/RS, da Turma Suplementar da 4ª Região, *in* RPS n. 356/654).

RGPS para RPPS

Olvidando a complementação supletiva em virtude do nível incomparável das prestações possíveis, o mais usual dos pedidos até agora registrado tem sido o do aposentado pelo RGPS que deseja o cancelamento do seu benefício para, adiante novamente se jubilar, e no serviço público, migrando do RGPS para o RPPS, ali contando o tempo de serviço anterior da iniciativa privada. Evidentemente tal solução o submete às regras de jubilação do art. 40 da Carta Magna (qualidade de servidor, período de carência, período básico de cálculo, ausência de fator previdenciário, idades mínimas etc.).

Cenário que recomenda uma revisão dos arts. 94/99 do PBPS e da Lei n. 9.796/99, para que a disposição do legislador de oferecer liberdade ao cidadão não se choque com o princípio do equilíbrio atuarial e financeiro.

Dentro do RPPS

Em seus arts. 39/40, com as exceções que ela então especifica, a Constituição Federal veda a percepção de duas aposentadorias nos RPPS, de tal sorte que se um servidor se aposentou precocemente num regime próprio, ainda que seja filiado a outro regime próprio, neste último não poderá se jubilar, apresentando-se a possibilidade de renunciar ao primeiro para ocorrer a aposentação no segundo.

RPPS para RPPS

Considerados nacionalmente os RPPS, como se eles fossem um só, como é permitida a contagem recíproca de tempos de serviço não simultâneos, nada impede que alguém se desaposente num ente federativo da República e se aposente noutro, uma vez promovido o acerto de contas entre os dois RPPS (Lei n. 9.796/99).

Proporcional para integral

No âmbito do RGPS, tratando-se exclusivamente de desaposentação e não de opção de um por outro benefício (própria do segurado ativo diante de duas prestações), transformação de um em outro (aposentadoria por invalidez em aposentadoria por idade), conversão (auxílio-doença comum para acidentário etc.), evidencia-se agora a renúncia de uma aposentadoria proporcional — da mulher com 25 a 29 anos e do homem com 30 a 34 anos — para a obtenção de uma integral, respectivamente de 30 e 35 anos de serviço (na mais comum das hipóteses, de 70% para 100% do salário de benefício).

Esta espécie deixa bem claro algumas ideias que acabaram convencendo os opositores da desaposentação: a) o segurado aposentado continuou trabalhando e contribuindo por mais cinco anos (sem qualquer outra finalidade relevante); b) se ele não tivesse requerido o benefício proporcional poderia solicitar o benefício integral mais adiante e, para isso, o INSS, com os novos cinco anos de contribuição, deveria estar atuarial e financeiramente preparado; c) abstraindo tratar-se de regime de repartição simples, se a condenação determinar a restituição não sobrevirá qualquer prejuízo financeiro ao RGPS; e d) de todo modo, com renda mensal inicial superior ou não, a esperança média de vida será menor (*sic*).

Nestas circunstâncias, passar de 70% para 100% do salário de benefício, de alguém que continuou contribuindo por mais cinco anos, é um exemplo típico da propriedade da desaposentação. Como antecipado, se o segurado não tivesse obtido a primeira aposentadoria, o INSS deveria estar em condições de pagar a segunda; logo, não haveria prejuízo. Ajuizando-se individualmente e, também como lembrado, abstraindo o regime de repartição simples (raciocínio que vale para algum RPPS), como o segurado recolheu por 35 anos, só tem sentido ele receber dali para frente, podendo-se pensar em devolver os cinco anos que auferiu com a aposentadoria proporcional, caso contrário as reservas técnicas pessoais do INSS seriam 1/7 menores. Raciocínio ideal que ignora as anomalias de todo o passado.

Carla Mota Blanck Machado Neto é de opinião de que em face de o RGPS adotar o regime de repartição simples e da natureza alimentar da prestação, não precisa restituir (Desaposentação. *In: Jornal do 26º CBPS*, São Paulo, LTr, p. 69-70, 2007).

Exigindo a restituição, o desembargador *Franciso Barros Dias* admite a passagem da proporcional para a integral (ARN n.13564/PE – Proc. n. 0000597-70-2010.4.05.8300, de 9.11.10, *in:* RPS n. 365/341).

Mudança de cargo

Dentro de um regime próprio, não há por que se obstar a renúncia à aposentação obtida num determinado cargo em relação a quem, desfeito o ato, possa aposentar-se num outro cargo.

Trata-se da situação de aposentado que fez concurso público, tomou posse e assumiu o novo cargo.

Benefício por incapacidade

A cessação de benefícios por incapacidade por vontade do titular do direito e não em razão da alta ocorrida em virtude de perícia médica, embora possa parecer estranho diante da eficácia da norma pública de que se revestem as prestações previdenciárias não programadas, salienta os limites dessa mesma norma pública no sentido da proteção social.

Provado à exaustão o objetivo do percipiente do benefício, isto é, ser melhor para ele não manter a cobertura (área raramente estudada no Direito Previdenciário), não se vislumbra qualquer impedimento científico à cessação do benefício.

Saliente-se que a desconstituição de uma aposentadoria por invalidez e uma nova solicitação do mesmo direito, alegando-se o mesmo agravo (CID), não é questão a ser considerada apenas sob o aspecto moral, mas sim técnico.

Embora não seja raciocínio jurídico, é bom lembrar que se o segurado voltar ao trabalho terá a aposentadoria cancelada sem prejuízo do tempo de serviço anterior. Prosseguindo com as contribuições, terá direito adiante (a rigor, até mesmo a uma nova aposentadoria por invalidez).

Invalidez para idade

Em 2007/2008, o MPS pretendia convocar cerca de 2 milhões de percipientes de aposentadoria por invalidez e submetê-los à perícia médica. Segundo a mídia, o Governo Federal esperava que ocorresse aproximadamente um milhão de altas médicas (DCB). Na ocasião, informou-se que 60.000 desses aposentados estavam trabalhando como empregados registrados (*sic*).

Ainda conforme a imprensa, mais ou menos 300.000 benefícios cessariam e diriam respeito a segurados com mais de 15 anos de contribuição realizados antes da DIB da aposentadoria por invalidez.

Além de se submeter o trabalhador aos exames médicos periódicos, essa prestação não programada impede a volta ao trabalho, mas em seu cálculo não há o fator previdenciário.

Em cada caso, convindo ao segurado, se tiver 60 anos (mulher) ou 65 anos (homem), ele poderá renunciar à discussão da alta médica, dela não recorrendo, e solicitar a aposentadoria por idade.

Até que fossem revogadas a 1ª CLPS (art. 37, § 2º) e a 2ª CLPS (art. 32, § 2º), admitia-se a hipótese.

Havia previsão regulamentar no art. 55 do RPS, mas ele foi revogado pelo Decreto n. 6.722/2008. Entretanto, desde que preenchidos os requisitos legais do segundo benefício não há por que indeferi-lo. O fato de, então, o fator previdenciário poder ser favorável ao aposentado é uma condição da legislação e não é motivo para o impedimento.

Previdência complementar

Diante de sua natureza de complemento ou suplemento do valor básico (oriundo de um RGPS ou RPPS), as ideias a respeito do desfazimento do benefício complementar são ainda mais complexas, difíceis e sutis. Na hipótese da renúncia à aposentadoria do RGPS, que fosse supedâneo jurídico da complementação, seria preciso pensar-se em abdicar também deste último ato jurídico.

Noutra circunstância, imagine-se percipiente de prestação complementar que, por motivos subjetivos, deseja se desaposentar do INSS e da EFPC, restabelecendo o *status quo ante* (até pensando em benefício complementar superior).

Capítulo 17
Distinções Necessárias

A existência de institutos técnicos administrativos assemelhados ao da renúncia e da nova aposentação seguida à abdicação e que lembram a desaposentação induzem a pequenas confusões semânticas.

Por vezes, estar-se-á apenas diante de um pedido de revisão de cálculo da renda mensal inicial, principalmente quando não foi reconhecido certo tempo de serviço ou não foi promovida a conversão do tempo especial (NB 46) para o comum (NB 42).

Noutros casos, após a instrução, o segurado acabará provando (antes não havia sido aceito o convencimento) maior tempo de serviço, justificando o reexame da anterior aposentadoria proporcional, a ser substituída pela aposentadoria integral.

Quem obteve a aposentadoria por idade e continuou trabalhando e contribuindo, se requerer a inclusão das novas contribuições no cálculo terá muitas dificuldades de obter o acréscimo da renda mensal inicial, porque essa disposição não se trata de desaposentação (que pressupõe um novo benefício).

Excepcionalmente tem-se a figura da reativação da aposentadoria. A Lei n. 9.528/97 mandou suspender as aposentadorias concedidas sem afastamento do trabalho. Esse entendimento valeu de 12.9.98 até 6.11.1998. Liminar do STF na ADIn n. 1.770 tornou inócuo o art. 11 da Lei n. 9.528/97. Reativação não é desaposentação (AC n. 2000.39.00.002595-0/PA, conforme o desembargador *José Amílcar Machado*, da 1ª Turma da 1ª Região do TRF, em decisão de 10.8.08, *in:* RPS n. 336/876).

Cessação natural

O fim da manutenção de benefícios necessariamente não se identifica com qualquer desistência provocada pelo segurado em relação às prestações. Com o falecimento do beneficiário, segurado ou pensionista, tem-se o evento padrão: as mensalidades cessam. *Mors omnia solvit.*

Como outros autores, *Lael Viana* e *Fábio Nadal* fizeram questão de assinalar quando se dá o fim de muitos benefícios (*Direito previdenciário sintetizado.* São Paulo: Método, 2007).

a) Auxílio-doença

O auxílio-doença encerra-se com a alta médica (DCB), caso o segurado não impugne a decisão da perícia médica e especialmente se ele voltar ao trabalho. Às vezes, diante das dificuldades burocráticas, ainda sem estar inteiramente hígido, ele retorna ao serviço parcialmente apto, abdicando dos recursos possíveis (RPS, art. 77).

b) Aposentadoria por invalidez

Sobrevindo a volta ao trabalho, a aposentadoria por invalidez é automaticamente cancelada (PBPS, art. 46).

Rigorosamente, existem aí duas situações: a) haver aptidão e b) não haver. No primeiro caso, não há qualquer renúncia e simples retorno ao serviço derivado de alta médica (DCB). No segundo, resta ao segurado forçar sua reabilitação para fazer cessar o benefício (RPS, arts. 46/48), término que conhece uma extinção paulatina (RPS, art. 49, I/II).

Quando o titular não mais reúne as condições do art. 45 do PBPS, acabam os 25% que acresciam a renda mensal, o mesmo sucedendo com a sua morte (PBPS, art. 45, parágrafo único, *c*).

c) Salário-maternidade

O salário-maternidade é uma das raras prestações com duração legalmente predeterminada. Findos os 120 dias de licença médica ou dos seus acréscimos de duas semanas antes ou depois do período básico, ele se esgota legalmente.

d) Aposentadoria especial

Caso o percipiente de aposentadoria especial volte ao trabalho em atividade insalubre, não tem cancelado o benefício (PBPS, art. 57, § 8º); ele é suspenso. Basta ao segurado deixar o serviço insalubre que a aposentadoria especial será restabelecida sem necessidade de novo requerimento.

Isso é diferente do aposentado por invalidez que retornou ao trabalho: a prestação cessará (ainda que admita nova solicitação adiante).

Antonio Carlos de Oliveira foi um infatigável estudioso do assunto, concluindo que o benefício deveria ser cancelado (O cancelamento da aposentadoria especial motivada pela permanência na atividade nociva ou pelo retorno ao seu exercício. *In: Jornal do 15º CBPS,* São Paulo, LTr, p. 48-50, 2002), e que ele já havia desenvolvido antes (Aposentadoria especial e o exercício da atividade nociva. *In: Jornal do 14º CBPS,* São paulo, LTr, p. 65-68, 2001) e muito antes (A permanência na atividade sujcita a agente nocivo e o cancelamento da aposentadoria especial. *In: Jornal do 12º CBPS,* São Paulo, LTr, 1999. p. 65-67, 1999.).

Em linha de raciocínio próxima, *Denis Ricardo Guedes* examinou o destino dos aportes de aposentado e reproduziu acórdão do TRF da 2ª Região na Apelação Cível n. 2001.02.01.015183-7, em que a juíza *Simone Schreiber* foi contra o pagamento dessas contribuições (A contribuição do aposentado que retorna ao trabalho. *In: RPS,* São Paulo: LTr, n. 283/534).

e) Salário-família

O pagamento do salário-família termina: I – com a morte do filho ou equiparado; II – quando estes completam 14 anos de idade, exceto se inválidos; III – com a recuperação da capacidade do filho ou equiparado inválidos; ou IV – sobrevindo desemprego do trabalhador (RPS art. 88).

f) Abono de permanência em serviço

Com a concessão da aposentadoria por tempo de serviço, encerrava-se automaticamente o pagamento do abono de permanência em serviço (PBPS, art. 87).

g) Auxílio-acidente

O início do auxílio-acidente, que pressupõe a cessação do auxílio-doença acidentário, deixa de ser pago sobrevindo a concessão de alguma aposentadoria (entendimento discutido na Justiça Federal). A rigor, conforme a hipótese, o seu valor é integrado neste último benefício (PBPS, art. 86).

h) Pensão por morte

Sobrevindo o falecimento do aposentado, qualquer que seja a aposentadoria, a prestação então mantida extingue-se naturalmente e não se transforma em outra.

O dependente com direito obterá a pensão por morte, um direito próprio, de pessoa distinta, com características próprias, não subsistindo renúncia ou desaposentação.

Na figura jurídica da ausência do segurado (morte presumida), reaparecendo, o INSS não mais paga a pensão por morte, reaparecendo o ausente e terminando o benefício.

De regra, as quotas individuais dos pensionistas desaparecem: I – pela sua morte; II – ao completar 21 anos de idade, exceto se inválido ou pela emancipação, ainda que inválido; III – fim da invalidez do inválido (RPS, 114). A partir da MP n. 664/14, com o final da duração do benefício.

Conversão de benefício

O término das mensalidades de um benefício seguido de outro, *ipso jacto* não quer dizer renúncia do primeiro, mas apenas uma mudança técnica. Ao acolher o nexo técnico epidemiológico previdenciário (NTEP) de uma incapacidade (CID) vinculada à empresa (CNAE), inicialmente tida como não ocupacional, o INSS converterá o auxílio-doença previdenciário em auxílio-doença acidentário, sem que haja aí a figura da desaposentação. De NB 31 passa a NB 91, sobrevindo consectários civis, fundiários, trabalhistas e previdenciários, mas nenhuma abdicação de direitos.

Giovania de Souza Moraes Bellizzi, próxima do tema, estudou a conversão do tempo especial no comum (Conversão da aposentadoria especial para comum. *In: Jornal do 12º CBPS,* São Paulo, LTr, p. 7-88, 1999). *Gisele Lemos Kravchychyn* também o fez (Conversão do benefício do auxílio-doença em aposentadoria por invalidez — Período básico de cálculo conforme o disposto no § 5º do art. 29, Lei n. 8.213/91. *In: RPS,* São Paulo, LTr, n. 319/509).

Opção do titular

Escolhas são comuns no Direito Previdenciário. Em situação hipotética extrema, ao mesmo tempo um segurado poder faze jus a uma de quatro aposentadorias. A título de exercício, imagine-se um professor inválido com 35 anos de serviço, 65 anos de idade, que exerceu atividades especiais por 25 anos e cumpre o disposto no art. 41 do PBPS (*sic*).

Conforme sua conveniência, ele poderá adotar a aposentadoria por tempo de contribuição, por idade, do professor especial ou por invalidez (RPS, art. 167, § 4º). Apontará uma delas, institucionalmente autorizado a mais tarde se arrepender e rever essa determinação.

Se a viúva se casar novamente sem perder a pensão por morte do primeiro marido e falecer aquele segundo marido, ela indicará a pensão por morte mais vantajosa (PBPS, art. 124, VI).

Quem está recebendo um auxílio-acidente e, sofrendo novo infortúnio laboral, novamente tem cessado o auxílio-doença acidentário com nova sequela, escolherá o melhor deles (PBPS, art. 124, VI).

O art. 420, § 5º, da IN INSS n. 20/07 dá conta de uma opção do ex-combatente em face da pensão especial da Lei n. 8.059/90. Ele terá de escolher o benefício do RGPS ou este último (Parecer CJ/MEX n. 2.098/94, ratificado pela Nota Técnica CJ/MPAS n. 754/01).

Pierre Andrade Bertholet discorreu sobre a opção oferecida pelo art. 3º da LC n. 84/96 de a empresa recolher 15% ou 20% do salário-base ou remuneração dos autônomos (O direito de opção da Lei Complementar n. 84/96. *In: Jornal do 9º CBPS*, São Paulo, LTr, p. 48-49, 1996.), que *Daniel Pulino* considerou inconstitucional (O art. 3º da LC n. 84/96 e a equidade na forma de participação no custeio. *In: Jornal do 9º CBPS*, São Paulo, LTr, p. 50, 1996).

Já tivemos como possível a "Transformação da aposentadoria de aeronauta na de ex-combatente" (in: *Jornal do 12º CBPS*, São Paulo, LTr, p. 79-81, 1999) e *Wladimir Novaes Filho* apreciou a "Transformação do auxílio-doença em aposentadoria por invalidez", *in: RPS*, São Paulo, LTr, n. 309/533).

Prestação mais vantajosa

Dizia o art. 122 do PBPS que: "Se mais vantajoso, fica assegurado o direito à aposentadoria, nas condições legalmente previstas na data do cumprimento de todos os requisitos necessários à obtenção do benefício, ao segurado que, tendo completado 35 anos de serviço, se homem, ou 30 anos, se mulher, optou por permanecer em atividade" (revogado pela Lei n. 9.032/95).

Daisson Portanova ressaltou a lei mais benéfica (Direito adquirido e a lei mais benéfica. *In: Jornal do 15º CBPS*, São Paulo, LTr, p. 54-56, 2002), discorrendo sobre o que seria mais vantajoso. Ideia correspondente ao contido no nosso "Direito adquirido à melhor prestação" (*in:* RPS, São Paulo, LTr, n. 304/192), quando estudamos a concessão da aposentadoria proporcional, se de valor superior ao da aposentadoria integral e também daquele que em algum momento o salário de benefício anterior era superior ao hodierno. Já pensamos também no "Direito da pensionista que perdeu a pensão, por casamento com marido não segurado" (*in: Revista IOB,* São Paulo, IOB, n. 203, p. 192-193, maio 2006). *Sérgio Fernando Moro* foi outro que apreciou a "Aplicação retroativa da Lei de Previdência mais benéfica" (*in:* RPS, São Paulo, LTr, n. 215/281).

Como antecipado, a desembargadora *Eva Regina* acolheu o pedido de renúncia ao benefício judicial em favor do administrativo, que era melhor, chamando esse procedimento de desaposentação (decisão em 19.1.09 na AC n. 2001.61.02.005533-4/SP, da 7ª Turma do TFR da 3ª Região, *in: RPS,* n. 342/399).

Suspensão e cancelamento

Um benefício regularmente mantido, observado o devido processo legal e esgotados todos os recursos administrativos e judiciais possíveis, diante da suspeita de fraude fica sujeito a suspensão e, mais tarde, será cancelado por impropriedade jacente na instrução anterior. São duas situações distintas e em nenhuma delas se vislumbra a abdicação de direitos, atos unilaterais vinculados do órgão gestor do regime de origem.

Se uma segurada percipiente de auxílio-doença preenche os requisitos legais do salário-maternidade, a primeira prestação será suspensa provisoriamente, deferindo-se o benefício decorrente da gravidez, que perdurará pelos 120 dias e, se for o caso, após o parto mantendo-se inapta para o trabalho sendo restabelecido o auxílio-doença anterior.

Nos casos em que couber a hipótese, ou seja, que não comportem mais qualquer remédio jurídico, o cancelamento equivalerá à cessação.

Diz a Súmula STF n. 6 que: "A revogação ou anulação, pelo Poder Executivo, de aposentadoria, ou qualquer outro ato aprovado pelo Tribunal de Contas, não produz efeitos antes de aprovada por aquele Tribunal, ressalvada a competência revisora do Judiciário".

Tema sopesado por *Roberto Luis Luchi Demo* (Suspensão e cancelamento do benefício previdenciário. Efeitos do recurso administrativo. *In: RPS,* São Paulo, LTr, n. 256/181). Assim como *Wladimir Novaes Filho* ajuizou, *Ricardo Perlingeiro Mendes* se opôs ao não pagamento de mensalidades sem o devido processo legal (Suspensão de benefícios sem procedimento administrativo. *In: RPS,* São Paulo, LTr, n. 170/23).

Ivan Barbosa Rigolin contraditou o cancelamento do benefício no serviço público (Direito administrativo à aposentadoria não se perde com a demissão do servidor titular — A absurda pena de cassação de aposentadoria por falta antiga, punível com demissão. *In: Revista IOB,* São Paulo, IOB, n. 217, p. 25-35, jul. 2007).

Auxílio-reclusão

Se o segurado preso foge da prisão, os seus dependentes têm o benefício suspenso pelo INSS, cessando imediatamente os pagamentos mensais (PBPS, arts. 117/118).

Caso ele seja recapturado, impõe-se o pagamento das mensalidades a partir de então (RPS art. 177, § 2º), sem o pagamento dos atrasados.

Reversão do aposentado

Na reversão do serviço público tem-se a cessação da aposentadoria por invalidez despachada anteriormente em virtude de conclusão da perícia médica, sempre que posteriormente for comprovada a aptidão para o trabalho e sobrevindo volta ao trabalho do servidor (ESPCU, arts. 25/27). Não há renúncia a nada nem qualquer desaposentação.

Reintegração do segurado

Ocorrendo a demissão por justa causa, seguida de sindicância e inquérito administrativo, se o servidor logra anular essa decisão no Poder Judiciário, ele será reintegrado no serviço público (ESPCU, art. 28). Não havendo aposentadoria em jogo, também não se trata de desaposentação, mas de um instituto técnico do Direito Administrativo.

Se o servidor se aposentou e mais tarde essa jubilação foi justificadamente cassada (por exemplo, porque não tinha o tempo de serviço), não há desaposentação; se ele consegue desfazer essa cassação, tem-se a reversão.

Para a Súmula STF n. 37: "Não tem direito de se aposentar pelo Tesouro Nacional o servidor que não satisfizer as condições estabelecidas na legislação do serviço público federal, ainda que aposentado pela respectiva Instituição previdenciária, com direito, em tese, a duas aposentadorias".

Na figura de Direito Administrativo da disponibilidade, o servidor é afastado do trabalho e continua recebendo os vencimentos.

Esse servidor pode ser convocado para ocupar cargo, sucedendo uma mudança na sua situação jurídica. Não se alude à desaposentação porque não houvera aposentação (ESPCU, arts. 30/32).

Na esfera do Direito do Trabalho, um segurado, que reclame o restabelecimento do vínculo empregatício junto do empregador e obtenham a reintegração por sentença judicial transitada em julgado, pode ampliar o seu tempo de serviço para os efeitos do Direito Social.

Pretendendo acrescer esse novo período ao seu patrimônio previdenciário, se já estiver aposentado ter-se-á uma figura de afetação da aposentadoria anterior em favor de uma nova. Ou, preferindo-se, uma revisão do ato de concessão para ocorrer a hodiernização da DIB. Ela avançará no tempo abrangendo as novas contribuições, tornando, *in casu,* sendo indevido o pagamento de mensalidades havidas, débito a ser acertado com o INSS.

Solução das acumulações

O art. 124 do PBPS disciplina várias modalidades de acumulações de prestações. De regra, quando requerido um benefício indevido por esse motivo, ele é indeferido, mas se a concessão acontece e é descoberta, aquele último pretenso direito tem de desaparecer, em alguns casos oferecendo-se a opção ao interessado, matéria que se encontra nos arts. 420 *usque* 422 da IN INSS n. 11/06.

Lembrando o art. 11 da EC n. 20/98 e o texto da IN SEAP n. 5/99, avaliamos a opção pelo benefício mais vantajoso (Servidor aposentado sem direito a novo benefício. *In: Jornal do 13º CBPS*, São Paulo: LTr, 2000. p. 46-47).

Revisão e incorporação

A desaposentação pouco tem a ver com a revisão de cálculo da renda inicial ou mantida (para a qual subsiste prazo decadencial de dez anos) ou com a tentativa de inclusão das contribuições vertidas após a aposentação de quem continuou trabalhando e contribuindo. Nem mesmo se constitui na intenção de superar os dez anos da decadência do direito de revisão.

Desaposentação pressupõe regularidade, legalidade e legitimidade do cálculo da renda inicial, descabendo, portanto, na hipótese, a sua revisão.

A inclusão de contribuições aportadas depois da aposentação encontra obstáculo legal válido no art. 18, § 2º, do PBPS e deve ser rejeitada pelos tribunais.

Capítulo 18
Revisão das Mensalidades

Uma lei que disponha sobre o expediente administrativo de revisão periódica das mensalidades de um benefício regularmente em manutenção automaticamente ou por solicitação do aposentado titular, deveria cogitar de alguns aspectos financeiros, matemáticos e atuariais da técnica previdenciária. Posicionar-se, inclusive, sobre a superação do teto vigente.

Significado técnico

A revisão dessas mensalidades do aposentado que voltou ao trabalho e continuou contribuindo, à luz da legislação vigente na data dessa operação, significaria um reexame de cálculo que considere as novas contribuições vertidas para fins de cálculo do salário de benefício, o novo tempo de contribuição para efeito do percentual aplicável e fator previdenciário, bem como a nova idade do aposentado para os diversos fins.

Natureza jurídica

Tratar-se-ia de revisão de cálculo e não de uma nova prestação.

Na AC n. 0010174.07.2012.4.03.6183/SP, de 26.8.13, relatada pela desembargadora *Vera Jucovsky*, da 8ª Turma do TRF da 3ª Região, distinguindo a pretensão da desaposentação, o segurado requereu uma revisão e recálculo para inclusão das novas contribuições vertidas após a aposentação, rejeitada pelo tribunal (RPS n. 394/815).

Pressuposto jurídico

Subsistiria uma exigência de ordem técnica: que a volta ao trabalho seja permitida, valendo, portanto, apenas nos casos da aposentadoria por idade, por tempo de contribuição e da aposentadoria especial para serviço não insalubre.

Entretanto, se isso ocorrer impor-se-ão, pelo menos, duas providências: a) acerto de contas em relação a suspensão do benefício e b) recálculo da renda mensal inicial.

Norma mais benéfica

A regra que instituísse a revisão de cálculo da renda mensal mantida teria que dispor sobre a preservação da renda mensal anterior, se for superior, e na mesma linha de pensamento, com a devolução do que foi pago pelo trabalhador caso não sobrevenha melhoria de situação.

Interstício trienal

Ab initio, relevaria fixar um interregno, por exemplo, de três anos, entre duas providências dessa natureza (como sucedia com o pecúlio).

Imprescritibilidade do direito

Desde a Lei n. 9.528/97 há um prazo de dez anos para a solicitação dessa revisão. A data do início do novo valor será a da DER da solicitação dessa providência e a DIB, cinco anos atrás (PBPS, art. 103, parágrafo único). Porém, para DIB anteriores a essa lei o direito é imprescritível.

Data do início

A data do início do novo valor será a da DER da solicitação dessa providência e DIB cinco anos atrás (PBPS, art. 103, parágrafo único).

Restituição de valores

Em princípio, tanto quanto sucede na transformação, não haveria a devolução de quaisquer mensalidades recebidas, uma definição legal a ser apoiada na avaliação matemática da revisão.

Com efeito, observado um novo período básico de cálculo as novas contribuições poderiam assegurar maior tempo de contribuição, novos percentuais do salário de benefício, maior idade, mas não necessariamente uma renda superior.

Em relação à antiga mensalidade contida na nova não há necessidade de novos aportes e no que diz respeito ao acréscimo mensal este seria coberto exatamente pelas novas contribuições vertidas.

Plano de benefícios

Teoricamente — teoricamente porque o RGPS há bastante tempo não observa o cálculo atuarial — o plano de benefícios estaria preparado para pagar as novas mensalidades, mas caso seja levada em conta a ideia de um capital acumulado, as mensalidades auferidas teriam diminuído esse montante.

Distinção da transformação

Na ocasião, também seria relevante promover a distinção da revisão com a transformação dos benefícios, o que implica na cessação de um benefício e no início de outro.

Cuidados mínimos

Da mesma forma como sucede com a desaposentação, impor-se-iam cuidados mínimos antes da solicitação ao INSS.

Revisão da pensão

Falecendo um aposentado nestas condições, os seus dependentes poderiam requerer a revisão da renda da pensão por morte e no caso de haver menores incapazes ou ausentes o seu direito retroagiria à data do óbito, enquanto o dos capazes desde a DER.

Capítulo 19
Restauração do Pecúlio

Ainda que algum segurado em 2015 possa fazer jus ao benefício, aqui, agora, 21 anos depois, a análise dessa prestação praticamente extinta é promovida como se ela não mais existisse. Mas que pode ser restaurada.

Conceito básico

O pecúlio consistia na devolução por parte do INSS das contribuições vertidas pessoalmente pelo segurado que depois de aposentado voltou ao trabalho e contribuiu. Na condição de benefício não substituidor dos salários ele podia ser acumulado com qualquer prestação previdenciária.

Hoje em dia, sua concepção dificulta o critério de devolução de contribuições da figura da desaposentação e possa substituí-la, caso assim ajuíze o Congresso Nacional.

Natureza jurídica

O pecúlio era o único benefício de pagamento único em dinheiro existente no RGPS. Uma prestação reeditável própria do aposentado que voltasse ao trabalho.

Benefício em extinção

Quem teria direito ao benefício a partir de 15.4.94 e mais tarde voltou ao trabalho (preenchendo os requisitos legais até então vigentes) não mais fez jus a essa prestação.

As contribuições aportadas depois dessa data base também não são consideradas para os fins dos benefícios. Trata-se de prestação destinada à extinção (certamente serão pouquíssimos os que voltaram ao trabalho após 15.4.94 e, agora, em 2013, continuaram trabalhando).

Fim da prestação

Em 15.4.94, a Lei n. 8.870/94 pôs fim a esse direito e ele não pode ser invocado pelo segurado que voltou ao trabalho após essa data.

O termo fatal deveria ter sido 6.12.93, quando da primeira Medida Provisória que disciplinou a matéria, mas segundo o Decreto Legislativo CN n. 27/94: "Consideram-se válidos, para todos os efeitos legais, os atos praticados pelo Poder Executivo durante a vigência das Medidas Provisórias n. 381, de 6.12.13, n. 408, de 6.1.94, n. 425, de 4.1.94 e n. 446, de 9.3.94" (art. 2º).

Por conseguinte, de acordo com a Orientação Normativa SPS n. 1/94, o direito ao pecúlio desapareceu em 15.4.94. As Leis ns. 9.032/95 e 9.129/95 também cuidaram do tema.

Retorno vedado

Quem está recebendo a aposentadoria por invalidez, de modo geral não pode trabalhar sem obter alta médica do INSS. Da mesma forma, o percipiente da aposentadoria especial está impedido de ocupar-se de atividade insalubre.

Nos dois casos, apurada essa volta ao trabalho, sobrevém a suspensão do pagamento das mensalidades (a serem restabelecidas uma vez que o trabalhador se afaste da atividade).

Contribuições por quem não poderia trabalhar e recolhê-las, tornam-se indevidas e se não decaídas, devem ser restituídas. Rigorosamente, constituem aportes de aposentados e dentro do prazo legal devem ser consideradas para os fins do pecúlio.

Em seu art. 466 a IN INSS n. 20/07 autorizava a restituição de quem se aposentou como professor (NB 57), mas não por invalidez ou especial.

Prazo decadencial

Embora a Súmula n. 2 das Turmas Recursais da 3ª Região fale em prazo prescricional, o quinquídio é decadencial e está previsto no art. 103, parágrafo único, do PBPS.

Passados 60 meses depois da Data do Afastamento do Trabalho — DAT o aposentado tem o seu direito decaído.

Valor não recebido

Diz o art. 112 do PBPS que: "O valor não recebido em vida pelo segurado só será pago aos seus dependentes habilitados à pensão por morte ou, na falta deles, aos seus sucessores na forma da lei civil, independentemente de inventário ou arrolamento".

Nestas condições, existindo dependentes ou sucessores contra os quais não corra a prescrição, mesmo após os cinco anos o pecúlio tem de ser pago (art. 469, II, da IN INSS n. 20/07).

Pode dar-se de haver uma dessas pessoas maior de idade, vítima da decadência, e uma menor de idade, no caso cabendo a divisão do valor em decaído e não decaído.

Múltipla atividade

Para a percepção do pecúlio o aposentado exercente de duas atividades tinha de se afastar de todas elas; tratava-se de afastamento da previdência social. Assim, se deixou a empresa "A" em 31.12.90 e a empresa "B" em 31.12.00, os cinco anos contam-se desta última data (art. 467 da IN INSS n. 20/07).

Posição doutrinária

Diante do que considera um confronto de princípios — o da contraprestação e o da solidariedade social — *Viviane Coelho de Carvalho Viana* entende que este último é que prevalece e assim as contribuições vertidas após a extinção do pecúlio se destinam ao

FPAS, uma vez que o RGPS observa a mutualidade do regime financeiro da repartição simples (A *desaposentação e o pecúlio.* Disponível na *internet* em: <Espaço Vital> de 26 abr. 2010).

Equívoco da extinção

A desaposentação não nasceu em virtude da extinção do pecúlio, historicamente ela foi concebida sete anos antes, quando existiam melhores e piores meses para se aposentar (*sic*).

Mas, a partir de 1994 e principalmente, de 1995, essa ideia foi reforçada com o papel da contribuição dos aposentados; deveria ser apenas para o salário-família e reabilitação profissional ou se prestaria para a desaposentação.

Capítulo 20
Art. 18, § 2º, do PBPS

Tanto no que respeita ao exame da desaposentação quanto no referente à despensão, constantemente são feitas menções ao art. 18, § 2º, do PBPS, como um obstáculo a estas duas inovações técnicas dos benefícios. Tais alusões não logram escapar de certa confusão entre as novas prestações e as aludidas figuras da desaposentação ou da despensão.

No caso mais comum da desaposentação, com a portabilidade do tempo de contribuição do RGPS para um RPPS, o segurado não objetiva nova prestação no RGPS, tornando despicienda a citação a esse dispositivo (até porque contida no PBPS essa regra valeria apenas no âmbito do RGPS).

Então, nesse caso, *a fortiori* descaberia esse argumento, como, aliás, não tem procedência em caso algum, exceto para determinar o direito às duas prestações acumuláveis com a aposentação: o salário-família e a reabilitação profissional.

O primeiro é improvável e o segundo, praticamente sem sentido (*sic*).

Constitucionalidade do dispositivo

Em 3.9.08, o desembargador *Victor Luiz dos Santos Laus*, da 6ª Turma do TFR da 4ª Região (AC n. 2000.71.00.00371-0/RS, *in* RPS n. 339/133), reproduziu longa manifestação do Ministro *Carlos Ayres Britto* sobre a constitucionalidade desse parágrafo (RE n. 437.640-7/RS, *in* DJ de 2.3.2007).

Dicção legal

Diz o § 2º do art. 18, do PBPS que: "O aposentado pelo Regime Geral de Previdência Social — RGPS que permanecer em atividade sujeita a este regime, ou a ela retornar, não fará jus a prestação alguma da Previdência Social em decorrência do exercício dessa atividade, exceto ao salário-família e à reabilitação profissional, quando empregado".

Evidentemente, está falando de apenas uma das quatro prestações possíveis: aposentadoria especial, do professor, por idade e por tempo de contribuição, proporcional e integral. Excepcionalmente, do anistiado.

História do dispositivo

A origem dessa prescrição legal prende-se à imposição da contribuição dos aposentados que voltam ao trabalho (PBPS, art. 11, § 3º), uma severa excrescência previdenciária (que não impede a ocupação de postos de trabalho que deveriam ser ocupados por novos obreiros), decorrente historicamente da necessidade de regulamentar essas contribuições em virtude da extinção do pecúlio.

Parece que a prova de que o legislador ficou constrangido em criar contribuição sem benefício, cientificamente uma anomalia, é que pesquisou e acabou encontrando duas prestações de pequeno custo, dando a impressão de que delas cuidava.

Benefícios permitidos

Teoricamente somente o salário-família e a reabilitação profissional seriam acumuláveis com uma daquelas possíveis prestações. Por qualquer motivo o legislador esqueceu-se do salário-maternidade e que as mulheres aposentadas também podem engravidar.

Vedação de nova prestação

O texto, se não é inútil à luz do que dispõe o PBPS, é inócuo, uma vez que a percepção de uma primeira aposentadoria torna impossível a percepção simultânea de qualquer outro benefício (art. 124, II).

Possivelmente o legislador quis com esse *bis in idem* reforçar a ideia da acumulação indevida, mas a desaposentação não é nada disso. Quando operada dentro do RGPS praticamente adota a natureza de uma revisão de cálculo da renda mensal mantida, com o cômputo das contribuições vertidas após a aposentação.

Direitos assistenciários

Aparentemente, não fossem as regras próprias de concessão do benefício assistenciário previstas na Lei n. 10.741/03, que exclui rendimentos e o art. 18, § 2º, não vedaria a percepção da LOAS.

Deflagrador de outras prestações

Do texto legal resta evidente que tais contribuições não geram quaisquer outras prestações contidas no rol do art. 18 do PBPS. Assim, quem tivesse se aposentado como 33 anos de idade (18 + 15 = 33 anos) e pudesse voltar ao trabalho por mais 15 anos em atividade compatível com a aposentadoria especial, a essa segunda prestação não faria jus (a despeito de ter contribuído por esses 180 meses e tecnicamente não ofender o equilíbrio do plano de benefícios).

Prestações simultâneas

Se o dispositivo tivesse alguma utilidade certamente seria a de impedir a fruição concomitante de duas prestações, mas não obstar de uma em outra, como seria o caso da proporcional na integral.

Atividades ou contribuições

Equivocadamente o texto fala em atividade (o que exclui a filiação do facultativo), certamente querendo dizer as contribuições decorrentes dessa atividade.

Nesse sentido, alguém aposentado que viesse a contribuir como facultativo (um não exercente de atividades) poderia ter esse período considerado, sem ofender o dispositivo, embora a exclusão final obstasse essa operação.

Conclusões finais

Às vezes, o intérprete parte de uma conclusão *a priori* e busca os meios para fundá-la, em vez de, primeiro, estudar os meios para chegar a alguma conclusão. Quando esse amadorístico modo de encaminhar as ideias se associa ao receio de não saber como manejar a pretensa imoralidade da solução, ela se acosta a um dispositivo dessa natureza.

Capítulo 21
Volta ao Trabalho

Deixando de lado a simples renúncia à aposentadoria (pensando em simplesmente retornar à atividade ou transportar o tempo e a contribuição para um RPPS), comumente a desaposentação implica na existência de contribuições vertidas após a aposentação.

Se o trabalhador continua prestando serviços para a mesma empresa ou volta a trabalhar para ela, de regra a contribuição será praticamente a mesma, uma vez que usualmente não sobrevém grande alteração na remuneração.

E, note-se, a empresa contribuirá com uma possível sobretaxa do SAT (e talvez a da aposentadoria especial) sem que nenhuma prestação acidentária esteja no horizonte.

Mas, em outros casos, não é estranho haver contribuições com base no mínimo permitido (principalmente por parte dos contribuintes individuais). E isso deve ser levado em conta em face da extensão do período básico de cálculo do novo benefício.

Implicações jurídicas

A volta ao trabalho do aposentado apresenta particularidades a serem consideradas. Em primeiro lugar, o contrato de trabalho é praticamente igual ao anterior, por exemplo, com a exigência dos depósitos do FGTS, férias, décimo terceiro salário, remuneração etc., mas com alterações significativas em matéria de benefícios previdenciários, particularmente deflagradas por incapacidade laboral ou não.

Vedação no RGPS

No RGPS, no que diz respeito à aposentadoria especial, de modo geral é vedado o retorno às atividades insalubres, mas não às penosas ou perigosas (*sic*). Vedação tão estranha e irreal para quem se aposentou tão jovem (fato que não está em discussão agora) que possivelmente não venha sendo fiscalizada pelo INSS.

Nesta circunstância, ocorrendo tal irregularidade administrativa será preciso decidir o destino de tais contribuições que, afinal, não são indevidas (a indevida é a volta ao trabalho), possivelmente com a restituição das mensalidades auferidas do INSS, no mesmo período de trabalho.

Após esse acerto de contas, por se tratar de uma simples suspensão das mensalidades e não de cancelamento do benefício, o INSS deveria restabelecer a sua manutenção. Ou, no bojo da ideia da desaposentação, proceder à revisão de cálculo da aposentadoria especial se a nova atividade era insalubre.

Prestações por incapacidade

Quem está recebendo o auxílio-doença ou a aposentadoria por invalidez não pode voltar ao trabalho; a par das medidas administrativas cabíveis em face do retorno, essas contribuições têm de ser consideradas na hipótese da cessação de um desses benefícios.

Perceba-se a diferença entre esse cenário e o anterior, porque aqui não há aposentação, mas simples percepção de prestações provisórias, descabendo qualquer remissão ao art. 18, § 2º, do PBPS.

Vedação num RPPS

Num RPPS, *ex vi* da remissão ao RGPS, o entendimento prevalecente é que o jubilado no serviço público não poderia voltar ao trabalho como estatutário. A razão de ser da proibição é praticamente a mesma.

Entretanto, vale lembrar que três categorias de profissionais contemplados na Carta Magna podem exercer mais do que uma atividade no serviço público, entendendo-se que a volta ao trabalho vedada seria apenas naquele órgão público, mas não em outro ente federativo.

Ou seja, com exceção da figura da reversão, de regra, no serviço público não há retorno ao cargo, mas os servidores referidos no art. 39 da Carta Magna poderiam se filiar em outro RPPS.

Evidentemente, a conclusão é no sentido da vedação. Se um médico, professor ou ocupante de cargo técnico ou científico alegou a inospitalidade do seu primeiro ambiente de trabalho para se jubilar, não tem sentido técnico vir a exercer atividade que o sujeite aos mesmos agentes nocivos.

Atividade privada

Ausente norma de superdireito que cubra o RGPS e cada um dos RPPS, o cenário começa a se alterar quando esse retorno se der na iniciativa privada e resultar o mesmo impedimento.

Ao contrário, também se pode pensar num trabalhador percipiente da aposentadoria especial do RGPS que faça concurso, tome posse e venha a prestar serviços numa repartição pública em que presente a exposição aos mesmos agentes nocivos.

Medidas administrativas

Diante do descumprimento dessas normas, em princípio caberá ao RGPS ou ao RPPS suspender o pagamento das mensalidades da aposentadoria especial e, se for o caso, cancelar o benefício, tema bastante complexo diante do silêncio normativo.

Capítulo 22
Transformação de Benefícios

Além de várias distinções imprescindíveis, a possibilidade da desaposentação suscitou entre os estudiosos a figura da transformação de benefícios. A par da acumulação de prestações assistenciárias e previdenciárias, trata-se de tema pouco desenvolvido na legislação e raramente referido pela doutrina. Os casos mais comuns respeitam à sequência do auxílio-doença e à aposentadoria por invalidez e dos benefícios de pagamento continuado do segurado que geram os direitos dos dependentes.

Outras figuras existem no RGPS e são agora consideradas, lembrando-se de que alguns desses benefícios não permitem a volta ao trabalho e dois deles podem ser afetados pelo fator previdenciário.

Esse assunto obriga a definição sobre a existência ou não, em cada caso, de se tratar de um benefício novo ou do mesmo. Antes do pedido de transformação, é preciso considerar as diferenças de cálculo da renda inicial, promover-se uma simulação, pois conforme o caso o montante da mensalidade poderá ser menor.

O percipiente de aposentadoria especial, impedido de voltar ao trabalho, desejoso de fazê-lo, que solicitar a transformação para a aposentadoria por tempo de contribuição terá de levar em conta o seu fator previdenciário. Sempre será bom lembrar que os componentes de um primeiro benefício necessariamente não se transportem para o segundo.

Transformação não se confunde com desaposentação, embora se tenham duas modalidades em jogo: o benefício cessado pela renúncia e o novo.

Ela também não diz respeito à opção pela prestação mais benéfica (embora ela deva ser praticada pelo órgão gestor, caso o novo benefício tenha condições inferiores).

Tem como pressuposto a existência de duas prestações à disposição do trabalhador e sua manifestação expressa.

No processo da transformação existem dois cenários jurídicos: o anterior e o posterior. Embora não seja impossível, é difícil pensar na cessação de uma aposentadoria por invalidez para, em seguida, sobrevir a concessão do auxílio-doença.

Como o direito é imprescritível e não se trata de uma revisão da concessão, mas de uma transformação de benefícios, não há prazo para a solicitação dessa solução.

Embora a natureza da prestação seja praticamente a mesma, também é possível transformar um benefício previdenciário por tempo de contribuição, como na aposentadoria excepcional do anistiado (AC n. 168.967/AL, no Proc. n. 1999.0510395-8, em que foi relator o juiz *Napoleão Maia*, da 2ª Turma do TFR da 5ª Região, decisão de

11.12.06, *in:* DJU de 25.1.07). E, à evidência, configurar-se o direito dos ex-combatentes que recebiam benefício comum do INSS. Ou a da aposentadoria especial do professor na comum (para permitir a volta ao trabalho).

Comum em acidentário

Antes de 1º.4.07 embora isso também fosse possível, onerando o trabalhador com a prova, a partir dessa data-base e com a fixação do NTEP, o auxílio-doença requerido será considerado acidentário, sobrevindo os desdobramentos conhecidos.

Porém, se isso não sucede e o INSS defere o NB 31, fazendo a demonstração da doença ocupacional ou do acidente do trabalho, o interessado poderá converter o benefício comum em acidentário.

Tal raciocínio vale não só para a aposentadoria por invalidez como para a pensão por morte.

Doença e invalidez

A figura mais conhecida de transformação de benefícios é a referente à cessação do auxílio-doença e a concessão da aposentadoria por invalidez. São duas modalidades por incapacidade, variando a contingência protegida e o valor da renda inicial, sendo que as duas prestações impedem o retorno ao trabalho.

O cálculo da aposentadoria por invalidez já produziu polêmica no Direito Previdenciário e agora predomina a ideia de que dentro do período básico de cálculo deve prevalecer o salário de benefício do benefício anterior atualizado monetariamente.

Auxílio-doença e auxílio-acidente

Na área da infortunística, quando o segurado tem alta médica definitiva do auxílio-doença acidentário e é portador de uma incapacidade parcial e permanente, cessa o primeiro benefício, sendo concedido o auxílio-acidente.

Embora acidentárias, as duas prestações são bem distintas: a primeira obsta a volta ao trabalho e a segunda a permite. A renda inicial do auxílio-doença acidentário é 91% do salário de benefício e no auxílio-acidente, apenas 50% da mesma base de cálculo. O montante do auxílio-acidente, quando cabível, incorpora-se inteiramente ao salário de benefício da aposentadoria.

Não existiria auxílio-acidente sem haver antes um benefício por incapacidade.

Embora em sua definição o *caput* do art. 86 não a mencione, o § 2º do mesmo artigo, ao definir a sua data de início, fala em cessação do auxílio-doença. Quando alude ao cálculo do valor, o art. 104, § 1º, do RPS, também se refere a um auxílio-doença. A Justiça Federal fará justiça se também o conceder no caso de cessação de aposentadoria por invalidez porque o segurado, da mesma forma, poderá ter diminuída sua aptidão para o trabalho.

Diz o art. 104, § 6º, do RPS que: "No caso de reabertura de auxílio-doença por acidente de qualquer natureza que tenha dado origem a auxílio-acidente, este será suspenso até a cessação do auxílio-doença reaberto, quando será reativado".

Invalidez e idade

Quem está em gozo de aposentadoria por invalidez e completa a idade mínima de 60 anos (mulher) ou 65 anos (homens) na cidade e 55 anos (mulher) e 60 anos (homem) se trabalhador rural e detém o período de carência pode pedir a transformação da aposentadoria por invalidez em aposentadoria por idade.

Terá de fazê-lo na Justiça Federal, pois o Decreto n. 6.722/08 vedou essa possibilidade.

A primeira consequência é que, uma vez deferido este último benefício, poderá voltar ao trabalho. Não haverá interesse nessa transformação se o segurado estiver recebendo os 25% do art. 45 do PBPS. E esse interesse passa a ser maior caso o fator previdenciário compense uma majoração do valor.

LOAS e aposentadoria

Aquele que preenchia os requisitos da aposentadoria por idade, mas preferiu solicitar o benefício de pagamento continuado da LOAS (porque não quis ter o trabalho de provar o período de carência), se tomar esta última providência mudará de benefício assistenciário para previdenciário, garantindo o décimo terceiro salário e podendo outorgar pensão por morte para os dependentes, ou auxílio-reclusão.

Os dependentes de um percipiente da LOAS falecido que provarem *a posteriori* a existência do direito à aposentadoria por idade podem assegurar a pensão por morte ou auxílio-reclusão.

Fabrício Barcelos Vieira e *Tiago Faggione Bachur* lembram que o assistido, além da carência, precisa demonstrar a posse da qualidade de segurado (Como converter benefício assistencial e aposentadoria ou pensão por morte. *In: LFG*, disponível em: 15.4.09).

Caso a pessoa tenha completado o período de carência e depois perdido a qualidade de segurado, esse direito se manterá *ex vi* da Lei n. 10.666/03.

Tempo de contribuição e aposentadoria especial

Segurado em gozo da aposentadoria por tempo de contribuição, em particular o que está recebendo os 70% da aposentadoria proporcional, que lograr provar que se expôs aos agentes nocivos físicos, químicos, biológicos, ergométricos ou psicológicos referidos nos arts. 57/58 do PBPS, que não pretenda voltar ao trabalho nem se sinta prejudicado pelo fator previdenciário, tem permissão para mudar aquele benefício para a aposentadoria especial. Então, de 100% do salário de benefício.

Insalubridade e idade

A aposentadoria especial pode ser transformada em aposentadoria por idade, principalmente para quem pretende trabalhar ou porque detém um fator previdenciário significativo.

Incapacidade e maternidade

Uma figura singular de transformação, por sinal que transitória, é a do auxílio-doença mantido por uma segurada que entra no período de 120 dias do salário-maternidade, portadora de uma incapacidade laboral.

O primeiro benefício por incapacidade é suspenso, concedendo-se o salário-maternidade por prazo determinado e geralmente de maior valor, seguindo-se, após a cessação dessa prestação da gestante, o restabelecimento do auxílio-doença.

Benefícios dos dependentes

Numa única hipótese a transformação envolve prestações de beneficiários distintos: segurados e dependentes, com a característica fundamental de serem prestações e titularidade novas. É caso da pensão por morte do segurado falecido em gozo de uma aposentadoria ou de qualquer outro benefício do RGPS.

O auxílio-reclusão pode ser transformado em pensão por morte se o presidiário foge da prisão e for declarado como ausente. Mais tarde, se recuperado, cessa a pensão por morte e se restabelece o auxílio-reclusão.

Percentuais variados

Possivelmente serão raros os casos, mas é possível passar-se do abono de permanência sem serviço de 20% para 25% (embora não seja possível, fora da desaposentação, transformar aposentadoria proporcional em integral).

No passado, havia a possibilidade de melhorar o percentual do auxílio-suplementar de 30%, 40% e 60%.

Capítulo 23
Despensão

Exceto na hipótese de o segurado falecer enquanto estava trabalhando ou sem ter requerido uma aposentadoria, no comum dos casos, a pensão por morte é um benefício que decorre da filiação desse aposentado no RGPS ou num RPPS.

Em se tratando de um segurado percipiente de aposentadoria que não tenha cuidado da desaposentação, cogita-se da hipótese de os seus dependentes virem a promover essa medida a partir de certa DER, coincidente ou posterior ao óbito e que não poderia ser chamada de desaposentação por parte dos dependentes (mas que não deixaria de ser em relação ao benefício anterior).

Cenário que não se confunde com um pedido de desaposentação do aposentado que faleceu sem ter tido tempo de usufruir a nova condição.

A expressão "despensão" foi cunhada por *Marcus Orione Gonçalves Correia* quando ministrava aulas em curso da Escola Paulista de Direito Social — EPDS, em São Paulo.

Ele agregou o prefixo "des" ao vocábulo que designa o benefício dos dependentes e criou uma nova situação jurídica.

Além disso, em vários artigos publicados em revistas especializadas de Direito Previdenciário, ele apresentou os fundamentos jurídicos dessa possibilidade.

Conceito mínimo

Despensão significa rever o valor de uma pensão por morte quando do seu requerimento ou durante a manutenção, aproveitando as contribuições vertidas pelo segurado falecido após sua aposentação.

Para *Marcus Orione Gonçalves Correia* é uma "nova modalidade de desfazimento do ato administrativo, em que o titular da pensão para postular o encerramento da aposentadoria originária dessa, para a obtenção de nova aposentadoria que daria ensejo a uma outra pensão mais vantajosa" (Despensão: mais que um neologismo uma realidade. *In: RPS*, São Paulo, LTr, n. 347, p. 347-912, out. 2009).

Distinção da desaposentação

A despensão não se confunde com a desaposentação e tem alguma semelhança com uma revisão de cálculo das mensalidades, de vez que não se trata de outro benefício nem se cogita da restituição (o segurado não chegou a se beneficiar da possível nova prestação).

Pensamento do Judiciário

Não se pode falar em jurisprudência sobre o tema. É muito cedo. Há uma decisão judicial de Pelotas/RS constante do Proc. n. 2009.71.10.00235-2/RS, divulgada pelo *site* da AGU em 16.2.10, segundo a qual por se tratar de ato personalíssimo não poderia ser praticado por outra pessoa que não o falecido e, também por se constitui em ofensa ao art. 18, § 2º, do PBPS.

Titular do direito

Uma questão teórica que certamente produzirá celeumas refere-se ao poder dos dependentes de alterar as condições da aposentadoria recebida pelo segurado em vida, embora isso não tenha acontecido a tempo.

Se há alguma modificação ela ocorre na pensão por morte e os titulares desse benefício são os dependentes.

Julga-se que é sem sentido falar na obviedade da personalidade do direito da desaposentação, que não está sendo solicitada por terceiros, mas de uma revisão de cálculo da pensão por morte em decorrência das novas contribuições vertidas após a aposentação. E, *in casu*, novamente trata-se de direito personalíssimo, mas dos dependentes, os únicos que podem providenciá-la.

Novo benefício

Os raros juízes que rejeitam a desaposentação costumam alegar que se trata de uma tentativa de escapar da decadência do pedido de revisão ou então de que o segurado estaria solicitando novo benefício.

Confundem a nova aposentadoria como sendo uma segunda prestação, o que não acontece.

Às vezes, mais adiante suas excelências afirmam que o segurado quer contar o tempo de serviço duas vezes (uma vez no RGPS e, ao mesmo tempo, outra vez, num RPPS), o que também não é verdade.

Pensamento da doutrina

Adriane Bramante de Castro Ladenthin e *Viviane Masotti*, a despeito de lamentarem as perdas que os dependentes sofrerão se não for acolhida a despensão, aparentemente veem dificuldades na sua aceitação, principalmente em razão da titularidade do direito de solicitar a desaposentação (*Desaposentação* — teoria e prática. Curitiba: Juruá, 2010. p. 165).

Elas reproduzem uma conclusão exarada no Proc. 2004.03.99.035803-6 do TRF da 3ª Região, relatada pela desembargadora federal *Eva Regina, in* DJF de 23.9.09. As duas autoras asseveram que "não nos parece possível que a pensionista tenha o direito de renunciar a um benefício que não é seu, mas não há como negar que a pensão por morte por eles recebida está integralmente refletida no benefício originário da aposentadoria".

Elas mesmas encontraram a solução, pois muitos dependentes lograram revisão da pensão por morte em razão de revisão do valor da aposentadoria do *de cujus*.

Crê-se que as pensionistas não renunciarão a nada (o que, aliás, seria mesmo impossível), mas apenas requerem a inclusão das novas contribuições, como se tivessem prova de tempo de serviço ou salário de contribuição que não participou da instrução da aposentadoria, correndo os riscos da decadência de dez anos.

Prazo de decadência

Se a despensão se configurar como uma revisão de cálculo, à evidência ela terá de observar o prazo de decadência para isso estampado na legislação.

Características gerais

a) Titularidade — O titular da despensão é o mesmo da pensão por morte.

b) Restituição — Admitida a hipótese, não há que se falar em restituição.

c) Revisão de cálculo — A revisão de cálculo opera-se na renda mensal inicial do benefício dos dependentes.

d) Distinção da desaposentação — Essa transformação não se confunde com a desaposentação, a despeito de deter alguns aspectos em comum.

e) Unicidade da prestação — Não há nova prestação, a pensão por morte é a mesma.

f) Mudança na aposentadoria — Nenhuma alteração acontecerá na concessão ou manutenção da aposentadoria cessada com a morte do segurado.

g) Decadência — A solicitação terá de ser feita dentro do decêndio decadencial.

Capítulo 24
Abdicações Possíveis

No Direito Previdenciário, com exceção do tema desaposentação, a abdicação de pretensões não tem sido tratada amiúde pelos especialistas, seja por desconhecimento de suas características ou porque frequentemente a irreversibilidade das mensalidades de suas prestações avulta em face de outros aspectos.

Entretanto, no Direito Social, em parte no Direito do Trabalho, a abstenção não é tão insólita quanto possa parecer. Pressuposto da desconstituição de um direito regular, muitas vezes ela está presente em alguns institutos técnicos previdenciários. Por exemplo, no caso da transformação de benefícios.

Sempre que a norma oferecer a possibilidade da opção, em qualquer esfera do Direito e agora interessante do Direito Social, com certeza presume-se a desistência de uma das duas soluções.

Definição de abdicação

A abdicação permeia o Direito; isso acontece porque às vezes ela é uma pretensão libertadora do homem. *Antonio Houaiss* a define como sendo o "abandono por seu titular de um direito, sem o transferir para terceiro" (*Dicionário Houaiss da língua portuguesa.* Rio de Janeiro: Objetiva, 2001. p. 2.428). O dicionarista teve a preocupação de destacar a destinação do bem; possivelmente, para ele, se ocorre a inação em benefício de terceira pessoa, não corresponderia à renúncia.

Para *Oscar Joseph de Plácido e Silva* é "a desistência do direito que se tem sobre alguma coisa" (*Vocabulário jurídico.* 4. ed., Rio de Janeiro: Forense, 1975. t. 4, p. 1.346).

Segundo ele, a renúncia importa sempre num abandono voluntário, pelo qual o titular de um direito deixa de usá-lo ou anuncia que não o quer utilizar. Ele chega a falar em renúncia expressa ou tácita, mas não se refere à implícita (que seria inadmissível em Direito Social). Curiosamente, determinou que falaria a respeito de um bem possuído, provavelmente pensando naquele vigente, desprezando o potencial ou virtual.

Inação do titular

Em si mesma, a resistência que possa haver a respeito da desistência de um direito se sedia em algumas causas básicas: a) o vulto de sua expressão patrimonial; b) a intenção da disposição; c) o ineditismo da atitude; d) o formalismo de sua constituição; e, por último, e) o escopo dessa iniciativa, normalmente sediada na obtenção de um bem maior.

Diuturnamente são praticadas abstenções de direitos, às vezes fundamentais, em troca da tranquilidade imediata, conforto pessoal ou indisposição subjetiva para o questionamento. Principalmente no Direito do Trabalho e com alguma expressão no Direito Previdenciário. Costuma-se afirmar, com certa triste ironia, que a CLT somente tem utilidade após o rompimento do vínculo empregatício (o que é uma realidade). Como sucede com as ofensas aos idosos, pela sua natureza essas inações não produzem publicidade, permanecendo no seio do prejudicado.

Muitos empresários com direito ao auxílio-doença não procuram o INSS ou os serviços do SUS, deles se abstendo e preferindo arcar com os custos pessoais da incapacidade. Altos executivos preferem suportar pequenas inaptidões a se afastarem do trabalho. Há quem deixe de se aposentar pensando no crescimento profissional.

Justiça do Trabalho

Quando cuidava da aposentadoria por tempo de serviço de magistrados togados ou não da Justiça do Trabalho, e especificamente do Juiz Temporário segurado do RGPS, dizia o art. 9º da Lei n. 6.903/81: "Ao inativo do Tesouro Nacional ou da Previdência Social que estiver no exercício do cargo de Juiz Temporário e fizer jus à aposentadoria nos termos desta Lei, é lícito optar pelo benefício que mais lhe convier, cancelando-se aquele excluído pela opção".

Quer dizer, o aposentado pelo INSS guindado ao cargo de Juiz Temporário podia — até porque, sob este aspecto essa possibilidade desapareceu pela Lei n. 9.528/97 — desistir do benefício do RGPS para se jubilar pelos cofres públicos.

Fundo de Garantia

Sob a vigência da Constituição de 1967, quando da implantação do FGTS pela Lei n. 5.107/66, ofereceu-se a possibilidade de o empregado escolher entre a indenização laboral prevista no art. 477 da CLT e os valores do Fundo de Garantia do Tempo de Serviço então implantado.

Enquanto existiu, isto é, até 5.10.88, quem optou pelo FGTS desistiu da indenização trabalhista.

Reforma da Previdência

Diz o § 1º do art. 3º da EC n. 20/98 que o "servidor de que trata este artigo, que tenha completado as exigências para aposentadoria integral e que opte por permanecer em atividade fará jus à isenção da contribuição previdenciária até completar as exigências para aposentadoria contidas no art. 40, § 1º, III, *a*, da Constituição Federal".

Quer dizer, mesmo com direito a uma modalidade integral de benefício, o servidor pode optar por continuar trabalhando sem recolher as contribuições. Trata-se de um caso clássico de desistência estimulada fiscalmente.

Estatuto do Servidor

Diz o § 1º do art. 103 da Lei n. 8.112/90 que: "O tempo em que o servidor esteve aposentado será contado apenas para nova aposentadoria".

Se levar em conta que o tempo referido no art. 103, V, é o da contagem recíproca de tempo de serviço, ter-se-á que o regulamentado no art. 103 é o público.

Logo, o dispositivo está admitindo renúncia à primeira aposentação, para que ocorra uma segunda aposentação.

Benefício concedido

Entendendo-se que, com a emissão da Carta de Concessão/Memória de Cálculo, tem-se aperfeiçoado o administrativo do deferimento do benefício, o fato de o segurado não receber as primeiras mensalidades e rejeitar o deferimento representa uma renúncia do que solicitara.

A administração arca com o custo dessa operação burocrática, porque não convoca o segurado para dar-lhe ciência prévia, ainda que sumulada, do cálculo da renda mensal inicial.

Em todo caso, o simples fato de alguém não requerer um benefício quando faça jus a ele, preferindo postergá-lo, é modalidade de abdicação de um direito previdenciário, possivelmente pensando num benefício de maior valor.

Fatiamento do tempo

A legislação previdenciária permite ao segurado fatiar o seu tempo de serviço.

Quer dizer, se o tempo que possui é bastante para lhe conferir certa prestação e ele tem dificuldade de provar um período mais antigo, ou do qual não consegue provar que recolheu as contribuições, tem permissão para renunciar a esse lapso de tempo.

Transformação de benefício

O segurado que deseja (e tem direito) a transformação de um benefício em outro, caso de aposentadoria por invalidez de quem tenha 35 anos de serviço, e pensa em obter a aposentadoria por tempo de contribuição, ao requerê-la renunciará à prestação por incapacidade.

Note-se que, então, entre outros, está presente um direito subjetivo de não ser identificado como inválido nem se sujeitar a frequentes exames médicos e ficar impedido de voltar ao trabalho.

Direito do Trabalho

Comentando o art. 9º da CLT *Eduardo Gabriel Saad* diz que a renúncia "é um ato unilateral do empregado (ou do empregador) desistindo de um direito que a lei lhe assegura. Para ter validade esse ato não deve referir-se a direito do empregado que resulte de norma legal cogente, portanto inderrogável, ou que derive de sentença normativa ou de cláusula indisponível de pacto coletivo. A renúncia tem como pressuposto a certeza dos direitos a que ela se dirige. Pode ser expressa ou tácita, quaisquer dessas formas de expressão da renúncia são aceitas — em relação ao empregado — apenas no que tange aos seus direitos não tutelados por norma cogente. Sua inatividade, porém, ante um ato arbitrário de seu empregador, não corresponde à figura da renúncia tácita, mas é uma conduta geradora de prescrição" (CLT *Comentada.* 36. ed. São Paulo: LTr, 2003. p. 44-45).

Capítulo 25
Prestações Renunciáveis

Diante de sua natureza, papel e sob o aspecto da desconstituição da concessão e, por via de consequência da manutenção, as prestações previdenciárias poderiam ser divididas em dois grupos: a) não renunciáveis e b) renunciáveis.

Poderiam porque no extremo do instituto todas são abdicáveis, incluindo até mesmo aquelas deferidas por incapacidade laboral. Se julgada impossível a solução ora alvitrada — exceto no que diz respeito ao auxílio-acidente — diante da higidez discutível, em cada caso bastaria ao segurado voltar ao trabalho para que o benefício fosse cancelado e se teria resultado produtor praticamente dos mesmos efeitos da desaposentação.

A rigor, doutrinariamente, todas as prestações se desfazem; nas primeiras, prevaleceria a vontade do legislador (afetando a intenção do protegido) e nas segundas, o desejo íntimo desse protegido. O direito à prestação é irrenunciável; a desaposentação implica apenas na não percepção das suas mensalidades.

Uma disposição do legislador nunca é absoluta; vale lembrar que, entre os serviços médicos, existe a possibilidade legal de o segurado não estar obrigado à cirurgia e à transfusão de sangue (PBPS, art. 101). Não deixa de ser modalidade de desprezo de um tratamento mais eficaz.

Fora do Poder Judiciário trabalhista, a Lei n. 9.958/00 acresceu o art. 625-A à CLT, criando as Comissões de Conciliação Prévia, em que são frequentes abstenções das condições de trabalho e até da remuneração. Instala-se ali, *ex vi legis,* uma verdadeira Junta de Conciliação e Julgamento com praticamente os mesmos poderes da Justiça do Trabalho. O art. 625-H estendeu as disposições das Comissões aos Núcleos Intersindicais de Conciliação Trabalhista em funcionamento.

Benefícios por incapacidade

De forma simplificada, o auxílio-doença e a aposentadoria por invalidez são benefícios cujo pressuposto lógico, jurídico e formal é a inaptidão para o trabalho por mais de 15 dias. A princípio, o segurado requerente e percipiente de um desses benefícios não têm condições de obter os meios de subsistência oriundos do trabalho (conclusão final que pertence à discrição da perícia médica da Administração Pública ou do Poder Judiciário).

Pela oportunidade, vale pensar que o avanço da tecnologia, particularmente da informática, tornou possível o exercício de atividade por parte de muitos aposentados por invalidez, antes sem condições de trabalhar.

Presente e insofismável aquela incapacidade, a prestação se imporia e, *in casu*, seria irrenunciável, já que o Estado não quer o segurado carente de recursos. Esse o comum dos casos, talvez a maioria esmagadora, mas nem todos são assim, porque alguns segurados dispõem de meios próprios de subsistência e, movidos por razões subjetivas e até terapêuticas, podem pretender o encerramento do benefício.

Nesse último cenário, igualmente incomum quanto ao anteriormente apontado, a pretensão do titular de um desses benefícios é de voltar ao trabalho, convindo que o labor funcionasse como tratamento ocupacional.

Assim sendo, três soluções são alvitradas: a) alta médica, por solicitação do titular e cessação do benefício; b) negativa da perícia médica de dar alta médica e desejo do segurado incapaz de trabalhar; e c) simplesmente voltar para o trabalho com a suspensão do benefício.

Na primeira hipótese, não há como falar em desaposentação porque o que ocorre é a cessação das mensalidades (que poderia dar-se até por disposição própria da perícia médica).

Na segunda, o cenário é mais complexo na medida em que há confrontação de pareceres, em tese não sendo possível a esse segurado ser aprovado num exame admissional posterior.

Na terceira, ter-se-á fato consumado claro com repercussão na esfera laboral, porque tecnicamente o segurado não passaria no exame admissional; caso fosse aprovado, é porque teria havido equívoco na perícia médica da administração.

Querendo tornar sem efeito a aposentadoria por invalidez, bastará ao segurado deixar de fazer os exames médicos periódicos (RPS, art. 46) ou voltar ao trabalho (RPS, art. 48), valendo igualmente para o auxílio-doença (RPS, art. 77).

Tais esclarecimentos não arredam o núcleo da tese que se quer destacar: percipiente de auxílio-doença ou aposentadoria por invalidez, pericialmente incapaz para o trabalho, se for de sua vontade pode cancelar o benefício, renunciando às mensalidades (e não à incapacidade; isso seria física, biológica e fisiologicamente impossível). Claro que neste caso, preocupada a Administração Pública com as consequências securitárias, a motivação seria relevante, ainda que puramente subjetiva.

Auxílio-acidente

Auxílio-acidente é prestação acidentária de pagamento continuado, não reeditável e que não impede a volta ao trabalho, devida ao acidentado que teve alta médica no auxílio-doença acidentário e restou com sequela. O ambiente jurídico aqui é distinto, porque não se trata de incapacidade para o trabalho, mas sim de diminuição da aptidão laboral, autorizado o percipiente do benefício a retornar ao serviço na mesma empresa ou em outra.

Dada a sua definitividade — vigente até a aposentadoria, *ex vi* da Lei n. 9.528/97 —, lembrando-se que uma vez concedida, da manutenção dessa prestação não fazem parte exames médicos periciais ou licenças, é preciso sopesar a eventual disposição do segurado de não querer receber o benefício e a permissão para dele abdicar. A rigor, para respeitar a norma pública, isso só será possível se ele fizer a prova de que consegue obter os mesmos meios de subsistência com a diminuição da capacidade parcial e permanente. Por exemplo, demonstrando legitimamente que está recebendo o mesmo que antes do acidente.

Pode ocorrer de o segurado sofrer um segundo acidente de trabalho e, em razão da vedação da acumulação dos dois benefícios, cogitar-se de ele pretender renunciar ao primeiro para receber apenas o segundo, de maior valor, ato semelhante ao de cancelar a aposentadoria proporcional para obter a integral.

Até mesmo não desejar a aposentadoria por invalidez que lhe fosse oferecida ou deferida, já que as duas sequelas diminuem as oportunidades de obter os meios habituais de subsistência.

Presente a causa moral, que é melhorar a proteção, esvanecem-se as dúvidas quanto à possibilidade do desfazimento do primeiro auxílio-acidente para ser concedido o segundo deles, de maior valor.

Mas é preciso pensar que a desistência do auxílio-acidente é ajuizada com alguém que apenas subtraía do seu currículo a informação de que recebe um benefício, que pressupõe a incapacidade parcial permanente.

Reabilitação profissional

Quando define o que seja a habilitação e a reabilitação profissional (PBPS, art. 89), a Lei n. 8.213/91 diz que: "A prestação de que trata o artigo anterior é devida em caráter obrigatório aos segurados, inclusive aposentados e, na medida das possibilidades do órgão da Previdência Social, aos seus dependentes" (PBPS, art. 90).

Toda vez que a norma falar em obrigatoriedade, ter-se-á de sopesar as consequências do seu descumprimento. No máximo, a pena será a suspensão do pagamento das mensalidades de um benefício por incapacidade, providência cautelar que se transformará em cancelamento se a recusa do segurado persistir. Ora, com os desdobramentos jurídicos próprios, eis aí presente uma renúncia do direito à habilitação ou à reabilitação.

Pensão por morte

Pensão por morte é prestação dos dependentes do segurado falecido, de pagamento continuado e não reeditável, que permite a filiação do pensionista que, assim, poderá ter direito à aposentadoria.

Se a viúva pensionista casa-se ou une-se pela segunda vez, de comum acordo com o novo marido ou não, ela poderá pretender abandonar o *status* previdenciário de pensionista simplesmente para não sê-lo, isto é, poder pensar que não vive dos recursos deixados pelo primeiro marido.

No caso, é seu direito subjetivo se desfazer da pensão por morte e, se for o caso, e isso suceder, vir a receber um segundo benefício deixado pelo segundo marido.

Aliás, mesmo que não se desfaça do primeiro deles, como pressuposto jurídico, terá de renunciar à prestação pior para receber a melhor pensão.

Alguns dependentes são pensionistas porque estão inválidos. Em algum momento têm interesse de arredar esse estado jurídico personalíssimo para auferir melhor situação. Claro que, tecnicamente, será preciso obter alta médica para que a pensão por morte venha a cessar.

Contudo, trabalhar demonstrará juridicamente a recuperação da higidez e, com ela, o cancelamento do benefício do dependente.

Salário-maternidade

Diz o art. 71 do PBPS que o salário-maternidade corresponde a uma licença médica de 120 dias, divididos em 28 dias antes e 91 dias após o parto, cabendo à empresa antecipá-lo pecuniariamente (PBPS, art. 72, § 1º) e depois se ressarcir na Guia de Recolhimento do INSS, isto é, um benefício em dinheiro, reeditável, de pagamento mensal continuado de duração previamente determinada, cuja base para a fixação dos quatro meses é a data do parto.

Na prática, em muitíssimos casos, mesmo estando no oitavo mês de adiantada gestação, subjetivamente julgando-se aptas para o trabalho, muitas mulheres preferem trabalhar até aquela data-limite para poder gozar os 119 dias com o bebê.

Nesse caso, abstêm-se do descanso dos 28 dias do oitavo mês de gravidez (e até contando com a conveniência do empregador). A medida, entretanto, não é das aprovadas porque diz respeito à segurança ocupacional da pessoa e da empresa que, tão próxima do parto, aumenta o nível de acidentalidade.

Aposentadoria especial

Aposentadoria especial é uma espécie de aposentadoria por tempo de contribuição, benefício de pagamento continuado, não reeditável, que obsta a volta ao trabalho insalubre, devida aos segurados que, durante 15, vinte ou 25 anos de serviços consecutivos ou não, em uma ou mais empresas, em caráter habitual e permanente, expuseram-se a agentes nocivos físicos, químicos e biológicos, em níveis além da tolerância legal, sem a utilização eficaz de EPI ou em face de EPC insuficiente, fatos exaustivamente comprovados mediante laudos técnicos periciais emitidos por profissional formal habilitado ou PPP (PBPS, arts. 57/58).

A concessão da aposentadoria especial (NB 46) traz limitações ao direito subjetivo da pessoa de trabalhar ou voltar ao trabalho. De acordo com o art. 58, § 8º, do PBPS, ela não pode retornar ao serviço em atividade insalubre.

Todavia, se requer e obtém aposentadoria por tempo de contribuição com conversão de tempo especial para comum (NB 42), não conhece empecilhos para a volta ao trabalho, postando-se numa situação mais vantajosa que a anterior.

Nesse caso, ela tem interesse em renunciar ao primeiro benefício, voltar ao trabalho em atividade não especial ou contribuir como facultativa por algum tempo e requerer o segundo benefício. Claro, sujeitando-se às particularidades do novo direito e da lei vigente (como o período básico de cálculo, "pedágio" e o fator previdenciário).

Quem possuía 25 anos de atividade especial e algum tempo comum e preferiu obter a aposentadoria especial, que é sempre de 100% do salário de benefício, mas pretende voltar ao trabalho, poderá solicitar o cancelamento do primeiro benefício (NB 46) para transformá-lo em aposentadoria por tempo de contribuição (NB 42) e poderá trabalhar.

Aposentadoria por idade

Aposentadoria por idade é benefício de pagamento continuado, não reeditável, que não obsta a volta ao trabalho, cujo evento determinante é a idade avançada do segurado, podendo ser voluntária ou promovida pelo empregador em relação ao empregado (aí designada de compulsória).

Assim, em relação à volta do aposentado ao trabalho no RGPS é permitida, e uma eventual desaposentação não seria contraditória ao desejo do legislador. A possibilidade é pequena, porque poucos jubilados com mais de 60 e 65 anos de idade continuaram contribuindo e desejariam rever a renda inicial, mas a possibilidade não fica descartada em relação ao trabalhador rural (55 e 60 anos), especialmente em face dessa precocidade. Um exemplo seria o previsto no art. 143 do PBPS.

Tempo de contribuição

Aposentadoria por tempo de contribuição é benefício de pagamento continuado, não reeditável, que não impede a volta ao trabalho, devida ao segurado que, no mínimo, contribuiu de 25 a 30 anos de serviço (mulheres) ou 30 a 35 anos de serviço (homens) e que, no caso da proporcional, atenda à idade mínima de 48 anos de idade (mulheres) e 53 anos de idade (homens).

Importa agora, quando se sopesa o desfazimento do benefício previdenciário, serem consideradas as duas modalidades existentes: a) aposentadoria proporcional (das mulheres, de 25 a 29 anos de contribuição e dos homens, de 30 a 34 anos de contribuição).

Isto é, renunciar à proporcional pensando na integral, ajuizando em função de outra, no próprio RGPS ou noutro regime previdenciário.

Na hipótese da proporcional, o segurado devolveria o que recebeu de aposentadoria e no caso limite recolheria mais cinco anos (em muitos casos isso aconteceu naturalmente), abandonando a aposentadoria de valor menor em favor de uma aposentadoria de valor maior.

Devendo-se mencionar que isso acontece sem prejuízo para o equilíbrio atuarial e financeiro, porque a seguradora pagaria cinco anos menos e teria recebido mais cinco anos de contribuição. Vale lembrar que ter de pagar os 100% se dá com muita frequência (para quem requer apenas a integral).

Na hipótese da integral, cai-se na figura que se vem tratando *ab initio,* sem maiores novidades.

Sem sucesso normativo, em seu art. 2º a Medida Provisória n. 1.523/96 tentou criar uma figura de renúncia e opção quando tratou do desfazimento do vínculo empregatício, mudando a redação do art. 48 do PBPS, assunto que comentamos na ocasião, quando fizemos as seguintes observações: "Com essas características, pela primeira vez na história do Direito Previdenciário, a lei ordinária cria a figura da suspensão dos pagamentos de aposentadoria legitimamente concedida e pode restabelecê-la, segundo a vontade do titular. Não se trata de desaposentação. Simples faculdade, o direito de receber as mensalidades hiberna e aguarda condição resolutiva (vontade do segurado)". (Suspensão da aposentadoria diante da Lei n. 9.528/97. *In: RPS,* São Paulo, LTr, n. 209/277). Logo que a Medida Provisória foi publicada, nós a consideramos inconstitucional: "MP n. 1.523/96 — Comentários Iniciais". *In: RPS,* São Paulo, LTr, n. 192/66).

Amparo assistenciário

O amparo previdenciário previsto no art. 34 da Lei n. 10.741/03 (Estatuto do Idoso) que remete à aplicação do art. 20 da Lei n. 8.742/93, conhecido como LOAS, é prestação assistenciária administrada pela Previdência Social. Esta última norma veda a acumulação desse amparo assistenciário com qualquer outro benefício previdenciário (ditame que se via no art. 139, § 4º, do PBPS até a Lei n. 9.528/97).

Com efeito, diz o art. 20, § 4º, da Lei n. 8.742/93 que este benefício "não pode ser acumulado pelo beneficiário com qualquer outro no âmbito da seguridade social ou de outro regime, salvo o da assistência médica (*sic*)", norma confirmada pelo art. 18 do Decreto n. 1.944/95 e subitem 7.7 da Resoluçao MPS/INSS n. 324/95.

Aos 65 anos, preenchendo os requisitos para uma aposentadoria por idade que seja de valor superior ao salário mínimo, não obstaria a substituição do amparo assistenciário por essa aposentadoria por idade (com as vantagens inerentes, comparadas as exigências legais do amparo assistenciário).

Claro que, tratando-se de pensão assistenciária, não se poderá falar em desaposentação, mas em transformação de uma prestação assistenciária num benefício previdenciário.

Provar o direito à aposentadoria por idade e substituir o benefício da LOAS de segurado falecido, para que o dependente faça jus à pensão por morte, parece-nos possível e consentâneo com a renúncia, *in casu* praticada por terceiros.

Seguro-desemprego

Seguro-desemprego é prestação securitária devida ao empregado desempregado, de pagamento continuado e duração limitada, que veda a volta ao trabalho durante a sua percepção (Lei n. 7.098/90).

O seguro-desemprego é prestação securitária (ainda sem natureza previdenciária por lhe faltar a contribuição específica) não administrada pela Previdência Social.

Sua percepção é obstada para quem esteja recebendo benefício previdenciário de segurado, exceto o auxílio-acidente.

Tendo em vista o seu valor mensal e sua duração temporal, de pequena expressão (razão pela qual admite o recebimento conjunto com o auxílio-acidente), é perfeitamente possível ao titular desse benefício laboral renunciar às suas mensalidades para fazer jus à prestação previdenciária.

Capítulo 26
Objetivos da Proposta

Desfazer um ato administrativo complexo, formalmente custoso e demorado, como a concessão de um benefício previdenciário (mais ainda sem ser onerado financeiramente pelo deferimento da pretensão), não pode depender da simples vontade da pessoa humana; a bel-prazer ela não tem o poder de anular a concessão ou a manutenção, atendendo a um simples capricho. Algumas razões se impõem como objetivos a serem alcançados.

Em um universo em que as pessoas buscam as prestações da seguridade social para deterem os meios habituais de subsistência e se regozijam quando alcançam a desejada aposentadoria, em certo sentido importa saber o motivo pelo qual elas pretendem desfazer o ato de deferimento do benefício. Evidentemente, a maioria dos que pensam assim tem por escopo uma nova aposentação, desfrutar de melhores instrumentos de subsistência.

Numa raríssima manifestação sobre o objetivo de uma desaposentação, no acórdão proferido pelo TRF da 4ª Região, na Apelação Cível n. 1996.04.0464457-1, relatado pelo o juiz *José Germano da Silva,* ele sentenciou que vale para o servidor federal, mas não para os efeitos trabalhistas (*Revista Síntese Trabalhista,* Porto Alegre, ano X, p. 111, jun. 1999).

Em outra rara decisão, nascida da contestação do INSS de que o postulante apenas pretendeu a renúncia sem enunciar o objetivo da pretensão, o juiz federal *João Batista Pinto Silveira* rejeitou a alegação da autarquia de que o feito era nulo, reproduzindo o AG no RESP n. 497.683/PE, relatado pelo Ministro *Gilson Dipp. In:* DJU de 4.8.03, em que o STJ não impôs essa condição (decisão de 11.10.06, na Apelação Cível da 6ª Turma do TFR da 4ª Região no Proc. n. 2000.71.00013370-3/RS, de 11.10.06. *In:* DJU 1º.11.06).

Em alguns casos, especialmente quando a esperança média de vida for otimista, quem se aposentou antes da Lei n. 9.876/99 e continuou contribuindo, intentará desistir dessa aposentadoria para se jubilar sob os efeitos do fator previdenciário; obviamente, sempre que, *in casu,* essa providência lhe for matematicamente favorável.

Um dos maiores absurdos da história da previdência social foram os melhores e piores meses para se aposentar, causando prejuízos materiais significativos no passado e para sempre entre os aposentados, fatos que *per se* justificariam as renúncias.

Status quo ante

Ponderações bastante íntimas refletem a disposição da pessoa de não mais ser aposentada: não querer se apresentar como um inativo, mas sem pensar em voltar ao emprego nem fazer um concurso público; tão somente não se sentir um ocioso. Quer o *dolce far niente,* sem depender de ninguém.

O primeiro desejo é desfazer a aposentação, que designamos como renúncia. *A priori* ela não quer mais ser jubilada (pelo menos no regime de origem em que se encontra). Se ele voltará ao trabalho ou não, perde interesse técnico; apenas não ser aposentado, restabelecendo a situação em que se encontrava quando da DER do benefício (e não em outro qualquer momento).

O restabelecimento do estado anterior não é apenas uma intenção da seguradora, mas também do segurado, que retorna à condição de não aposentado, o que alguns chamam de ativo (não necessariamente porque o desaposentado quer ficar inerte).

Sem razão *Hamilton Antonio Coelho* quando diz: "Além do mais, o que se consegue através da desaposentação não é o retorno da situação anterior do inativo, mas apenas a contagem do tempo de serviço vinculado à antiga aposentadoria para fins de averbação em outra atividade profissional ou mesmo para dar suporte a uma nova e mais benéfica jubilação" (Desaposentação: um novo instituto? *In: RPS,* São Paulo, 228/1.130).

Não é assim, o desiderato da desaposentação é mais amplo, em cada caso, com todas as suas consequências, restabelecendo-se a situação anterior.

Volta ao trabalho

Aposentar-se é decisão relevante para o comum dos cidadãos. Além da garantia de uma renda, por menor que seja (mais de 18 milhões de brasileiros vivem com benefício igual ao salário mínimo) ou solucionar a ameaça de um possível desemprego, ser aposentado tem vários significados. Logo, o pedido jamais significará implicitamente a vontade de romper a relação empregatícia.

É preciso pensar que o jubilado deixa de laborar, afasta-se do ambiente de trabalho, distancia-se do círculo de amizades, em alguns casos fica sem o plano de saúde, enfim, desaparece a identidade de trabalhador, para muita gente, especialmente os solitários, uma grande perda.

Sobrevindo o arrependimento, ele deseja desaposentar para retornar ao serviço e readquirir essas conquistas sociais e individuais, objetivas e subjetivas. Não necessariamente como empregado, mas reiniciar a vida laborativa como autônomo ou empresário.

A intenção da renúncia é vasta e deve ser cogitada pelo titular do direito. O empregado obrigado a se afastar do trabalho, quando isso era exigido, não podia julgar que se desaposentando, automaticamente teria restabelecido o vínculo empregatício de retornar à empresa, dependendo do empregador.

Tempo de serviço

De regra, o principal objetivo do desaposentando tem sido portar o tempo de serviço ou de contribuição do regime de origem para outro regime de previdência social (regime instituidor). Normalmente, do RGPS para um RPPS. Logo, uma das suas volições é ter à mão a CTC para posterior utilização.

Subsiste pequena confusão semântica quando os teóricos falam que pode haver desaposentação sem existir renúncia ao tempo de serviço. Como efeito: a renúncia faz cessar o pagamento das mensalidades, mas o direito à aposentadoria permanece íntegro, admitindo-se até a reversão da futura desaposentação.

As pessoas desejam renunciar à aposentação, mas não ao tempo de serviço, que é irrenunciável. E quando se diz isso, é simplificando, porque ele compreende, entre outros aspectos, o período de carência.

Aqui podem surgir embaraços, porque as regras positivadas para o RGPS não coincidem com as dos RPPS. Dá-se exemplo com a conversão do tempo especial para o comum, que o INSS promove tranquilamente (Decreto n. 4.827/03), mas nem todos os regimes públicos a adotam (embora o STJ tenha reconhecido esse direito). Quer dizer: o tempo de serviço insalubre vale para a aposentadoria especial e até para a aposentadoria por tempo de contribuição, então, na figura da conversão, não é acolhido pelos RPPS (art. 5º, parágrafo único, da Lei n. 9.717/98).

Compromissos civis

Existirão casos em que o titular do benefício, não sendo relevante a causa moral, não pensa em auferir renda, remuneração ou aposentadoria, pura e simplesmente porque não quer cumprir as obrigações civis pactuadas, entre as quais a pensão alimentícia. Até mesmo romper o contrato de empréstimo consignado pode ser a intenção da pessoa.

O Ministro *Carlos Britto,* em 19.6.07, manifestando-se no Recurso Extraordinário n. 551.908-1, tratou do servidor que passou de celetista a estatutário, reproduzindo acórdão do Ministro *Maurício Correa,* que aceitou um celetista passar a estatutário (Recurso Extraordinário n. 209.899).

João Ernesto Aragonês Vianna, que se põe a favor da desaposentação, reproduz o acórdão no Recurso Especial n. 692.628, *in:* DJU de 5.9.05 e relaciona seis hipóteses de retenção nos benefícios, que o desaposentante poderia pretender evitar (*Curso de direito previdenciário,* São Paulo: LTr, 2006. p. 236).

Retroação da DIB

Retroação da DIB significa desaposentar hodiernamente para se aposentar preteritamente. Ainda que não seja exatamente a figura ora estudada e sim simples revisão do ato de concessão, ela apresenta boa parte das suas características.

O desembargador *Castro Guerra,* calcado no direito adquirido, no Enunciado CRPS n. 5 e no Prejulgado da Portaria MPTS n. 3.286/73 — Entendimento n. 1 sustenta ser dever do INSS: "assegurar o benefício mais benéfico, *in casu,* cálculo da RMI com base na CLPS por ser mais vantajoso do que a da Lei n. 8.213/91" (Apelação Cível n.

1996.003.095277-0, de 14.10.06. *In: DJU* de 22.11.06, p. 227-315, 10ª Turma do TFR da 3ª Região. *In: Boletim do TFR da 3ª Região,* São Paulo, Poder Judiciário, n. 5/2007, p. 21, 2007).

Vedação da acumulação

Um servidor aposentado que legalmente tome posse num novo cargo público tem interesse em enfrentar a acumulação funcional.

Ressalvadas as exceções de praxe, a Constituição Federal veda a fruição de dois benefícios previdenciários (art. 37, XVI). Ele desaposentará do primeiro cargo para legalizar o estado jurídico do segundo.

Concurso público

Pode dar-se de um Edital de Concurso Público, que interessa ao titular no RGPS, impor como requisito não ser aposentado. Às vezes, a condição é exigida por ocasião da posse no cargo público, o que valerá, então, apenas para aqueles que lograram ser aprovados. Não corresponde à ideia da acumulação, que é própria do serviço público, mas de uma exigência como qualquer outra. Neste caso, essa pessoa tem interesse em se desfazer do *status* de aposentado para ingressar em outra atividade por ele tida como mais vantajosa.

Progressão funcional

Se um servidor aposentou-se no cargo "X" e faz novo concurso público e toma posse num cargo "Y", pressupondo-se que seja superior ao cargo anterior, ele poderá ter interesse em desfazer-se da primeira aposentadoria para obter a segunda.

Neste caso, ocorrendo no mesmo RPPS e tendo em vista que ele continuou contribuindo e diminuiu a esperança média de vida, provavelmente não haverá necessidade de acerto de contas.

Mas se o cargo "Y" se der noutro RPPS, junto à CTC impor-se-á o encaminhamento de recursos financeiros do regime de origem para o regime instituidor.

Tratados internacionais

Quem consumiu o tempo de serviço obtendo uma aposentadoria no Brasil, no RGPS ou no RPPS, de regra, nesse momento não poderá portar esse tempo de serviço para o exterior com o fito de obter uma prestação num país que tenha celebrado acordo internacional de previdência social conosco.

Evidentemente, diante do deserto normativo — em si mesma são difíceis as aposentadorias bilaterais proporcionalmente pagas pelos países contratantes —, depois de consultados os órgãos de ligação, ele teria de renunciar ao benefício nacional (que é uma totalidade em si mesmo) e transformar a renda mensal, conforme as regras da reciprocidade internacional, numa parcialidade, cabendo ao regime instituidor estrangeiro pagar-lhe o restante.

A despeito do que diz o seu art. 538 ("Os Acordos Internacionais têm por objetivo principal garantir os direitos de Seguridade Social previstos nas legislações dos dois países, especificados no respectivo acordo, aos trabalhadores e dependentes legais, residentes ou em trânsito nos países acordantes"), a IN INSS n. 11/06, seguindo à risca esse "especificados no respectivo acordo", não tem disposição que trate do assunto (arts. 537/559).

Benefício assistenciário

Abstraindo, por ora, que a reunião dos requisitos necessários possa estar completada para uma prestação previdenciária, o assistido tem interesse em renunciar ao benefício assistenciário da Lei n. 8.742/93, que esteja recebendo, para fazer jus a um benefício previdenciário. Esse é um exemplo de opção pela prestação mais vantajosa (IN INSS n. 11/06, art. 420, XIII).

Capítulo 27
Deferimento do Benefício

O procedimento burocrático da desaposentação pressupõe análise do ato jurídico administrativo a ser desconstituído, que vem a ser a manutenção de uma aposentadoria antes concedida, *ab initio* com a preocupação de fixar o momento em que será formalmente consumada a nova prestação (arts. 456 e seguintes da IN INSS n. 11/06). Até para não confundir com uma renúncia de fato, que consiste em o segurado não receber as primeiras mensalidades, desfazendo o ato oficial.

Ontologicamente não há muita diferença entre quem completa os requisitos de um benefício e não o requer oportunamente e aquele deferido; só formalmente eles apresentam diferenças.

Requerimento do pedido

Mediante a utilização de formulário padrão ou não, após datá-lo e assiná-lo, por ato pessoal ou por procuração, o titular do direito a uma prestação tecnicamente solicita aquela a que julga fazer jus.

Nesse momento importa saber a sua vontade e, indicada no formulário, se for o caso, adotar-se o Entendimento n. 1 da Portaria MTPS n. 3.286/73 (diante de duas, despacho da que for mais vantajosa segundo o critério do requerente).

Esse pedido, sempre anterior à concessão, pode ser abortado a qualquer momento pelo interessado, bastando informar por escrito, mediante outra solicitação ao órgão local dessa intenção (IN INSS n. 11/06, art. 456, § 1º, I/IV), e não deixa de ser uma renúncia informal.

Certa particularidade diz respeito à anulação desse pedido, a ser considerada: solicitação administrativa de outro benefício, obrigando o órgão gestor a entender que implicitamente há uma desistência do primeiro, convindo estar presente manifestação do interessado a esse respeito, para não pairarem dúvidas, inclusive quanto à real DIB. Por vezes, quando um segurado tem direito a um de dois benefícios, ele pode solicitar aquele que no momento prova com mais facilidade, enquanto busca os instrumentos de persuasão da outra intenção.

Se o mesmo benefício foi pretendido judicialmente, a instrução administrativa deverá ser sobrestada, aguardando-se o pronunciamento do Poder Judiciário (art. 458, § 3º, da IN INSS n. 11/06), mas diferente deverá ser a atitude da administração caso o pedido se refira a outro benefício (Portaria MPS n. 548/11).

À evidência, a solicitação virá exaustivamente acompanhada de todas as demonstrações da pretensão, isto é, os documentos comprobatórios que convençam o órgão gestor da existência do direito ao benefício (RPS, art. 155).

Luciana Caplan examinou a hipótese de o segurado ingressar com ação e, ao mesmo tempo, questionar a autarquia, suscitando a questão de saber como se dará a execução, caso o INSS conceda o benefício e o Poder Judiciário indefira a pretensão (A concessão de benefício previdenciário em esfera administrativa após a propositura de ação judicial. *In: RPS,* São Paulo, n. 233/355).

Protocolo da solicitação

A solicitação é protocolada, decantando o dia que, no comum dos casos, significará a DIB. Nos termos do art. 460 da IN INSS n. 11/06, vale lembrar que: "A apresentação de documentação incompleta não constitui motivo para recusa do requerimento de benefício" (PBPS, art. 105).

Protocolo é ato formal, a ele correspondendo um recibo escrito que o expresse materialmente. Servirá também para demonstrar a presença do interessado no órgão local para vários fins e registrar o andamento do processo (com os consectários dessa presença).

Depois de algumas dúvidas, ficou claro que promovido o agendamento na APS, esta data é que fixará o início do benefício e não a da entrega do requerimento.

Exigências institucionais

Diante da insuficiência de convencimento e em face do *fumus bonis jus,* a instrução do pedido reclamará o cumprimento de certa implementação de documentos, e então serão fixados prazos para o seu atendimento, sob pena de arquivamento do pedido.

Importa saber a natureza dessas imposições burocráticas; sua ausência poderá implicar na negativa da pretensão, contando-se a DIB desde a entrega dos novos meios de persuasão.

Depois de muitos debates, o INSS resolveu aceitar a ideia de que, se na DER o segurado tem o direito, mas não o prova e o faz tempos depois, que ele reafirme o requerimento inicial (art. 460, § 9º).

Instrução interna

Reunidos formalmente todos os pressupostos legais e protocolado o pedido, inicia-se o andamento formal de instrução da solicitação, a ser ultimada legalmente em 45 dias. Consiste num exame técnico da pretensão ao benefício que culmina com decisão final: concessão ou não.

Sem prejuízo da demora, a DIB coincidirá com a DER, pagando-se as mensalidades atrasadas desde aquele primeiro momento.

Curiosamente a lei fala em correção monetária caso ultrapasse os 45 dias, mas ela é devida sempre que os índices de inflação indicarem a necessidade de reposição da perda do poder aquisitivo da moeda.

Renda inicial

Consumada a instrução do requerimento, o próximo passo é o cálculo da renda mensal inicial, que seguirá os procedimentos internos, possivelmente consoante programa de computação.

Sempre observados os limites mínimo e máximo, desde novembro de 1999, no RGPS, o INSS tomará a soma dos 80% maiores salários de contribuição do período básico de cálculo (de regra, iniciado em julho de 1994) e a dividirá pelo número de meses, obtendo uma média designada como salário de benefício, ao qual será aplicado um coeficiente (50% para o auxílio-acidente; 91% para o auxílio-doença; 100% para a aposentadoria especial ou aposentadoria por invalidez; variando de 70% a 100% na aposentadoria por idade).

Desde a Lei n. 9.876/99, no caso da aposentadoria por tempo de contribuição, com a adoção do fator previdenciário (Decreto n. 3.265/99).

Um deferimento que se submete ao prazo de dez anos, durante os quais o beneficiário poderá questionar a sua validade.

Deferimento da prestação

Concluída essa instrução, para efeitos burocráticos o direito está constituído. Esse é o momento do aperfeiçoamento da prestação e o segurado, intimado ou não, passa a fruir o estado jurídico previdenciário de aposentado para fins de direito, especialmente se o INSS emitir Carta de Concessão/Memória de Cálculo.

Assim, não pensa a autarquia que espera a aprovação do segurado com a percepção das primeiras mensalidades na rede bancária.

Como se a vontade do requerente tivesse de ser reafirmada com o conhecimento das condições de concessão, principalmente, do valor.

Intimação do titular

Concedido o benefício, cabe ao órgão local dar ciência ao interessado do deferimento, no caso do RGPS, emitindo-se a Carta de Concessão/Memória de Cálculo pelo correio e até mesmo dando-se ciência por intimação na APS.

Sueli Garcez de Martino Lins de Franco mostrou que o PBPS não tem regras sobre o fato de o segurado receber o benefício ser ato convalidatório da concessão (Aperfeiçoamento da aposentadoria. *In: Jornal do 9º CBPS,* São Paulo: LTr, 1996. p. 74).

Encaminhamento ao banco

Até 30 dias a agência bancária pagadora escolhida reterá os primeiros pagamentos das mensalidades, aguardando a sua percepção por parte do titular do direito (art. 456, *caput* e § 2º). Segundo o art. 456, "após recebimento do primeiro pagamento do benefício, bem como do saque do PIS e/ou FGTS, ou após trinta dias do processamento do benefício", eles se tornam irreversíveis e irrenunciáveis. Cancelado o benefício, o INSS cientificará a empresa (art. 456, § 3º).

O Decreto n. 6.208/07 reviu a redação do parágrafo único do art. 181-b do RPS, dizendo que "o segurado pode desistir do seu pedido de aposentadoria desde que manifeste esta intenção e requeira o arquivamento definitivo do pedido antes da ocorrência do primeiro dos seguintes atos: I, II e III".

Valores iniciais

Tomando conhecimento das características da sua prestação e pondo-se de acordo com ela ou discordando, o segurado receberá os primeiros valores, com isso querendo dizer, segundo a ótica da Previdência Social, que a aceita. Tal aceitação não significa definitividade do cálculo, que poderá ser objeto de pedido de revisão no prazo de dez anos (PBPS, art. 103-A).

Cancelamento da instrução

Se o segurado não mais desejar o benefício, deverá requerer a mudança de sua vontade (IN INSS n. 11/06, art. 456, § 1º, I). Por seu turno deverá haver comunicação oficial à Caixa Econômica Federal, para se saber se houve o saque do FGTS ou PIS-PASEP em nome do segurado e comunicação à empresa no caso de empregado.

Segundo o art. 456, § 5º, cancelado o benefício ele não pode ser restabelecido, devendo ser requerido outro e podendo ser usada a documentação anterior (art. 458).

Capítulo 28
Consequências Institucionais

Admitido o desfazimento de um ato complexo como a concessão e a manutenção do benefício previdenciário pela seguradora, ele implica em inúmeros efeitos práticos e jurídicos sucedidos nas esferas civil, previdenciária, trabalhista, fundiária e outras mais. Presentes os pressupostos lógicos, quem quer que pense em enveredar por essa solução, terá de avaliar o custo pessoal da volta ao estado ativo, designação costumeira para o não aposentado; *per se*, a aposentação desdobra-se em vários consectários a serem sopesados.

Para se ter uma ideia, basta pensar no cancelamento de aposentadoria por invalidez de quem teve um contrato de financiamento extinto, com perdão da dívida subsequente. Ou então, o que sucederá com contrato de empréstimo consignado com um banco. Imagine-se um contrato de locação baseado na percepção da aposentadoria.

Consumada a desaposentação por ato formalizado, decorrente de decisão administrativa ou judicial, com ela sobrevêm desdobramentos de variada ordem; aliás, diante do ineditismo da solução, ainda não inteiramente conhecidos. O que indica, tanto quanto o próprio instituto, a necessidade de que a matéria deva ser disciplinada por lei.

Carla Mota Blank Machado Betto lembra o Prejulgado n. 1 da Portaria MTPS n. 3.286/73 para fundamentar o dever do INSS de bem orientar o segurado (Desaposentação. *In: RPS*, São Paulo. LTr, n. 310/614).

Cessação do benefício

Com a desaposentação consumada, excetuado para efeito dos seus registros internos (e possivelmente para determinação do valor-base de cálculo a ser restituído), a manutenção do benefício até então mantido deixa de existir, termina, cessa, acaba (ainda que, excepcionalmente, possa ser restabelecido).

Quer dizer, o INSS não tem mais que desembolsar as mensalidades correspondentes, entendendo-se desobrigado e descabendo qualquer reclamação por parte do titular do pedido (claro, excetuado em relação aos atrasados posteriormente definidos).

Uma revisão da desaposentação, mais do que ela própria, teria de considerar o custo operacional administrativo. Imagine-se a situação do segurado que se aposentou em litígio com a autarquia federal, posteriormente se desaposentou e teve reconhecido o direito que postulara, com reflexos na desaposentação da qual se abstivera. Terá direito de renunciar à desaposentação se lhe for mais vantajosa.

Eventuais encaminhamentos de revisão de suas características não perdem objeto e têm de ser solucionados na data-base.

Para que se processem os efeitos desejados nessa renúncia a uma prestação social, ela tem de cessar, terminando o pagamento das mensalidades a partir de certa data.

Essa data tem de ser convencionada pela Administração Pública, que optará pela: data de entrada do pedido (I), data da petição inicial (II) ou data da sentença judicial (III).

Extinto o benefício, o INSS se desobriga de fazer novos pagamentos. Cessada a relação jurídica de previdência social, se o segurado falecer sem ter readquirido a qualidade de segurado, os dependentes farão jus à pensão por morte no RGPS.

Contribuições posteriores

Na condição de inativo — em relação ao RGPS ou RPPS —, seja trabalhador ou servidor, põe-se a questão de haver contribuições posteriores à data-base. Havendo interesse de se manter filiado, no caso do RGPS, terá de contribuir como facultativo.

As contribuições que o segurado verteu desde que ele se aposentou, quaisquer que sejam elas, não mais serão consideradas como as de aposentado novamente filiado, mas sim como contribuinte ativo.

Com as consequências inerentes a esse fato, que são significativas porque o segurado as operou na condição de aposentado.

A rigor, durante o tempo em que o benefício foi mantido, se o segurado voltou ao trabalho, as contribuições que então verteu (que em nada lhe melhoram a situação) serão consideradas para futuros benefícios no RGPS ou fora dele.

Matéria que *de lege ferenda* poderá ser disciplinada de modo distinto (como acontece com a substituição da perda da base de cálculo do nível da remuneração na previdência complementar, prevista no art. 14 da LC n. 109/01).

Emissão de CTC

Ato contínuo à desaposentação, se requerida, o INSS emitirá a CTC, para que a renúncia produza os efeitos desejados. Vale lembrar que na remota hipótese de não haver qualquer escopo previdenciário a ser cumprido (ou seja, o aposentado apenas pretender não mais sê-lo), não haverá essa emissão.

O tempo de filiação, determinante do benefício anterior, que volta a ser tempo de contribuição de contribuinte ativo não aposentado, poderá ser objeto de CTC para diferentes fins, inclusive para a contagem recíproca de tempo de serviço de que trata a Lei n. 6.226/75 (PBPS, arts. 94/99).

Evidentemente, com vistas ao futuro desse documento, deverá constar o cenário que o precede, qual seja o de que se trata de um ex-aposentado.

Com o restabelecimento do *status quo ante*, recriado o cenário anterior, repete-se: o tempo de serviço da iniciativa privada poderá ser computado para fins do serviço público.

Atos praticados

A desaposentação desfaz a aposentação do segurado e, em alguns casos, como oportunamente desenvolvido, com a restituição do recebido, mas ela respeita os atos jurídicos praticados pelo titular desse direito.

Todos os seus créditos e débitos se manterão vigentes, principalmente as obrigações que assumiu. Caso tenha sido condenado a pagar pensão alimentícia ou esteja sofrendo alguma retenção em seu benefício, pactuada ou sentenciada, terá de haver-se com os credores, compondo-se com eles.

A eventual rescisão contratual havida com empregador continuará válida, assim como o seu direito à percepção do FGTS. Sob este aspecto será preciso considerar, especialmente à vista da restituição, o andamento de revisões de cálculo ou ações judiciais em andamento contra o órgão gestor.

Fundo de Pensão

Os planos de benefícios dos fundos de pensão até a LC n. 109/01, de regra, exigiam a concessão da aposentadoria por parte do INSS para que a EFPC concedesse a sua complementação. Mesmo após 29.5.01, alguns deles ainda mantêm essa subsidiaridade entre a prestação complementar e a básica. Se este for o caso, a renúncia ao benefício poderá produzir consequências jurídicas; a prestação básica seria o pressuposto da prestação complementar.

Presente a efetiva subsidiaridade, isto é, quando a concessão da prestação complementar depender do benefício básico, qualquer fato que afete este último modificará o primeiro. Canceladas as mensalidades do RGPS, canceladas também estarão as do plano de benefícios de um fundo de pensão, claro, sempre que convencionado regulamentarmente esse vínculo jurídico que a LC n. 109/01 não deseja mais.

Sobrevindo a desaposentação, ou seja, desfazendo-se o exercício, desfar-se-á do acessório, convindo que cada entidade, dada a natureza do benefício complementar, disciplinará, regrará, segundo a conveniência de ambas as partes, como sucederá, mas no plano jurídico; se o deferimento da complementação dependia do benefício básico, agora não mais depende.

Fundo de Garantia

A inatividade do aposentado, de ordinário, autoriza o levantamento dos depósitos do FGTS, procedimentos formais consectários da jubilação. Ainda que sem voltar ao trabalho, mas desfazendo-se a aposentação, impõe-se o exame do que sucederá com o FGTS, que se poderá entender como direito de quem se aposentou e que não fica condicionado à restituição.

PIS-PASEP

Igual se passará com o PIS-PASEP ou quaisquer outros valores consubstanciados com a aposentação.

Qualidade de segurado

Durante a percepção das mensalidades de um benefício em manutenção, o segurado mantém a qualidade de segurado, *status* jurídico preservado até a data-base da renúncia, nos termos do art. 15 do PBPS. Se não voltar ao trabalho e, ainda assim, por qualquer motivo pretender manter essa qualidade terá de contribuir como facultativo (não se esquecendo do art. 201, § 5º, da Carta Magna).

Mesmo sem estar filiado (ou seja, trabalhando), durante os pagamentos das mensalidades dos benefícios mantém-se a qualidade de segurado. Aposentado que não volta ao trabalho deixa de contribuir.

Desfeita a aposentação, no dia seguinte perderá esse direito, devendo-se restabelecer a filiação.

Contrato de trabalho

Por ocasião da aposentação, ou o segurado teve de romper o vínculo empregatício ou não. Se não sucedeu e ele continuou trabalhando e assim desejar, existem providências a serem tomadas (exceto no que diz respeito ao seu eventual vínculo jurídico com o poder público). Se ele foi obrigado a pedir demissão, a desaposentação é vínculo jurídico entre o aposentado e o INSS e, rigorosamente, não afeta a relação trabalhista. Nesse caso, a volta ao trabalho na mesma empresa dependerá da recontratação, fato a ser ajuizado por quem envidar o processo de desaposentação.

Quando a lei exige, um dos requisitos para a obtenção da aposentadoria é o afastamento do trabalho, em alguns casos, a rescisão contratual.

Desfeita a jubilação, a princípio é de se pensar no estabelecimento do vínculo empregatício, mas isso necessariamente não terá de acontecer porque o pressuposto lógico é não causar prejuízos para ninguém, e talvez o empregador não mais deseje o empregado em seus quadros de pessoal.

Ou seja, não haveria o direito subjetivo de voltar ao mesmo emprego.

Empréstimo consignado

Os empréstimos imobiliários que são rescindidos por ocasião do deferimento da aposentadoria por invalidez terão de prever a hipótese do desfazimento desse benefício.

Esses contratos de mútuo terão de ser compostos com quem os financiou, porque não mais ocorrerá a retenção naquele regime de origem. O contrato em si mesmo é válido, mas a perda da garantia tem de ser negociada.

Pensão alimentícia

Com a cessação da manutenção do benefício no RGPS será preciso pensar na transferência da responsabilidade pela retenção da pensão alimentícia no RPPS receptor das contribuições e como se resolverá no caso de ainda não ter havido a nova aposentação.

Fator previdenciário

É possível que o legislador de 1999 não tivesse se preocupado com isso, mas o fator previdenciário de quem tem um índice próximo ou superior a 1 (um), se a desaposentação for reconhecida pelos tribunais, é uma questão a ser debatida.

Capítulo 29
Desdobramentos Práticos

Além da expectativa do aposentado de obter sucesso em sua investida no Poder Judiciário, alguns consectários cercam o processo de desaposentação.

Aposentadoria proporcional

A desaposentação, em virtude da obviedade da situação e facilidade de compreensão dos seus efeitos, vem sendo acolhida por aqueles que se aposentaram com a aposentadoria proporcional com 70% do salário de benefício, continuaram trabalhando e contribuindo e jamais aprovaram a extinção do pecúlio determinada pela Lei n. 8.870/94 e em face das contribuições vertidas dos 30 anos aos 35 anos (que julgam indevidas).

Nomenclatura adotada

Alguma diversidade vernacular está estabelecida. A desaposentação compreende dois atos distintos: a) renúncia à aposentação e não ao tempo de serviço, no comum dos casos; e b) nova aposentação (que incorpora elementos da primeira).

Paralelamente, embora rara, existe uma renúncia simples, com o restabelecimento do *status* anterior sem qualquer outra pretensão que não seja a qualidade jurídica de não aposentado.

Confusões jurídicas

Alhures fala-se em reversão do benefício e esse título está reservado ao Direito Administrativo, com outro significado laboral, do servidor que retorna ao serviço público.

Também se alude à transformação, que não é o caso e muito menos revisão da concessão (não é possível rever o que foi regular, legal e legitimamente concedido).

Aspectos morais

Aparentemente, e são raros os casos, algumas desavisadas pessoas pensam em "levar vantagem", aplicando a Lei do Gerson e não é disso que se trata.

Não existe o direito ou se trata de direito subjetivo e para que isso aconteça é preciso não causar prejuízos a ninguém, terceiros, e especialmente ao RGPS.

Pressupostos subjetivos

Tem interesse em renunciar à aposentadoria para se aposentar novamente no mesmo regime quem, após concessão do primeiro benefício continuou filiado e contribuindo.

Assim não basta ser um percipiente de aposentadoria. Para este, se não voltar a contribuir, só resta a renúncia para portar o tempo de serviço para outro regime.

Piores meses

Com muito mais ênfase do que agora, no passado os segurados conheceram o fenômeno do indigitado pior mês para se aposentar, sem falar no "buraco negro" e demais cores, além de outras armadilhas que a legislação criou e ainda cria.

Quando da majoração do limite do salário de contribuição, passando de hipotéticos R$ 2.000,00 para R$ 3.000,00, se o segurado se aposentou no mês anterior à mudança e recebeu 70%, ou seja, R$ 1.400,00, costuma sentir-se com direito a receber R$ 2.100,00 (70% de R$ 3.000,00), a partir da alteração, sem qualquer fundamento legal.

Mesmo agora, com o fator previdenciário, as aposentadorias concedidas em novembro de cada ano são diferentes das concedidas em dezembro do mesmo exercício porque a Fundação IBGE divulga a nova tábua de mortalidade nesse último mês.

Voltando ao tema, quem se jubilou no pior mês, se continuou a recolher, pode renunciar à aposentação equivocada e requerer uma nova.

Aumento do IR

É preciso lembrar que a nova aposentadoria pode implicar em valor menor (*sic*), nos casos em que o valor anterior estava próximo da isenção da contribuição e ao ultrapassá-lo sobrevir a dedução do IR.

Pagamento dos atrasados

Como a data-base da desaposentação deve ser a da petição inicial do aposentado, quando ele demonstra a intenção de obtê-la, se ele cumulou com pedido do novo benefício, essa será DIB, portanto quando da solução já com direito ao pagamento de atrasados.

Demora na solução

Os interessados devem ter consciência da demora na solução e ter paciência para obter um resultado favorável.

Benefício anterior

Durante o litígio judicial, o INSS continuará pagando as mensalidades até então devidas.

Indeferimento da pretensão

Pode dar-se de o segurado não ser feliz em sua pretensão judicial e não obter o benefício; ele continuará recebendo a antiga prestação e ficará aguardando que a matéria seja legalmente regulamentada.

Capítulo 30
Restituição do Recebido

Se há remansosa disposição da Justiça Federal de acolher a renúncia às mensalidades de um benefício para tornar possível a desaposentação, isto é, ensejar uma segunda aposentação (com raros doutrinadores contrários à ideia) — em cada caso observados os trâmites procedimentais — no que diz respeito ao dever de restituir ou não o que foi auferido no regime concessor e mantenedor do benefício, desde a DIB até a DCB da prestação, bem como o nível do eventual *quantum*, é questão ainda intrincada, aberta ao debate, técnica e juridicamente polêmica.

Alguns autores (como Adriane Bramante de Castro Ladenthin, *in* "A restituição na desaposentação" – RPS n. 399/13) rejeitam a obrigação de devolver sem enfatizar o equilíbrio do plano de benefícios do regime de origem ou do regime receptivo; outros pensam na necessidade da restituição, despreocupados com o regime financeiro, o tipo do planou os elementos biométricos do segurado etc.; enfim, com os aspectos matemáticos ou financeiros.

Exemplos singelos operados com números arredondados, idades variadas e situações ideais talvez tornem as concepções um pouco mais visíveis.

Suponha-se um regime originário com apenas dois contribuintes. Um primeiro segurado começou a pagar com 15 anos e 30 anos depois se aposentou aos 45 anos de idade e viverá até os 70 anos. Logo, seu benefício nesse regime concessor perduraria por 25 anos (45 + 25 = 70 anos). Entretanto, depois de recebê-lo por 10 anos, portanto, com 55 anos de idade, renunciou e ingressou num regime receptor em que receberá por 15 anos uma renda mensal dobrada em relação ao que auferia no primeiro regime (55 + 15 = 70 anos). Ou seja, 15 anos, *grosso modo*, que podem equivaler, no exemplo, a 30 anos, se dobrada a mensalidade.

A rigor, a preocupação do segundo regime deve ser no sentido de que deveria auferir recursos o mais próximo possível do que teria auferido se o segurado tivesse se filiado desde os 15 anos ao seu plano de benefícios e ali se aposentado aos 55 anos de idade. Mas, evidentemente, isso não será possível, por causa da enorme multiplicidade de mecanismos contributivos presentes nos diferentes regimes.

Num certo acerto de contas, ou o regime originário reembolsa o regime instituidor de tudo o que recebeu de contribuição menos o que desembolsou de mensalidades, cobrando a eventual diferença do segurado, ou apenas tudo o que recebeu sem nada exigir dele. Na segunda hipótese, juridicamente arcará com insuficiências e, se tiver de aposentar outro segurado, não possuirá exatamente os recursos para pagá-lo.

Num regime originário que adote um plano de benefícios de contribuição definida (verdadeira caderneta de poupança) e cujo capital acumulado restante será encaminhado para um regime instituidor de igual *característica,* teria consumido uma parte desse capital acumulado. O segurado terá de se contentar com o saldo remanescente transportado mais o que vier a contribuir no novo regime.

Lembrando-se que os dois maiores regimes (RGPS e RPPS), de regra adotam o regime de repartição simples e plano de benefício definido, ideias que definem ampla solidariedade, a referida variedade de situações torna bastante complexo ou quase impossível o cálculo, não só das contribuições devidas (ou vertidas) para o primeiro regime como o que foi pago em matéria de manutenção de benefício.

Dito isso porque no RGPS jamais houve correlação entre a contribuição e o benefício e somente com a Lei n. 9.876/99 é que se começou a implantá-la. Nos RPPS, alguma relação não tem mais do que 15 anos (o ESPCU, somente depois de 1993).

Para exemplificar e aclarar um pouco mais o raciocínio imagine-se um empregado com 20 anos, admitido com salário no teto de contribuição, que receba uma aposentadoria por invalidez cinco anos após a admissão (para garantir a futura carência, antes de 1991), auferindo a mensalidade máxima desse benefício durante 35 anos. Que tenha alta médica, contribua por mais dez anos, requeira a aposentadoria por idade e logo depois pretenda se desaposentar (*sic*) porque ingressou no serviço público!

Esses e outros exemplos trazidos à colação pela doutrina ressaltam óbices pontuais da complexidade da avaliação e dos cálculos e nada mais, sendo facilmente superados, insiste-se, pela adoção da repartição simples e a presença de uma solidariedade entre os regimes, aliás, profligada pela norma constitucional quando optou pela universalidade de cobertura, mas desaparecida com a Lei n. 9.796/99 (compensação financeira).

Se restituição tiver a ver com o novo benefício, ele terá de ser custeado com os recursos do regime originário e mais os do novo regime. *Ipso jacto,* quem só abdica, não requer a CTC e não pretende se aposentar novamente, não tem de devolver nada.

Restituição do recebido traz à luz vários questionamentos relativos aos regimes de previdência social, sendo que o principal deles é saber que eles historicamente não observaram quaisquer regras atuariais aceitáveis. A pluralidade de alíquotas pessoais fora do período básico de cálculo ou no seu bojo, especialmente quando era de 36 meses, inviabiliza qualquer solução técnica, adotada *a posteriori.*

Assim sendo, com certeza os modelos imaginados desaguarão em montantes aferidos ilíquidos e não refletirão o verdadeiro equilíbrio atuarial e financeiro necessário.

Causas não técnicas

A par de motivos técnicos (aspectos financeiros da relação entre os dois regimes em si mesmo atuarial e matematicamente incognoscíveis e mudez normativa, restam enormes embaraços de apuração do *quantum*) e razões infundadas às vezes são apresentadas:

a) não se deveria exigir nada de alguém beneficiado por uma solução libertadora do segurado (*sic*); b) repor tornaria inviável a maior parte das intenções de desaposentar; c) natureza alimentar da prestação do benefício em manutenção; e d) haver um cômputo do tempo de serviço constitucionalmente obrigatório.

Uma solução ser libertadora não deve prejudicar terceiros, carece pairar abaixo do interesse público.

Pessoalmente, sendo financeiramente inviável a devolução, não haverá desaposentação e pronto.

Além de mal institucionalizada e definida, a alimentaridade não justifica o raciocínio; cabe ao interessado eventualmente abdicar dela em favor de uma alimentaridade melhor. Muitos magistrados, não querendo acolher a necessidade da restituição, dispensam-na por considerar os valores como alimentares.

Restando difícil a apuração, o matemático fixará o montante mais adequado possível (lembrando que os dois principais regimes envolvidos adotam a repartição simples).

Fixado um critério como aconteceu com a Lei n. 9.796/99, ele se torna operacionalizável.

Multiplicidade de situações

À evidência, a mensuração do que seria devolvido, nos casos em que se imponha esse ônus, levará em conta a enorme variedade de situações de cada segurado: a) tipo de benefício antes deferido e mantido; b) tempo de contribuição anterior à concessão com o total do capital presumidamente acumulado; c) montante da renda mensal inicial e subsequentes reajustamentos anuais; d) duração do período de manutenção da prestação; e) total das mensalidades recebidas; f) expectativa de vida do segurado; g) critérios do regime instituidor (valor da nova renda inicial).

Considere-se que um acerto de contas pressupõe a portabilidade dos recursos que tornem viável a nova jubilação sem causar prejuízo para o regime originário. Tem de ser a importância que observa o equilíbrio do plano de benefícios do regime originário. O regime instituidor, por seu turno, terá de seguir suas próprias regras (e nesse sentido as ECs ns. 20/98 e 41/03 realisticamente estabeleceram novos requisitos como idade mínima, dez anos no serviço público, cinco anos no cargo etc.).

A variedade de regimes e modalidades de contribuição, conforme o tipo de segurado impossibilita a aferição do *quantum* necessário, especialmente quando da falta de regulamentação legal, a ponto de impor a definição legal.

Uma análise combinatória da dualidade de regimes (repartição simples e de capitalização), de tipos de planos (benefício definido, misto e contribuição definida), as tábuas de mortalidades (AT-49, AT-83, AT-2000 etc.) e renda inicial (programada ou vitalícia), acrescidas das particularidades de cada regime, suscitam complicadores quase invencíveis. O certo é que o matemático, ao aferir as responsabilidades do regime de origem, enfrentará as mesmas dificuldades quando tem de apurar o valor da portabilidade ou o *quantum* da retirada de patrocinadora (de plano desequilibrado).

Em suma: cada caso será um caso e somente uma norma regulamentadora indicará um padrão tabelado que possa ser útil.

Ab initio devem ser estabelecidas regras distintas: a) dentro de um mesmo regime e b) entre regimes. Terão de ser considerados os tipos de planos e os regimes financeiros de cada um (benefício definido, híbrido ou contribuição definida, repartição simples ou capitalização).

Contagem recíproca

O acerto de contas necessário, quando um aposentado se desfaz da aposentadoria e ingressa num RPPS com intenção de ali se jubilar, novamente obriga a ajuizar e examinar os desdobramentos dos critérios da contagem recíproca.

Com efeito, se alguém portar uma CTC com tempo de contribuição de um regime para outro, em razão da inexistência de solidariedade entre os regimes, necessariamente terá de carrear também os capitais acumulados que viabilizem o cômputo do tempo passado. Assim, na fixação do montante da desaposentação, terá de se considerar algumas das regras da contagem recíproca (PBPS, arts. 94/99).

Ainda que rara a figura, caso algum aposentado pretenda apenas renunciar, sem a obtenção da CTC, não há devolução; ao contrário, a restituição se imporia; assim entendeu o juiz relator *Ivori Luis da Silva Schejfer*, da Turma Recursal de SC, no Proc. n. 2004.92.05.003417-4, em sessão de 5.8.04, acórdão citado por *João Batista Lazzari* no Módulo III — Direito Previdenciário, da Escola de Magistratura do TFR da 4ª Região (EMAGIS), p. 34-35.

Solidariedade entre regimes

Num sistema nacional de repartição simples em que subsistia solidariedade entre os regimes previdenciários (ideia que pressupunha certo equilíbrio nas migrações, o que nunca aconteceu...), era possível pensar-se em CTC sem maiores consequências.

Dentro do RGPS postam-se multiplicidades de filiações e de contribuições, diversidade de critérios de toda ordem, de tal sorte que não fora a solidariedade interna própria do sistema, complicar-se-ia o cálculo pensar-se em alguém que foi doméstico, depois autônomo e, por último, empresário e se aposentou. Possivelmente jamais existiram dois segurados que recolheram contribuições iguais.

Não existisse a Lei n. 9.876/99 e continuaria legal alguém pagar 32 anos pelo salário mínimo e três anos pelo limite (R$ 4.662,75), obtendo algo em torno do teto (*sic*). Como hoje o percipiente de auxílio-doença que pagar quatro contribuições com base no teto irá receber perto de R$ 3.000,00 (!).

O juiz federal *Sebastião Ogê Muniz*, da 6ª Turma do TFR da 4ª Região, manifestando-se na AC n. 2007.72.05.003988-0/SC, em 9.4.08, reproduz acórdão em que se faz distinção das duas situações diferentes: a) RGPS para RPPS; e b) RGPS para RGPS.

Comparação dos planos

Como já salientado, no bojo da diversidade do RGPS, com períodos de contribuição para os diferentes benefícios e prestações sem contribuição, não chega a desequilibrar o plano alguém se desaposentar da proporcional e aposentar-se pela integral; de todo modo, o regime teria de estar preparado para conceder a aposentadoria integral.

Contudo, toda vez que se confrontarem regimes distintos, a possibilidade de equilíbrio se esvai e se perde a noção da responsabilidade de cada um.

Quando os dois regimes forem de repartição simples e de benefício definido, o matemático terá enormes dificuldades para chegar ao *quantum* necessário, mas se um deles for e o outro não, imaginando-se as possibilidades aritméticas possíveis, os problemas aumentam significativamente.

Acrescendo-se o tipo de renda mensal, se programada ou vitalícia, ou o tipo de plano, se de contribuição definida ou de benefício definido, as soluções se tornam mais complexas ainda.

Lembrando que existem 5.565 municípios, com cerca de 3.000 RPPS no País, raciocínio que não pode ignorar a tábua de mortalidade que cada um deles adotou.

Dentro do regime

Aparentemente, em relação ao segurado que após se jubilar pela aposentadoria proporcional continuou contribuindo (na mesma empresa, em outra ou como contribuinte individual), não se vislumbraria grande embaraço atuarial para uma aposentadoria integral, falando-se do RGPS ou do RPPS (em que o cálculo será um pouco mais complicado).

Todavia, é preciso meditar sobre o exemplo trazido por *Roberto Luis Luchi Demo*, segundo o qual não seria justo que um segurado recebesse aposentadoria proporcional por cinco anos e ela se transformasse na integral, sem nada devolver, e outro segurado tivesse recolhido por 35 anos (Aposentadoria. Direito disponível. Desaposentação. Indenização ao sistema previdenciário. *In: RPS*, São Paulo, LTr, n. 263/887).

A questão, pois, é de rigor e ficaria bem a lei que estipulasse: não devoluções (1), devoluções mínimas (2), normais (3) e máximas (4).

Repete-se *ad nauseam*. Será preciso, também, lembrar que se o regime pagou "x" anos de aposentadoria proporcional — e conforme cada hipótese, de 70%, 75%, 80%, 85% ou 90% do salário de benefício no caso do RGPS —, em compensação o segurado viverá exatamente "x" anos menos, claro, imaginando-se que a esperança média de vida não continue crescendo a cada ano...

Rigorosamente o que determinará a solução é a efetividade do regime de repartição simples e da solidariedade social da previdência social. Individualmente considerando-se, o segurado deveria devolver o que recebeu, o que será fácil num plano de contribuição definida. Mas bastaria indagar das dificuldades matemáticas de se estimar o que foi consumido em razão da cobertura de prestações não programadas, para se chegar à conclusão de que são tantas as hipóteses de alguém que pagou menos e recebeu mais que será despiciendo arguir-se sobre a devolução.

Diante de toda a iliquidez dos regimes previdenciários brasileiros, a complexidade das soluções, casos particulares, situações não tabuláveis nem apuráveis, enfim, levando-se em conta que é impossível pretender-se uma correspectividade nacional entre contribuição e benefício, é preciso reconhecer, mas esquecer a comparação anterior feita por *Roberto Luis Luchi* (em meio a uma infinidade de outras injustiças possíveis), e não exigir que o desaposentante proporcional restitua o que auferiu.

Imagine-se situação hipotética simplificada, sem inflação e sem juros de capitais acumulados num regime de capitalização e contribuição definida, em que o segurado não se filiou continuamente, ou seja, quase todos os dados em números médios. Que a contribuição gerada pelo trabalhador seja de 11% + 20% (empresa) + 2% (SAT) = 33%, que é um terço do seu salário e valor da futura aposentadoria.

Supondo-se que ele esteja com 54 anos de idade (iniciou as contribuições com 20 anos, recolheu durante 30 anos e ficou quatro anos sem pagar). Logo, 360 mensalidades ÷ 3 = 120 unidades ou dez anos. Como se trata da aposentadoria proporcional de 70%, ele terá um capital suficiente para viver 171 mensalidades, ou seja, 14,25 anos. Assim, terá aposentadoria de 70% até os 70,25 anos de idade. Note-se que esse mesmo capital acumulado mantém 10 anos de 100% e 14,25 anos de 70%.

Imaginando que ele tenha contribuído por mais seis anos (20 + 36 + 4), agora estará com 60 anos de idade e precisará de 10 x 12 mensalidades de 100%, que são 120 unidades. O capital acumulado cobrirá dez anos de 100%, e o segurado chegará aos 70,25 anos e sobrarão dois anos.

Se ele recebeu mais de 2,85 anos de aposentadoria de 70%, enquanto vigorou a manutenção da aposentação, o capital acumulado restante não será suficiente para chegar aos 70,25 anos com 100%.

Observância da atuária

O certo é que o cálculo do *quantum* a ser restituído é matéria de atuária financeira e, além de exigir da lei o seu mecanismo específico, nesse particular somente depois de Nota Técnica do matemático é que a desaposentação deveria ser encaminhada.

Esse matemático terá de se cingir não ao que for necessário para que o regime instituidor possa pagar a prestação mensal que virá, mas também não causar desequilíbrio no regime de origem com a renúncia do segurado; ele tem de pensar nos dois planos de benefícios.

Quando a desaposentação implica na restituição de algum valor, várias teorias são construídas. Em vez de o regime de origem tomar de volta as mensalidades que recebeu do aposentado, ele poderia encaminhar apenas a diferença das contribuições que atuarialmente recebeu menos as referidas mensalidades, deixando por conta do desaposentante o acerto de contas com o regime instituidor.

Regimes não recíprocos

Se for certo que muitíssimos RPPS elaboraram leis que tornam possível a contagem recíproca com o RGPS, pouquíssimos fizeram o mesmo em relação a outros RPPS estaduais ou municipais.

Nesse caso, mesmo fora da desaposentação a contagem recíproca é impossível, mas não a própria desaposentação. Bastaria que o regime original repassasse ao regime instituidor o que fosse necessário.

Correntes possíveis

Um número elevado de escolas de pensamento vem se formando a respeito da restituição do recebido: a) nenhuma devolução; b) devolução integral; c) devolução parcial; d) desconto tabelado; e) valor sentenciado pela Justiça e f) restituição do matematicamente necessário.

a) Nenhuma devolução

Não são poucos os estudiosos que entendem não haver o ônus da restituição do recebido; muitos deles pensam no fato de que esse período de percepção do benefício em manutenção será compensado com a menor expectativa de vida do segurado (registro a ser considerado pelo regime instituidor). Para o Min. *Arnaldo Ferreira Lima,* em decisão do STJ de 6.11.08, publicado em 7.2.08, no Recurso Especial n. 664.336/MG, o aposentado não deve nada.

Carlos Alberto Pereira de Castro e *João Batista Lazzari* são contra a devolução, formulando o pensamento em função da legalidade da concessão, o que não relevaria, dizendo que, como o benefício é legítimo, não deve haver restituição (*Manual de direito previdenciário.* 4. ed. São Paulo: LTr, 2000. p. 459).

Tal raciocínio não resiste à análise; a questão não tem nada a ver com a legitimidade (a ser presumida, é claro), mas com o acerto de contas entre os planos; o raciocínio válido nessas condições não é jurídico, mas o pensamento jurídico, quando cabível, nasce do equilíbrio técnico.

Alegado, não obstante seja juridicamente irrelevante o fato de inviabilizar a proposta, *Fábio Zambitte Ibrahim* considera desnecessária a devolução, caso ambos os regimes (original e instituidor) adotem, como de regra consagram o RGPS e o RPPS, um regime de repartição simples (*Desaposentação.* Rio de Janeiro: Impetus, 2005. p. 61).

Pensamento válido dentro de cada um desses regimes, mas não entre eles porque inexistente solidariedade entre os regimes, o de origem será prejudicado.

Pela não devolução entendeu o STJ (RESP n. 1.334.488/SC).

b) Devolução integral

Outros julgam que deva haver a devolução integral do recebido, sem levar em conta quaisquer fatores subjetivos ou objetivos. Apoiaria algumas impropriedades como o elevadíssimo custo de alguém que deseje se desaposentar com 80 anos, 25 anos depois de aposentado e que se sabe, segundo o IBGE, receberá a nova aposentadoria por uns 4,4 anos (2012).

c) Devolução parcial

Sem explicitar o *quantum* (supõe-se que seja o necessário, porque ele menciona o equilíbrio atuarial) *Roseval Rodrigues da Cunha Filho* menciona devolução parcial, citando que "o disciplinamento da devolução de valores à seguridade deve ter como parâmetro o montante da prestação já recebido e o importe a ser compensado ao regime previdenciário que receberá o segurado, compensação que dependerá da expectativa remanescente da projeção de reajustamento do benefício" (Desaposentação e nova aposentadoria. *In: RPS,* São Paulo, LTr, n. 274/780).

d) Valor sentenciado

Alguns magistrados entendem ser devida a restituição, mas não especificam claramente o valor nem o critério de quantificação, nivelando todos os casos e enquadrando-os numa vala comum.

É o que fez o juiz *Luiz Fernando Wolk Penteado* na Apelação Civil n. 1999.0401.067.0022-RS, da 3ª Seção da 4ª Região, citado pelo juiz federal *Machado da Rocha* (Recurso Cível n. 2006.71.95.017483-5/RS, *in: DJ* de 15.1.03).

Se isso acontece, o órgão gestor fica sem saber o que fazer, devendo ingressar com embargos declaratórios para os necessários esclarecimentos; porém, se o magistrado sentenciou fixando algum critério, ele deverá ser observado.

e) Desconto tabelado

Uma tendência dos anos 2009/2012, à luz do que dispõe o art. 154 do RPS, é no sentido de parcelar o débito de modo a descontar no máximo 30% do valor da mensalidade renunciada.

f) Restituição do necessário

Alguns, como nós, entendem que deva haver o restabelecimento do *status quo ante,* observados os imprescindíveis parâmetros atuariais ora assinalados.

Nessa mesma linha de raciocínio do equilíbrio atuarial e financeiro, a opinião de *Roberto Luis Luchi Demo* (Aposentadoria. Direito disponível. Desaposentação. Indenização ao sistema previdenciário. *In: RPS*, São Paulo, LTr, n. 263/887).

Mesmo opondo-se à desaposentação, *Lorena de Mello Rezende Colnago* conclui: "necessário se faz que o equilíbrio atuarial entre o Regime Geral e o Regime Próprio da Previdência Social seja integralmente recomposto, perante ainda a proibição do locupletamento ilícito do segurado" (Desaposentação. *In: RPS*, São Paulo, LTr, n. 301/784).

Apoiada no cálculo atuarial, *Isabella Borges de Araújo* também quer a restituição do que for necessário (A desaposentação no direito brasileiro. *In: Revista Jurídica da UNIFACS* Salvador).

Marina Vasques Duarte pensa na restituição do que foi recebido da Previdência Social como meio de não lhe causar prejuízo (*Temas atuais de direito previdenciário e assistência social.* Porto Alegre: Livraria do Advogado, 2003. p. 73-90).

Poucos se referiram à devolução do pecúlio recebido até a Lei n. 8.870/94. O desembargador *Sergio Nascimento,* da 10ª Turma do TFR da 3ª Região, em 17.2.09 teve de enfrentar essa difícil questão em relação a um benefício iniciado em 16.7.93 e cujo segurado trabalhou até 12.3.96, na Apelação Civil contida no Proc. n. 2005.61.04.008209-9, afirmando que cabe a devolução daquele pecúlio e os valores recebidos com juros moratórios (*in:* RPS, n. 342/399), além de fixar a DIB do novo benefício na data da citação do INSS (13.7.06).

Alexandre Sormani desenvolveu o tema, acostando-se contra a restituição (Análise Crítica sobre a desaposentação no Regime Geral de Previdência Social. *In: Revista Júris Plenum Previdenciária,* n. 1, p. 23).

Por outro lado, *Luiz Fernando S. Dória Jr.* acostou-se ap REsp n. 1.334.488, relatado pelo Ministro do STJ, acolhendo a desaposentação e a não instituição ("A desaposentação e a não obrigatoriedade da devolução das parcelas recebidas", *in Repertório de Jurisprudência IOB,* 2ª quinzena de set./2013, p. 570).

Capítulo 31
Aspectos Biométricos

O tecnicamente correto é o advento de uma lei reguladora da matéria, sem a qual vão se formando diferentes correntes de pensamento que prejudicam a construção do instituto, como aconteceu com o cálculo da indenização da Lei n. 9.032/95, em 2013 convivendo com cerca de sete soluções jurisprudenciais distintas (*sic*).

À evidência tal estudo terá de considerar um tema delicado: o regime financeiro do RGPS é de repartição simples e benefício definido, mas, depois da Lei n. 9.876/99 o cálculo da RMI foi concebido como uma correspectividade individual entre a contribuição do segurado e o valor do seu benefício.

De lege ferenda

Exceto se o legislador for capaz de especificar um critério previdenciariamente justo (máxime sopesando-se as combinações matemáticas possíveis de tipos de planos, regimes financeiros, tábuas de mortalidade, modalidades de renda inicial etc.), tal critério deve ser cometido ao Poder Executivo que, a exemplo da Lei n. 9.796/99, estabelecerá os parâmetros necessários para que não haja prejuízo em nenhum dos planos de benefícios envolvidos. Ele não poderá esquecer-se de definir se a devolução se fará com atualização e sem juros, como pensa o juiz federal *Victor Luiz dos Santos Laus,* da 6ª Turma do TFR da 4ª Região, na AC n. 2000.71.00.01014-6/RS, *in:* RPS n. 329/317.

Uma lei regulamentadora deveria abordar, pelo menos, os aspectos que se seguem.

Equilíbrio atuarial e financeiro

Ab initio fixando um postulado norteador que expresse a aplicação prática do princípio do equilíbrio atuarial e financeiro à espécie, ou seja, a definição da importância da restituição em face desse equilíbrio.

Solidariedade entre os regimes

Definição quanto à existência ou não de solidariedade entre os diferentes regimes, com explicitação de quais deles comportam a desaposentação, quer dizer em qual deles a desaposentação é possível.

Portabilidade entre regimes

Preceitos para a passagem do regime de origem para um regime instituidor, inspirados nos critérios da portabilidade da previdência complementar (LBPC, arts. 14/15).

Identidade de regimes

Acerto de contas com comandos próprios, inspirados nas regras da contagem recíproca de tempo de serviço.

Variedade de planos

Diretrizes específicas para cada tipo de plano e regime financeiro adotados no RGPS e nos RPPS.

Produto final

Definição da regra inicial no regime receptor: renda programada ou vitalícia.

Tipo de prestação pretendida

Determinação do tipo das prestações alcançadas: programadas ou imprevisíveis.

Sexo do segurado

Masculino ou feminino, em face da expectativa de vida de cada um deles.

Origem do ambiente laboral

Tratar-se de trabalhador urbano ou rural.

Idade do segurado

Faixa etária do desaposentante e, *ipso facto,* sua esperança média de vida em face do fator previdenciário.

Montante dos benefícios

Quanto ele recebeu antes e quanto receberá depois da desaposentação.

Contribuição efetivada

Tempo de contribuição do segurado, definindo-se o capital acumulado.

Serviço público anterior

Presença dos requisitos constitucionais do art. 40 ou não (EC n. 41/03).

Aposentadoria proporcional e integral

Definição sobre os aspectos relativos ao desfazimento da aposentadoria proporcional e concessão da aposentadoria integral, no que diz respeito à restituição ou não (Restituição do Recebido na Desaposentação. *In: RPS,* n. 333/621).

O ideal é a norma jurídica, partindo de cálculos matemáticos aproximados, definindo os valores e pondo fim à discussão. Não há solidariedade entre os regimes; ela desapareceu com o acerto de contas entre os regimes (Lei n. 9.676/99). Simplificando as dificuldades, o certo é calcular o novo benefício e estipular o quanto seria necessário para a sua concessão e manutenção.

Acordo internacional

Definição das regras aplicáveis nos casos de desaposentação de benefícios deferidos em razão dos tratados internacionais.

Critérios da restituição

Estabelecimento de regras claras, precisas e objetivas, que tornem possível o cálculo do montante a ser restituído, conforme cada cenário. Importa que sejam aclarados os critérios definidores da restituição nos diferentes aspectos da desaposentação:

I – Prestações renunciáveis — Relação das prestações que podem ser abdicadas.

II – Sentença ilíquida — Em relação a processo concluído, em tramitação ou para o futuro, disciplina sobre a solução dada se o magistrado não sentenciar sobre o critério de definição do montante.

III – Custo — Existência ou não de custo administrativo a ser reparado pelo interessado.

IV – Motivação — Se o requerente justificará ou não o pedido e quais as consequências jurídicas, caso não o faça.

V – Reedição — Validade ou não da desistência da desaposentação.

VI – Decadência — Regra clara sobre o prazo.

VII – Certidão — Definição do direito à emissão da CTC.

VIII – Empregado público — Regra particular para o servidor celetista que se torna estatuário.

Capítulo 32
Devolução Tabelada

Inovando em relação à obrigação de restituir, possivelmente condoendo-se da penúria da maioria dos aposentados, alguns magistrados entendem que o total do valor a ser devolvido possa ser parcelado. É mais um fato a ser considerado *ab initio* pelo interessado, uma vez que tal desconto mensal, em algum caso, poderá ser maior que a melhoria da nova mensalidade.

Há juízes que entendem que caberia a devolução apenas dos últimos cinco anos.

Norma previdenciária

A lei previdenciária não tem disposição expressa e específica para uma devolução integral ou parcelada por parte do aposentado, até porque os montantes pagos mensalmente pelo INSS não foram indevidos.

Transitando em julgado tal decisão não há como descumpri-la, complicando o cenário do acerto de contas da Lei n. 9.796/99, no caso de migração para um RPPS.

Fundamento regulamentar

Os magistrados que sentenciam sobre essa devolução parcelada tarifando em 30% o percentual mensal máximo se baseiam no art. 154, § 3º, do RPS. Claro, eles ajuizam com uma analogia parcial válida, para não ter de legislar e atender ao sentido teleológico da norma.

Esse dispositivo regulamentar diz: "Caso o débito seja originário de erro da previdência social, o segurado, usufruindo de benefício regularmente concedido, poderá devolver o valor de forma parcelada, atualizada nos moldes do art. 175, devendo cada parcela corresponder, *no máximo*, a trinta por cento do valor do benefício em manutenção, e ser descontado em número de meses necessários à liquidação do débito" (grifamos).

Como a hipótese disciplinada pelo RPS não era a desaposentação, ele reportou-se ao benefício em manutenção, *in casu*, portanto, possivelmente, o que foi renunciado.

Natureza do percentual

A despeito do que diz o RPS, o percentual fixado pela Justiça Federal é o mínimo; caso o aposentado deseje liquidar a dívida mais rapidamente poderá optar por um nível mais elevado.

Base de cálculo

Fica claro que os 30% dizem respeito ao valor da última mensalidade recebida e não da primeira mensalidade da nova aposentação (que daria um montante maior).

Neste caso, *grosso modo*, note-se que se alguém recebeu um benefício por dez anos, em média terá 33 anos para restituir o que recebeu (*sic*), se os valores forem corrigidos monetariamente.

Liquidação da dívida

Tais decisões judiciais, ainda um tanto afoitas, não se detiveram no fato de dar-se de o novo benefício encerrar-se sem que a dívida seja quitada nem com a eventual responsabilidade sucessória desse *quantum*.

Se o aposentado concordar com tais descontos, como previsto no RPS, e falecer antes de liquidá-lo, os seus dependentes responderão pelo valor remanescente, a ser descontado da pensão por morte.

Desconto de 20%

Decisão da 1ª Vara Previdenciária de São Paulo, publicada no Diário da Justiça Eletrônico, garantiu que: "para devolver a grana, um segurado terá o desconto mensal de até 20% do valor do novo benefício" (in: *Agora/S. Paulo* de 30.7.2010), informação colhida no *site:* <Vida de Aposentado em Telecom> em 30 jul. 2010.

Essa providência reduz ainda os encargos e torna mais viável o pedido. Quem acolhe a restituição com uma obrigação dos desaposentandos pode chegar à conclusão de que tal medida prejudicará o equilíbrio atuarial e financeiro do RGPS na medida em que, na maioria dos casos, cessará o novo benefício sem que a dívida seja quitada ou ela será transferida para os dependentes com direito à pensão por morte.

Definição do montante

A devolução das parcelas recebidas pelos aposentados, que inclui o abono anual e eventuais majorações reais decorrentes de revisão de cálculo, é uma questão tormentosa porque será preciso atualizar os valores mensais antes auferidos até a data-base da desaposentação e esse sempre será um tema de difícil trato por conta do indexador a ser observado.

Positivação do parcelamento

A ideia de fixar um percentual mínimo a ser descontado, se o Congresso Nacional acolher a necessidade da restituição, deveria constar do Projeto de Lei que pretender regulamentar a desaposentação, com ampla definição dos montantes em jogo.

Revisões *a posteriori*

Na ocasião convém que se disponha sobre eventuais revisões do cálculo da renda mensal e dos atrasados devidos aos aposentados em razão de ações judiciais liquidadas após a data-base da desaposentação.

Capítulo 33
Desconto Máximo

Na desaposentação, se assim decidido pela lei ou por decisão judicial, sobrevém a figura inusitada de devolução de mensalidades devidas de benefícios, pois não se trata de valores indevidos recebidos a mais pelo aposentado (RPS, art. 154, II) e, sim, valores que eram legais até então.

Por isso, em nenhum dos seis incisos do art. 154 do RPS há essa previsão de restituição (o administrador previdenciário ainda não quer admitir a existência da desaposentação), mas muitas de suas regras aproveitam à hipótese, ainda que o recomendável seja que o assunto seja disciplinado em particular.

Essência jurídica

Em razão das circunstâncias, depois da sentença condenatória, tem-se que se trata de uma devolução convencionada entre as duas partes. Estabelece-se um contrato civil que obriga esses dois polos, de sorte que, em algum momento, o segurado poderá pretender liquidar o seu débito.

Desconto das mensalidades

O desconto do percentual na nova aposentação segue as regras do art. 154 do RPS, podendo ser acumulado com outros valores que estejam sendo descontados. Compensado com os atrasados, no entender do juiz *David Diniz* da 10ª Turma do TFR da 3ª Região no ED/AC n. 2009.61.10.038437/SP, de 18.01.11, *in* RPS n. 365/328.

Líquido mínimo

Não há previsão legal para o líquido mínimo a ser recebido pelo segurado porque ele pode estar obrigado à pensão alimentícia, empréstimo consignado, contribuições devidas e até Imposto de Renda.

Este é um tema que pertence à regulamentação da matéria, a qual deverá estabelecer padrões mínimos.

Acordo de parcelamento

Quando de desconto parcelado sobrevirá um acordo de parcelamento entre o INSS e o segurado, a ser observado principalmente no caso de o tempo de contribuição ser portado para um RPPS.

Obrigação legal

Se a devolução derivar de obrigação legal, o ato normativo que a regerá disporá sobre as suas particularidades.

Condenação judicial

Se tecnicamente é possível defender a restituição, o mesmo não se pode dizer da propriedade da decisão judicial que a condena se ela não observar algum parâmetro técnico da previdência social (como mandar descontar apenas 10%).

Atualização monetária

Diz o art. 154, § 5º, que: "No caso de revisão de benefícios em que resultar valor superior ao que vinha sendo pago, em razão de erro da previdência social, o valor resultante da diferença verificada entre o pago e o devido será objeto e atualização nos mesmos moldes do art. 175".

Como a correção monetária não é sanção, mas simples modalidade de restabelecimento do valor real da moeda tem-se que ela terá de ser acolhida.

Divergem os magistrados a respeito da exigência dos juros. O desembargador *Fausto de Sanctis*, da 7ª Turma do TFR da 3ª Região, na AC n. 0008463-35.2010.4.03.6183, *in* RPS n. 50/159 crê que deva ser sem juros. O desembargador *Cleberson José Rocha*, do TRF da 1ª Região, pensa em juros de 1% e depois de 0,5% com a Lei n. 11.960/09 – na AC n. 2009.33.00.0152510/BA e até mesmo que devam ser de 1,0% e 0,5% (DJe n. 17.9.12, *in* RPS n. 50/70).

Resolução da obrigação

Os descontos mensais do valor estabelecido serão promovidos até que se esgote a dívida do aposentado, mas este dever pode deixar de existir por morte do segurado ou qualquer modalidade legal de extinção do benefício.

Acordo com o RPPS

Para tornar viável o recebimento dos valores descontados, o INSS terá de se entender com o regime jurídico previdenciário, um RPPS, que vai absorver o tempo de contribuição.

Sucessão hereditária

Cessado o benefício e deferida a pensão por morte (calculada sobre o novo valor da prestação), os dependentes do art. 16 do PBPS responderão por eventual saldo devedor até sua extinção.

Restituição dos 25%

Pela natureza do acréscimo, julga-se que os 25% do art. 45 do PBPS não devam fazer parte dos cálculos dos 30% a serem descontados da mensalidade anteriormente mantida.

Autorização pessoal

A permissão para o desconto provavelmente observará o art. 154, VI, do PBPS: "O próprio titular do benefício deverá firmar autorização expressa para o desconto".

A despeito de não acolher a desaposentação, mas uma vez decidida, devem ser devolvidos os valores com correção monetária e sem juros, e com desconto máximo de 30% do novo benefício; é o que pensa o Desembargador *Fausto de Sanctis* (*in* RSDP n. 50/159).

Capítulo 34
Divergências Doutrinárias

São rarefeitos os fundamentos e simples os argumentos esposados pelos articulistas e acórdãos jurisprudenciais contrários à desaposentação. Diante do silêncio normativo, por se tratar de entidade nova, várias elucubrações didáticas se permitiram no afã de compreender o que, por algum tempo, terá de ser intitulado como fenômeno jurídico, mas que não passa de um instituto técnico em construção.

Com sua extraordinária relevância, obrigará, com algum cuidado e sem precipitação, o aplicador a estudar os aspectos jurídicos que o envolvem.

Do que foi dado a observar em relação à contestação de eventuais pedidos, na órbita doutrinária e processual, é perceptível a perplexidade de quem antes não havia pensado na possibilidade, às vezes, opondo-se sob simples exercício da surpresa que a novidade costuma deflagrar entre os idosos.

Algumas oposições são fundadas e merecem respeito; outras apenas devem ser agradecidas, porque tornaram possível melhorar a ideia. A maioria, nem tanto, porque é fruto de outra ordem de raciocínio. Em raros casos, a indisposição se apoia em posturas necrosadas pela realidade.

A solicitação, instrução do pedido, concessão e manutenção de um benefício previdenciário não escapa do controle administrativo da moralidade. Em todos os casos, a prestação tem de ser regular, legal e legítima, atendendo ao interesse público. Igual se passa com a desaposentação, que não pode ser concebida ao arrepio desse postulado de Direito Administrativo.

Diz a justificativa do Projeto de Lei n. 7.154/02 que: "A renúncia é ato unilateral que independe de aceitação de terceiros, e, especialmente, em se tratando de manifestação de vontade declinada por pessoa na sua plena capacidade civil, referentemente a direito patrimonial disponível. Falar-se em direito adquirido ou em ato jurídico perfeito, como tem sido alegado por aquele instituto, é interpretar erroneamente a questão. Nesse caso, a garantia do direito adquirido e da existência de ato jurídico perfeito, como entendido naquele instituto, só pode operar resultado contra o Poder Público, sendo garantia do detentor do direito".

Após citar dois acórdãos — o primeiro sustentando: "Não pode o autor requerer um benefício, dele usufruindo por vários anos, até preencher os requisitos de outro, mais vantajoso financeiramente" (Proc. n. 1997.10004887, da 5ª Turma do TRF da 4ª Região, *in:* DJU de 31.1.01) e o segundo, asseverando: "Ao optar pelo regime de aposentadoria da previdência social, a autora renunciou, expressamente, a todo pretenso direito estatutário, razão por que não pode pretender exercer reopção pelo referido regime, que se torna mais vantajoso com o advento da Lei n. 6.073/79" (Proc. n. 1992.01.12895/MG relatado pelo juiz federal *Amilcar Machado, in: DJU* de 19.8.99), e mais dois acórdãos favoráveis à restituição do recebido — *Tarsis Nametala Jorge Carl* põe-se contra a pretensão da desaposentação e (1) garante que o direito adquirido pode ser invocado pelo Estado contra o particular e (2) ainda lembra que "não será contado por um sistema o tempo de serviço utilizado para concessão de aposentadoria pelo outro" (*Direito adquirido e ato jurídico perfeito no direito previdenciário — abordagem tópica.* Disponível em: <http://200.255.4.99/artigos/direito_adquirido.htm>).

O art. 5º da Carta Magna é designado como "Dos Direitos e Deveres Individuais e Coletivos", fazendo parte do Título II – Dos Direitos e Garantias Fundamentais (art. 5º ao 17), antes do Título III – Da Organização do Estado. Logo, trata dos direitos do indivíduo em face da Instituição e não da Instituição em relação ao cidadão. Afirmar-se que o tempo consumido num regime não pode ser aproveitado noutro, além de obviedade gritante, significa que descabe utilizá-lo duas vezes, em dois regimes, sendo errôneo pensar que isso suceda na desaposentação. Ninguém renuncia a um direito previdenciário, isso é impossível lógica, factual e juridicamente; abstém-se, isso sim, à manutenção da prestação, ao pagamento das mensalidades.

Interessante é a opinião da Consultoria Jurídica de um Estado brasileiro, *ab initio* quando diz estranhar o pedido de renúncia de um servidor aposentado aprovado em concurso público com proventos mais vantajosos (como se isso fosse pecado). Diz ela que "renúncia não se requer. O renunciante, apenas pela declaração de vontade, extingue uma relação jurídica, para início de argumentação; renúncia é ato unilateral, não receptício (independe de concurso de outrem), através do qual o titular do direito expressamente o rejeita".

A seguir, acresce: "Logo, a partir do momento em que o requerente submete a sua renúncia à apreciação da Administração Pública, esvazia-se o conceito de renúncia, com a retirada de sua principal característica — a unilateralidade. Se há necessidade do deferimento do órgão público para que seja viabilizada a 'renúncia à aposentadoria' é porque estaremos diante de uma impropriedade jurídica. Caso não fosse, bastaria a declaração do interessado expressando sua vontade".

Por fim, ela conclui: "Se houvesse a possibilidade de renúncia, se não se tratasse de direito irrenunciável, quantas pessoas que tomassem conhecimento do fato voltariam atrás em suas aposentadorias já publicadas, toda vez que lhe surgisse uma oportunidade mais vantajosa. Seria um verdadeiro caos. Direito é bom-senso e não mixórdia".

Estranhar um pedido de renúncia é não estar bem informado da jurisprudência; na desaposentação, impõe-se a participação da Administração Pública, sem a qual não é possível a desconstituição do ato jurídico. De regra, quem requer uma renúncia pretende aproveitar o tempo de serviço em regime instituidor, implicando em vários atos internos do regime de origem. Um deles, como tem sido comum, o indeferimento da pretensão.

Somente será ato unilateral se o aposentado apenas desejar se desaposentar e mesmo assim, com vistas ao seu desiderato, ele precisará de um documento emitido por quem o desaposentar.

Não existe nenhuma impropriedade jurídica em um órgão gestor admitir um pedido de renúncia. Ele é obrigado a protocolar o requerimento e, então, conforme a sua inteligência dar-lhe a solução.

No fenômeno da desaposentação inocorre qualquer renúncia ao direito ao benefício, que permanece íntegro, embora inerte; o que pretende o requerente é a sustação dos seus efeitos jurídicos (pagamento das mensalidades) e isso não tem sido compreendido. Não é o caos, mas fato novo que um dia será assimilado em sua essência elementar. Querer levar "vantagem", se não causar prejuízo a ninguém, inclusive ao autor, e inexistindo vedação moral, institucional, constitucional ou legal, é permitido (*Renúncia à aposentadoria.* Disponível em: <http://jus.uol.br/doutrina/texto.asp.id=1438>).

Hugo Frederico Vieira Neves, entre outros aspectos divergentes, arrolou: a) ato jurídico perfeito; b) restituição; c) enriquecimento ilícito do segurado; d) possibilidade jurídica do pedido (Aspectos controvertidos do instituto da desaposentação no regime geral de previdência social. São José: tese disponível na *internet* em 10.12.08 apresentada na Universidade Vale do Itajaí).

Ato jurídico perfeito

A par da ausência de autorização legal, da moralidade do ato e do custo administrativo (razões que não podem ser desprezadas), presencia-se a alegação de que a aposentação deu-se sob o império e a fortaleza constitucional do ato jurídico perfeito. Destarte, a administração, ainda que quisesse, *sponte propria* não poderia desrespeitá-lo e desfazer o ato vinculado de concessão.

Com efeito, ao lado da coisa julgada e do direito adquirido, institutos magnificamente enquistados no art. 5º, XXXVI, da CF, a serem defendidos e resguardados a todo custo pelos operadores do Direito, o ato jurídico perfeito é garantia da Lei Maior. Não pode ser constrangido por norma posterior como por qualquer ato ou negócio jurídico superveniente a sua consumação, em cada caso.

Na órbita previdenciária, representa extraordinária defesa do homem em face do Estado, que diz respeito à tranquilidade, ao conforto e à segurança jurídica. Historicamente surgiu em virtude de ameaças da ordem geradora da Justiça social. Daí, a despeito de sua obviedade, ainda ser invocado tantas vezes.

Se a seguradora legítima, legal e regularmente concedeu o benefício sob o império da lei vigente, o ato não poderia ser desfeito (ainda mais na ausência de permissão legal).

O argumento, entretanto, não procede. Se a concessão fosse absoluta, unilateral, caso o procedimento burocrático atribuísse validade, propriedade e substância ao ato jurídico que nasceria do deferimento, talvez se pudesse alegar os postulados do ato jurídico perfeito, mas nem isso é possível. Não podendo criar a prestação, resta ao devedor da obrigação apenas formalizar o seu despacho administrativo, declará-lo existente e propiciar o seu exercício. Nada mais do que isso. Prova disso é que, quando o legislador quis impor a aposentação, fê-lo expressamente.

No caso em tela, o ato jurídico perfeito é uma proteção do cidadão e não do órgão gestor. Nessas exatas condições, os responsáveis pela seguradora não poderão ser penalizados por atender à pretensão do indivíduo de se desaposentar.

Caso ela pretenda, sem fundadas razões, suspender o pagamento das mensalidades e movida por razões políticas, morais ou de outra ordem, e até mesmo por falta momentânea de recursos, o fundo do direito permanecerá intocável e sustentado pelo ato jurídico perfeito antes praticado.

Compondo o patrimônio jurídico do indivíduo, uma segurança sua, o ato jurídico perfeito não pode ser arguido, contra ele, petrificando condição gessadora de um direito maior, que é o de legitimamente melhorar de vida. Por ser produto dessa proteção constitucional, a Administração Pública não poderá *ex officio* desfazer a aposentação. Porém, o indivíduo que teve e tem o poder de requerer deve ter o direito de desfazer o pedido.

Curiosamente, o formalismo da renúncia das mensalidades do benefício, outorgada pelo órgão gestor, será outro ato jurídico perfeito inatacável e protetor (caso, eventualmente, uma lei nova disponha sobre a sua impossibilidade).

Quem sustenta o ato jurídico perfeito como oposição à desaposentação esquece-se de que de longa data o INSS defere o benefício, encaminha os valores iniciais à rede bancária e ali permanecem até o segurado os receber, com o que estaria aperfeiçoado o ato de concessão. Ora, caso o segurado rejeite o benefício, muitas vezes por conta do seu nível, o que se tem é desaposentação, sem que tivesse havido qualquer contestação do ato praticado pela Administração.

Definitividade da prestação

Tão bem assente é o direito ao benefício previdenciário e a sua manutenção que a característica essencial da definitividade da prestação só aparece nos livros doutrinários. Realmente, a segurança das relações institucionais aponta para a irreversibilidade no sentido de que haja um direito subjetivo e não simples concessão do Estado (o que seria aceitável no bojo do assistencialismo).

A não definitividade só pode ser invocada pelo titular do direito (que, aliás, estará pensando noutra definitividade: a da ausência do benefício num caso extremo, no novo benefício), jamais pelo administrador público, que tem de respeitá-la. Aliás, no mais comum dos casos, o desfazimento da manutenção do benefício (e não dos seus elementos substanciais, como o tempo de serviço) dá-se exatamente porque o interessado pretende aposentar-se em melhores condições à custa da lei e ali se postar definitivamente jubilado.

Aspecto moral

Alegação pertinente à relação jurídica de previdência social, eminentemente patrimonial e amoral, consiste em atribuir-se ao requerente da desaposentação estar querendo melhorar; às vezes, algum intérprete desavisado fala que ele quer levar vantagem (*sic*).

Melhorias não se confundem com privilégios: ou estão previstas no ordenamento ou são irregularidades e estas últimas devem ser rejeitadas.

Pretender progredir socialmente, otimizar os meios de subsistência, desfrutar de mais direitos sociais (sem olvidar o interesse público e o direito de terceiros), não só é o natural escopo de todos os cidadãos, que assim não dependem do Estado, como é procedimento absolutamente válido num regime capitalista como o vigente. Se a desaposentação visasse a outra finalidade, ela não seria acolhida, pois seu fim é melhorar a situação das pessoas. Claro, o que não lhe cabe é servir de instrumento para prejudicar terceiros.

Até que a Lei n. 9.796/99 fixasse as regras do acerto de contas da contagem recíproca do tempo de serviço, em que generosamente se operava o cômputo do tempo de serviço da iniciativa privada no serviço público, causando ônus ao Estado, a desaposentação era virtualmente impossível.

Com essa compensação de contas — que pôs fim à solidariedade entre os regimes RGPS e RPPS —, quando um regime de origem expede CTC para que o tempo de filiação ali consumado seja transportado para o regime instituidor, além da CTC o regime de origem emitente terá de encaminhar as contribuições que recebeu, desfazendo qualquer possibilidade de prejuízo para o sistema previdenciário.

Ainda na hipótese de o tempo de filiação ser computado no próprio regime de que se fala (pense-se em alguém desfazer a aposentadoria por tempo de contribuição proporcional para obter a integral), ninguém é onerado nem o equilíbrio atuarial e financeiro é ameaçado.

Para que se possa aquilatar este aspecto, é necessário aprofundar-se no que respeita à moral no Direito Previdenciário. Trata-se de direito material, substantivo, patrimonial, de quem preencheu legitimamente os pressupostos legais, sem qualquer consideração pelo caráter do titular da relação.

Aspectos éticos devem ser levados em conta nas relações materiais do beneficiário com o órgão gestor; ele não pode mentir, fraudar, simular, falsificar ou praticar qualquer infração administrativa ou penal.

Quem mais se opôs à desaposentação, lembrando essa moralidade, foi *Lorena de Mello Rezende Colnago*, que açoitou a ideia e lhe deixou vergões: "Atualmente, o instituto jurídico da desaposentação é aplicado de forma *ilícita* e *imoral*. Ilícita perante a ausência de previsão legal e de usurpação da necessidade de um ato jurídico administrativo vinculado, que tem sido trocado pela revogação. E imoral, na medida em que é deferida a certidão de contagem, de tempo de contribuição, sem a preocupação com o equilíbrio atuarial do Sistema Previdenciário, pois o Poder Judiciário vem deferindo aos segurados o direito de permanecer com os proventos recebidos, privilegiando o enriquecimento ilícito". Ela conclui: "Assim, para que este quadro de ilegalidades e imoralidades não prevaleça, mister se faz a promulgação de Lei Ordinária regulamentando o instituto e seus efeitos de forma a se evitar as fraudes à Previdência Social" (grifos nossos). (Desaposentação. *In: RPS,* São Paulo, LTr, n. 301/784).

Ora, a ausência de lei autorizativa não torna ilícita a desaposentação (como julga o Desembargador *Paulo Fontes* da 8ª Turma do TFR da 3ª Região na AC n. 0005989-57.2011.4.3.6183/SP – *in* RPS n. 387/129); para que isso sucedesse, seria preciso que contraditasse alguma norma positiva, o que não acontece. Imoralidade não há, nem mesmo simples esperteza; se há o direito, ele é lícito e moral. Buscar melhorar o padrão de vida é princípio existencial, político, religioso, legal e moral.

Benefícios previdenciários são legais ou ilegais, legítimos ou não, mas nunca imorais. Logo, o que questionou seria o desrespeito ao equilíbrio atuarial e financeiro e nada mais do que isso e, ainda assim, equivocou-se porque a tese da desaposentação não pretende que alguém leve vantagem indevida que não esteja contemplada no ordenamento previdenciário do País. Se um segurado auferia R$ 788,00 de aposentadoria do INSS, fez um concurso público e passou a receber R$ 28.059,29 de vencimentos, cumpridas as regras do art. 40 da Carta Magna, fará jus a alguma aposentadoria no RPPS, depois que o INSS repassar recursos do RGPS para o órgão gestor (que, no exemplo dramático, serão mínimos) exatamente nos termos dos arts. 40 e 201 da CF. Vale lembrar que se ele não tivesse se aposentado no RGPS e feito o concurso público, poderia ter levado o tempo da iniciativa privada ao serviço público e ali se aposentado, de forma regular, legal e legítima. De todo modo, por construção jurídica, não existe esse enriquecimento ilícito pretendido.

Adverte *José Afonso da Silva* (*Curso de direito civil positivo.* São Paulo: Malheiros, 1993. p. 12), citado por *Cármen Lucia Antunes Rocha,* "que comete imoralidade, mediante desvio de finalidade, o agente que pratica ato visando a fim diverso daquele previsto na regra de competências" (*Princípios da constituição da administração pública.* Belo Horizonte: Del Rey, 1994. p. 187). Moral, conceito que *Sérgio de Macedo Soares* aplicou ao Direito Previdenciário (Breves considerações acerca do princípio de moralidade no âmbito do processo administrativo previdenciário. *In: Jornal do 14º CBPS,* São Paulo, LTr, p. 70-74, 2001).

Ônus administrativo

O argumento do custo administrativo não resiste à menor análise, restando inteiramente descabido. O papel do administrador previdenciário é instruir o pedido do benefício, examiná-lo e concedê-lo se for o caso, custe o que custar.

Quando perde um processo no STF, consumindo inteligências, tempo e dinheiro dos seus procuradores, a Administração Pública não pode deixar de executar a decisão sob a alegação de que o beneficiário onerou-a com custas, sucumbência e outras eventuais despesas.

Aqui, duas questões devem ser examinadas.

Primeira, o custo em si, especialmente para a figura da revisão da desaposentação, que poderia ser aferido e, se fosse o caso, *de lege ferenda,* cobrado do requerente.

Segunda, a exemplo do que sucedia com o pecúlio dos que voltam ao trabalho, poderia haver um período de carência no pedido inicial e nos subsequentes.

Ausência de permissão

Diante da inexistência de vedação legal, os que se opõem à desaposentação costumam sustentar não haver autorização legal para isso. Segundo *Hely Lopes Meirelles,* enquanto na administração particular é lícito fazer tudo aquilo que a lei não proíbe, na Administração Pública só é permitido fazer o que a lei autoriza (*Direito administrativo brasileiro.* São Paulo: Saraiva, 2003. p. 86). Em oposição, vale a pena também lembrar a máxima segundo a qual ninguém é obrigado a fazer ou deixar de fazer alguma coisa senão em virtude da lei.

No mais das vezes, simplificando a questão, muitos afirmam linearmente que se não há proibição *ipso facto* subsistirá a permissão, principalmente que a Administração Pública só faz o que a lei mandar.

Concedido legitimamente o benefício, não poderia o RGPS ou o RPPS desconstituí-lo sem amparo legal. Curiosamente, o MPS assevera que somente a lei poderia autorizar a desaposentação, mas decreta a impossibilidade (RPS, art. 181-B), quando deveria buscar lei ordinária para isso.

O arcabouço constitucional, iniciado com o direito de trabalhar, e o simples fato de em todo o tempo dispondo o Poder Executivo da possibilidade de vedar sem fazê-lo, e sendo possível construir-se modelo que assegure maior liberdade ao beneficiário sem causar prejuízo a quem quer que seja, tem-se que a ausência da lei não é obstativa à desaposentação.

A maior parte dos autores favoráveis à desaposentação entende não haver obstáculo normativo. Não há o dever jurídico de pretender a aposentação nem de se manter aposentado; os limites da norma pública cingem-se à volição do indivíduo que não ofenda o interesse público e este quer que ele obtenha a melhor aposentadoria.

Essa compreensão dos fatos foi afirmada para assegurar garantias aos indivíduos, mas se a providência da desaposentação não causa prejuízos a ninguém, especialmente ao regime de previdência, a Administração Pública pode rever os seus atos. Vale aqui, ainda uma vez, a assertiva de que as garantias constitucionais são direcionadas para o cidadão e não para a administração, que exerce atividade-meio. Caso, por omissão do legislador, não haja previsão legal, mas a concessão do direito atender às necessidades do interesse público e individual, não existe obstáculo a sua realização.

Sustenta-se que não há permissão legal para a desaposentação e, o que é mais significativo, que tal procedimento seria daqueles que reclamam disciplina ou não existe. O argumento é considerável e justifica ponderações. Mais do que isso, à administração só caberia fazer o que está na lei, vedando-se-lhe o que não foi previsto. E não há na lei qualquer obstáculo.

No dia a dia são praticados inúmeros atos que o legislador não entendeu de disciplinar (por variados motivos), e isso é dito lembrando-se que o Direito Previdenciário é pródigo em legiferança. A rigor, o segurado só não pode fazer o que estiver vedado na lei. Não está positivado que ele, cumprido o evento determinado, esteja obrigado a requerer a prestação e por isso muitos preferem trabalhar além do tempo, levados por razões subjetivas ou não, sem qualquer problema.

É possível que esta postura tenha nascido do dever de ofício de contestação ou, o que é pior, por parte daqueles que, diante da necessidade de um entendimento sobre assunto novo, *a priori*, decidem "assim ou assado" e saem buscando razões para sustentar o que previamente decidiram.

Conveniência do administrador

Examinando um pedido de desaposentação, o Parecer CJ/MPAS n. 27/86, no item 3, assim se expressou: "*Ad argumentandum*, não tem sentido que a Previdência Social urbana mantenha durante 10 (dez) anos tal aposentadoria, para depois cancelá-la apenas por simples conveniência do interessado".

Aduzindo logo em seguida no item 4: "Se, nessa altura, tal situação fosse desfeita, desprezando-se inclusive o longo tempo decorrido, estaríamos não só abrigando precedente perigoso como incentivando a instabilidade administrativa, o que fugiria dos objetivos desta Consultoria Jurídica".

Por derradeiro: "5. Impõe-se, assim objetivamente, seja cumprido no presente caso e outros iguais ou assemelhados, o disposto na legislação pertinente, no sentido de que não pode ser contado em um regime por tempo de serviço que já tenha sido contado para aposentadoria de outro".

Cada um desses fundamentos justifica apreciação em particular, dizendo respeito, na ordem: a) simples conveniência; b) duração da manutenção; c) instabilidade administrativa; d) duplo cômputo do tempo de serviço.

Lamentavelmente, como se verá, não é possível concordar com nenhum desses argumentos por falta de procedência jurídica.

Inexiste "simples conveniência" dos aposentados; o desfazimento do ato pretendido é direito ou não. Se for, não há conveniência, mas sim exercício de faculdade legal. Segundo a ótica ali expendida, não desaposentar seria útil à administração.

O tempo consumado é irrelevante, é o pertinente ao benefício mantido. Com o cancelamento, restituição do recebido, desfaz-se o ato jurídico e o tempo de serviço pode ser reutilizado. Pouco importa se foi há dois meses, depois de 240 meses da aposentação; enquanto alguma lei não previr prescrição para essa prestação, isso não faz parte do instituto técnico. É prescrição: ou está na lei ou não existe.

O direito é dinâmico e igual para todos os postados na mesma situação. É inoportuno falar em precedentes; se presente o direito, há de se estendê-lo a quem estiver na mesma situação. Subsistente, não pode ser subtraído de ninguém, como se fosse odioso privilégio a ser extirpado do ordenamento jurídico. Representa posição simples na análise de problema de respeitável indagação científica. Se os aposentados e os pensionistas pudessem refazer a proteção obtida, mesmo em limitadas oportunidades, reflexionam alguns, traria intranquilidade à administração e ela se veria a braços com sobreesforço desnecessário.

A administração empreende atividade-meio e não fim; instrumento, ela deve servir os administrados e não superpor as suas conveniências aos interesses destes. Precisa adaptar-se às circunstâncias e não os beneficiários fazê-lo; se isso amplia os custos, quem os paga, em última instância, é a comunidade de segurados.

Quando do duplo cômputo do tempo de serviço, tratou-se de cochilo do estudioso, porque essa pretensão do segurado não existe. Aposentado pelo RGPS descaberá computar o tempo de filiação no serviço público. Desfeita a aposentação, devolvendo o que recebeu se for o caso, sem causar prejuízos a ninguém, aí então o tempo poderá ser utilizado. Onde está o duplo cômputo?

Vedação regulamentar

Por vezes, como lembra, mas logo põe as coisas no lugar, *Daniel Pulino*, sem ter tido a oportunidade de vedar a desaposentação em norma jurídica válida, o MPS dispôs regulamentarmente sobre o assunto, dessa forma determinando ao administrador que não desaposente ninguém (RPS, art. 181-B) e, aliás, curiosamente empenhado em criar essa cultura, registra o fato na Carta de Concessão/Memória de Cálculo.

Desde 1996, quando o instituto técnico se corporificou com a edição de centenas de Medidas Provisórias e Projetos de Lei, se o MPS tivesse desejado poderia ter proposto o que escreveu no RPS. Não o fez; logo, obstáculo não existe no mundo jurídico.

Validade do ato

O ato administrativo tem presunção de validade, mas não se pretende desfazer a validade da concessão do benefício (que segue outros requisitos e procedimentos); aliás, se isso ocorresse não se poderia falar em desaposentação, mas em anulação do ato administrativo.

Com a aposentação o ato praticado teve validade no seu tempo e, se ele deflagrou algum efeito (como liberar os 100% do FGTS), será mantido porque nasceu do ato jurídico perfeito. Se a aposentadoria impunha o rompimento do vínculo empregatício ou se ela, como equivocadamente pensam alguns juslaboristas, desfaz o vínculo empregatício, e isso aconteceu por ocasião da aposentação, não se restaura a relação empregatícia. A desaposentação não é garantia de volta ao emprego, que reclama negociação com o empregador.

Irrenunciabilidade do direito

Para que se possa operar a desaposentação carece que seja juridicamente possível, e vale dizer também que se trata de um direito renunciável.

Embora a questão não tenha sido desenvolvida no Direito Previdenciário com a importância de que se reveste, por se submeter à norma pública é válido admitir em que circunstância seria possível a desistência do benefício, se o objetivo do titular do direito seja de obter melhor proteção.

Ou seja, não seria viável isso suceder se houver diminuição da proteção. Valeria limitar o próprio direito do aposentado. O pressuposto de tal entendimento é que o legislador sempre quer o melhor para o segurado.

Apoiado no parágrafo único do art. 181-B do RPS, quando *André Luiz Menezes Azevedo Sette* (*Direito previdenciário avançado.* Belo Horizonte: Mandamentos, 2004. p. 372) contempla o princípio da irrenunciabilidade como sendo um postulado protetivo das prestações, ele suscita uma curiosidade sobre o texto desse dispositivo interno. Solicitado o benefício pelo segurado, instruído pela administração gestora, concedido, portanto, aperfeiçoado o ato jurídico, bastará ao aposentado requerer o "arquivamento definitivo do pedido antes do recebimento do primeiro pagamento do benefício" para que haja a desistência (*sic*).

A desaposentação pode ser traduzida em alguns atos, gestos e momentos: I – pedido de renúncia das mensalidades do benefício; II – preservação do tempo de serviço ou de contribuição; III – volta ao trabalho, simples ócio ou cômputo do tempo no mesmo ou em outro regime (nova aposentação). Incorporado ao seu patrimônio *ex vi legis,* ninguém pode renunciar ao seu tempo de serviço.

Ofensa à compulsoriedade

Por força de determinação legal, contrariando o princípio constitucional da liberdade de trabalhar, o sistema previdenciário admite a aposentadoria por idade compulsória. Contudo, não significa dizer que o legislador deseja a inatividade desse trabalhador que está com idade avançada.

Se isso fosse verdade, diria respeito apenas ao empregado, já que o trabalhador pode ser empresário, autônomo ou outro tipo de segurado não subordinado.

Enriquecimento ilícito

Não se pode falar na figura do enriquecimento ilícito do INSS, tantas vezes invocado quando de indeferimento das petições iniciais da desaposentação.

Na previdência social ou se tem o direito ou não se tem. O INSS é uma autarquia federal e como tal não lucrativa; não visa outra coisa senão arrecadar contribuições e pegar benefícios quando a lei prescrever essas fórmulas.

Para ela é impossível essa construção, uma vez que se ficasse com os recursos de alguém com direito, iria consumir valores com outros segurados. Nesse sentido o pensamento do desembargador Paulo Fontes, da 8ª Turma do TRF da 3ª Região, expendida na AC n. 0005989-57.2011.4.03.6183/SP, em 17.7.2012, *in* RSDP n. 49/167.

Exemplo de cálculos

Às vezes, as decisões de Poder Judiciário não escapam de equívocos matemáticos, merecendo observações.

Acórdão federal citado em sentença e reproduzido às fls. 102/109 da *Revista Juris Plenum Previdenciária*, n. 1, tenta mostrar matematicamente a impropriedade da desaposentação a partir das desigualdades das quantias envolvidas no cálculo da RMI.

Abstraindo atualização monetária de juros de valores, supôs um segurado cujo salário de contribuição mensal seria de R$ 3.000,00, que, para simplificar os cálculos, como esse encaminhamento, imaginaremos igual nos últimos 30 anos.

Para o acórdão a RMI, então, resultaria em R$ 2.000,00, mas rigorosamente, se homem (70%) resultaria em R$ 2.100,00 e, se mulher (100%), em R$ 3.000,00.

Esse presumido aposentado continuou trabalhando e contribuindo com 11% x R$ 3.000,00 = R$ 330,00 mensais por cinco anos, segundo ela.

Exceto na hipótese de ser contribuinte individual que trabalhou para pessoa jurídica, na condição de empregado, a alíquota de contribuição é maior: 11% + 20% (da empresa) + 2% (SAT médio) = 33% do salário de contribuição.

Logo a contribuição seria de 33% x R$ 3.000,00 = R$ 990,00

e não R$ 330,00.

Se contribuinte individual que presta serviço para pessoas físicas será de 20% x R$ 3.000,00 = R$ 600,00.

Então, o raciocínio do acórdão prossegue, dizendo que recebendo R$ 2.000,00 (na verdade, R$ 2.100,00), a renda mensal seria de R$ 2.000,00 – R$ 330,00 = R$ 1.670,00.

Ao fazer o cálculo do custo quinquenal ela multiplicou R$ 2.000,00 por 60 meses (cinco anos), a decisão encontrou R$ 120.000,00, esquecendo-se dos cinco 13º salários e da contribuição. Teríamos, então, 65 x R$ 2.000,00 = R$ 130.000,00

Jurisprudência comentada

Os pontos de vista constantes da jurisprudência revelam a tônica da posição assumida pelos magistrados. Alguns, como os constantes da página 181 da *Revista Síntese DP*, n. 52, de jan./fev.2013.

a) Cristalinidade da irrenunciabilidade e da irreversibilidade

Pode ser que a desaposentação não seja acolhida pelo STF, mas o fato de terem sido escritos seis livros, centenas de dissertações acadêmicas e artigos em revistas especializadas, decisões conflitantes e mudanças de entendimento dos tribunais, evidenciam que é um instituto em construção. A renúncia conta com quase a unanimidade da doutrina e da jurisprudência e, por conseguinte, também a irreversibilidade como garantia dos aposentados.

b) Vedação legal

A Lei n. 8.213/91 expressamente não veda a desaposentação; na melhor das hipóteses para defender essa afirmação, seria dizer que ilicitamente ela impedirá (PBPS, art. 18, § 2º).

c) Afronta ao ato jurídico perfeito

O instituto técnico da desaposentação não vai de encontro ao ato jurídico perfeito; nem à coisa julgada ou ao direito adquirido. A abdicação presente visa melhorar a situação do aposentado. Estes três magistrais princípios constitucionais são para a defesa do cidadão em face do Estado e não ao contrário.

d) Bilateralidade da renúncia

A renúncia é tida como ato pessoal, unilateral e não comporta apreciação, mesmo no seio do Direito Previdenciário (valendo até para a aposentadoria por invalidez), cuja base é a norma pública, porque ela não visa cessar um benefício, mas melhorá-lo.

Quando *Auro de Moura Andrade* leu no CN a renúncia do Presidente *Jânio Quadros*, sem debates em plenário, ele foi afastado imediatamente da Presidência da República, convocando-se o vice-Presidente.

e) Anulação ou revogação

A anulação de um ato administrativo pressupõe fundamentos materiais e jurídicos para isso, um deles é descumprimento dos requisitos legais (por exemplo, uma fraude).

Na desaposentação não é anulação porque ela observou um ato jurídico perfeito, nem revogação (por falta de autoridade legal para isso).

Revogação é o fim de um benefício determinado por lei, como sucedeu com a Lei n. 6.903/81 (acabou com a desaposentação do Juiz Temporário). E todos os benefícios específicos do aeronauta, jornalista profissional, estudante etc.

f) Autorização legal

Inexiste autorização, caso contrário não se teria essa discussão... É consabido na doutrina que no silêncio da lei (exceto se ofende a realidade econômica ou o interesse público), há permissão.

g) Irrenunciabilidade conferida pela alimentaridade

O fato de um benefício previdenciário constitucionalmente deter o caráter alimentar não significa que dele não se possa renunciar quando o objetivo é melhorar essa alimentaridade (então, aferida em termos de maiores valores).

h) Patrimonialidade do direito

A desaposentação não seria direito patrimonial, não seria ato de vontade e sim que nasceria da lei. Desde 24.1.1923, *ex vi legis*, a concessão de um benefício depende da vontade do segurado. Sem o pedido, a Administração manifesta. Quando a lei quer a aposentação, como faz no art. 51 do PBPS, ela expressamente a impõe.

i) Soma dos salários de contribuição

Os salários de contribuição não são somados duas vezes, mas computados em sequência (individualizados em dois períodos: antes da aposentação e depois) tanto isso é verdade que não interessaria a um aposentado a desaposentação se na volta ao trabalho o seu salário de contribuição foi inferior ao anterior.

Ninguém quer mais um benefício (uma duplicidade inadmissível) e, sim, um novo benefício.

j) Obstáculo constitucional e legal

A Constituição e a lei silenciam sobre a desaposentação. O tema não é constitucional nem deveria ser apreciado pelo STF, quedando-se na esfera do STJ como última instância. O único obstáculo é o do RPS, com pouca repercussão da análise doutrinária por ser ato do Poder Executivo e não do Poder Legislativo.

Em 1996, logo depois da Lei n. 9.032/95, se o MPS quisesse poderia ter vedado a desaposentação. Para isso bastaria uma Medida Própria e posterior conversão em lei.

k) Ato de liberdade

Se a desaposentação fosse tida como um ato de liberdade igualmente seria possível renunciar ao prazo de decadência fixado na lei (PBPS, art. 103).

Esse instituto técnico não afeta tal prazo (tem prazo próprio) como não se pode fazê-lo contra o claro texto legal.

Capítulo 35
Instrumento Contencioso

A desaposentação é solução consumada adjetivamente, uma pretensão contestada, demorada e possivelmente onerosa para o INSS, e que tem sido alcançada exclusivamente no Poder Judiciário.

Poderá ter uma fase apenas administrativa (1), administrativa e judicial (2) ou exclusivamente judicial (3), em todos os casos avançando lentamente, especialmente nas Varas Previdenciárias.

Por se tratar de ato vinculado, desconstituidor da manutenção de um benefício, terá de partir de uma data-base, que deveria ser a Data de Entrada do Requerimento administrativo ou da citação válida, desde que a pessoa não mais detenha a condição de aposentada (e, se for o caso, data extrema do período de mensalidades pagas, a serem restituídas ou não).

Conclusão que não ignora a natureza do aporte pós-aposentadoria, de todo modo definidor do tempo de serviço a constar da CTC, se o segurado contribuiu após a jubilação. Que, no entender da Justiça Federal, será da data da citação válida.

Na hipótese de pedido administrativo, frequentemente indeferido pelo órgão gestor, essa data será a Data de Entrada do Requerimento.

Se solicitado judicialmente em sequência ao requerido no regime de origem, permanecerá a DER do protocolo burocrático acima indicado. Caso não tenha havido ou se esgotado a via administrativa sem sucesso, será a da postulação. Assim entendeu o juiz *Luciano Tolentim do Amaral,* na Apelação Cível n. 10032520 (Regra 01, Turma 01, *in: DJ* de 4.4.00, p. 731), cabendo ao segurado, noutra ação, pretender a retroação dessa data.

Diante da DER, passados os 45 dias da lei, a mudez administrativa autoriza ingressar na Justiça, diz *Ricardo de Castro Nascimento* (Requerimento e silêncio administrativo em matéria de benefício previdenciário. *In: Notadez,* Sapucaia do Sul, n. 22, p. 23-32, abr./jun. 2006).

Fontes formais

Respeitante ao contencioso administrativo é o art. 126 do PBPS e encimado pela Lei n. 9.784/99 (Normas Administrativas Procedimentais Federais) e a Portaria MPS n. 548/11 (Regimento Interno do CRPS), não se devendo ignorar o Decreto n. 70.235/72 após a Lei n. 11.457/07 (Receita Federal do Brasil) nem a Portaria RFB n. 10.875/07, em matéria de procedimento administrativo fiscal.

No que diz respeito à ação judicial, a principal fonte formal a ser consultada, além do CPC (Lei n. 5.869/73), é a Lei n. 1.533/51 (Mandado de Segurança).

Sujeitos da relação

São dois sujeitos da relação jurídica presentes na renúncia: a) um aposentado por um regime de previdência social, designado como regime de origem (RGPS ou RPPS) e b) um órgão gestor, de cada um desses regimes.

Como a nova aposentação faz parte do conceito da desaposentação, os regimes instituidores — da mesma forma, o RGPS ou o RPPS — também integram o vínculo adjetivo, constituindo-se numa terceira pessoa.

Em relação a cada um desses polos passivos da ação, os Municípios, DF e Estados, respectivamente, ter-se-á a competência da Justiça estadual e federal. Esta última em sua Vara Previdenciária ou Juizado Especial.

Em todos os casos, o aposentado é representado por advogado.

Pedido administrativo

Aposentado, com o benefício em manutenção, desejando a abdicação ora enfocada, depois de avaliar as consequências do seu ato, ele expressará a desistência da aposentadoria junto ao órgão gestor do regime de origem. No RGPS, uma APS.

Ainda que a Administração Pública não aprove a ideia em si mesma, descabe-lhe recusar-se ao protocolo desse pedido (CF, art. 5º, XXXIV, *a*).

Essa primeira pendência abre espaço para a discussão da necessidade de esgotamento da via administrativa. Os principais julgados não têm ferido a matéria, possivelmente porque os magistrados entendem que os órgãos gestores dos regimes de origem não aprovam esse instituto técnico.

Conforme o art. 126, § 3º, do PBPS, "a propositura, pelo beneficiário ou contribuinte, de ação que tenha por objeto idêntico pedido sobre o qual versa o processo administrativo importa renúncia ao direito de recorrer na esfera administrativa e desistência do recurso interposto" (redação da Lei n. 9.711/98).

Marisa dos Santos Ferreira conclui que não é exigível o esgotamento da via administrativa, mas ela impõe o requerimento administrativo, senão o Poder Judiciário se torna um órgão administrativo (Ação prévia e prévio requerimento administrativo. *In: Rep. de Jurisprudência IOB,* v. II, n. 12, 2. q., p. 376-374, julho 2007).

A instrução praticamente dirá respeito à matéria jurídica, já que as provas da existência do benefício estão nas mãos da seguradora.

Durante a tramitação da renúncia, um processo demorado, até culminar com o ato da desconstituição e nova aposentação, não precisa o interessado estar filiado (1), filiado contribuindo (2) e com os requisitos completos do regime instituidor (3).

Recurso Ordinário

Diante da eventual e bem provável negativa da pretensão, no caso do RGPS cabe Defesa Prévia à Junta de Recursos do CRPS (PBPS, art. 126), perfilhando o trâmite da Portaria MPS n. 548/11.

Por se tratar de benefício, o contencioso administrativo competente é o do MPS e não o do Ministério da Fazenda, ainda que a cobrança da restituição possa ficar entregue à Receita Federal do Brasil (Lei n. 11.457/07).

De acordo com o art. 31 da Portaria MPS n. 323/07, o prazo para a interposição da inconformidade é de 30 dias. O interessado poderá fazer defesa oral, justificando as razões que o levam a desfrutar da desaposentação. Assim como se dá no contencioso judicial, ele tem permissão legal para carrear argumentos, pareceres doutrinários, jurisprudência estadual ou federal.

Aparentemente a matéria não é constitucional, não foi objeto de enunciado do CRPS e terá de ser discutida no âmbito das JRPS.

Recurso Especial

Da decisão da JRPS, quando negado o provimento para o aposentado, cabe Recurso Especial à Câmara de Julgamento — CAj do CRPS (*Curso de direito previdenciário.* 2. ed. São Paulo: LTr, 2007. v. III).

Havendo conhecimento do Recurso Ordinário e ela tenha sido provida, o INSS pode apelar da decisão, cabendo a apresentação de Contrarrazões por parte do interessado no prazo de 30 dias (art. 31 da Portaria MPS n. 323/07).

No âmbito do CRPS, por assim dizer, subsistem dois remédios jurídicos com feição recursal: o Pedido de Revisão, no prazo de 30 dias, e a Uniformização em Tese da Jurisprudência.

a) Pedido de revisão

O Pedido de Revisão substitui a antiga avocatória, um remédio jurídico, subproduto do postulado segundo o qual a Administração Pública pode rever os seus atos e deve buscar a verdade material dos fatos.

Nesse primeiro caso, talvez somente possa ser invocado o art. 60, inciso II ("divergirem de pareceres da Consultoria Jurídica do MPS aprovados pelo Ministro, bem como do Advogado-Geral da União, na forma da Lei Complementar n. 73, de 10 de fevereiro de 1993") ou inciso IV ("for constatado vício insanável").

Caso o Pedido de Revisão provenha do INSS, o aposentado terá direito a apresentar Contrarrazões contra esse remédio especial (Portaria MPS n. 88/04), a serem protocoladas num prazo de 30 dias.

b) Uniformização em tese da jurisprudência

Sempre que as decisões das CAj entrarem em divergência ou em relação à aposição do Conselho Pleno, o aposentado poderá requerer ao Presidente da CAj que a jurisprudência seja uniformizada pelo Conselho Pleno (Portaria MPS n. 323/07, art. 62).

c) Revisão de ofício

Conforme o art. 60 da Portaria MPS n. 323/07: "As Câmaras de Julgamento e Juntas de Recurso poderão rever suas próprias decisões, de ofício, enquanto não ocorrer a decadência de que trata o art. 103-A da Lei n. 8.213, de 24 de julho de 1991, quando: I – *omissis;* II – *omissis;* III – *omissis*".

Mandado de segurança

Diz o art. 5º, LXIX, da Carta Magna que "conceder-se-á mandado de segurança para proteger direito líquido e certo, não amparado por *habeas corpus* ou *habeas data,* quando o responsável pela ilegalidade ou abuso de poder for autoridade pública ou agente de pessoa jurídica no exercício de atribuições do Poder Público".

Para que sobrevenha o *mandamus* é preciso que esteja presente o direito líquido e certo, que é a pretensão à desaposentação, como lembra *Vicente Greco Filho* (*Direito processual civil brasileiro.* 5. ed. São Paulo: Saraiva, 1989. t. II, p. 295).

Mandado de segurança, que reclama um prazo de 120 dias do ato coator, mas segundo a Súmula STF n. 430: "Pedido de reconsideração na via administrativa não interrompe o prazo para o mandado de segurança".

Desaposentação é matéria jurídica, discussão quase acadêmica, vindo a calhar a Súmula STF n. 625: "Controvérsia sobre matéria de direito não impede concessão de mandado de segurança".

Valendo recordar: "A suspensão da liminar em mandado de segurança, salvo determinação em contrário da decisão que a deferir, vigorará até o trânsito em julgado da decisão definitiva de concessão da segurança ou, havendo recurso, até a sua manutenção pelo Supremo Tribunal Federal, desde que o objeto da liminar deferida coincida, total ou parcialmente, com o da impetração" (Súmula STF n. 626).

Ação ordinária

A par do mandado de segurança, a postulação mais comum tem sido mediante a ação ordinária de desaposentação (CPC, arts. 274/281).

Ainda que pequeno o ônus, impõe-se alguma prova a ser produzida nos autos: a) concessão regular da aposentadoria; b) sua manutenção e c) a intenção do postulante.

Por se tratar de instituto em formação, releva a necessidade de o autor juntar pareceres de especialistas, artigos doutrinários e jurisprudência hodierna.

Não só no que diz respeito à essência do direito como, e especialmente, no que tange ao dever de devolução e qual o critério de definição do *quantum*. O prazo para o regime de origem contestar é de 15 dias (CPC, art. 297).

Tutela antecipada

Nos termos do CPC, o aposentado poderá pretender a obtenção de uma liminar para que os efeitos jurídicos da desaposentação comecem a se produzir de imediato e tenha de esperar pelo resultado final. Tem-se como assente a existência da tutela antecipada em matéria de previdência social.

A esse respeito diz o art. 273 do CPC que o juiz "poderá, a requerimento da parte, antecipar, total ou parcialmente, os efeitos da tutela pretendida no pedido inicial, desde que, existindo prova inequívoca, se convença da verossimilhança da alegação e: I – haja fundado receio de dano irreparável ou de difícil reparação; ou II – fique caracterizado o abuso de direito de defesa ou o manifesto propósito protelatório do réu".

A rigor não se pode falar em dano irreparável ou de difícil reparação, embora possa suceder em cada caso, mas ainda que não atribuível ao órgão gestor, é certo que as decisões demoram e os autores são pessoas idosas.

Paulo Afonso Brum Vaz adverte: "as ações previdenciárias, acidentárias e assistenciárias, máxime as tendentes à concessão e restabelecimento de benefícios, tratamentos de saúde e obtenção de medicamentos, apresentam-se como campo fértil para a antecipação de tutela, isto em razão da invariável hipossuficiência da parte autora, do caráter alimentar da prestação pretendida, dos prejuízos que decorrem da demora na tramitação dos processos desta natureza e da orientação institucional abusiva e protelatória das entidades ancilares" (*Tutela antecipada na seguridade social*. São Paulo: LTr, 2003. p. 165).

A Súmula STF n. 729 afirma: "A decisão na Ação Direta de Constitucionalidade ADC n. 4 não se aplica à antecipação de tutela em causa de natureza previdenciária"; logo, é válida para a desaposentação.

Emerson Odilon Sandin diz não ser possível essa medida antecipada contra o INSS (Da tutela antecipada em face da previdência social. *In: Jornal do 10º CBPS*, São Paulo, LTr, p. 101, 1997), no que foi acompanhado por *Antonia Maria Pia Peixoto* que, com vistas à Lei n. 9.494/97, discordou da aplicação da tutela antecipada (Tutela antecipada contra o INSS. *In: Jornal do 12º CBPS*, São Paulo, LTr, 1999. p. 43-45). Mas *Roberto Norris* discorre favoravelmente sobre o tema (Antecipação de tutela. *In: RPS*, São Paulo, LTr, n. 268/230). *Paulo Afonso Brum Vaz* o acompanhou (Antecipação de tutela em matéria previdenciária. *In: RPS*, São Paulo, LTr, n. 175/391) e também *Hiram Cunha Telles de Carvalho* (Aposentadoria por invalidez e antecipação da tutela. *In: RPS*, São Paulo, LTr, n. 188/578).

Embargos Declaratórios

Sempre que a sentença não for clara, especialmente se silenciar quanto à data do início, restituição do recebido, percentual da mensalidade a ser descontado etc., caberá a ação conhecida como Embargos Declaratórios.

Emissão da CTC

Com decisão de última instância administrativa e dela não cabendo Pedido de Revisão nem Uniformização em Tese de Jurisprudência, resta ao INSS dar cumprimento à decisão do CRPS. No comum dos casos, se solicitada a CTC, emitirá esse documento.

Caso o segurado tenha sido condenado a restituir algum valor, caberá a sua apuração. Na ocasião terá de ficar decidido se o INSS deduzirá do montante a ser encaminhado ao regime instituidor aquilo que é seu crédito ou se o cobrará do desaposentando. O mais adequado parece ser o acerto de conta no RPPS receptor da CTC.

Sentença ilíquida

Caso a sentença não determine qual o montante a ser restituído e ela não tenha sido embargada por nenhuma das duas partes, restará ao INSS o ônus de aferir essa quantia.

O *quantum* máximo sempre será o total das mensalidades pagas até a data-base da desaposentação. Em cada caso, o correto é solicitar Nota Técnica do atuário para que o valor seja previdenciariamente o necessário, válido juridicamente e justo.

Mesmice das análises

Possivelmente por causa do excesso de processos é perceptível certa mesmice nos julgados. A impressão que fica é que, primeiro, alguns magistrados decidem-se a favor ou contra a desaposentação ou a restituição e, depois, buscam razões e citações que favorecem a sua tese, admitida *a priori*.

Capítulo 36
Avaliação da Oportunidade

No encaminhamento da decisão de empreender o processo de desaposentação, o titular desse direito subjetivo deve considerar os vários aspectos que envolvem tal resolução, em face da complexidade dos procedimentos a serem desenvolvidos.

Desnecessidade da devolução

Na hipótese de a solução final, por qualquer motivo, não implicar em restituição das mensalidades auferidas, a postura do interessado restará bastante simplificada, limitada a apreciar o nível pecuniário do novo benefício.

Embora aparentemente simples, a decisão suscita inúmeras implicações que devem ser apreciadas em cada caso.

Devolução integral

Caso a sentença tenha decidido que o aposentado deverá devolver tudo o que recebeu do regime de previdência social, ele terá de considerar o vulto dessa importância antes de dar prosseguimento à desaposentação.

Numa circunstância remota admitida apenas para argumentar, se alguém recebia o salário mínimo como benefício mensal, mas, após voltar ao trabalho a base de cálculo de suas contribuições foi bem superior a esse nível, dependendo do patamar certamente valerá a pena assumir o pagamento da dívida à vista e passar a receber um benefício de quantia maior.

Devolução dos 30%

Com base no art. 154, § 3º, do RPS, alguns juízes autorizam uma devolução parcelada do total, determinando que seja de 30% do valor do benefício em manutenção.

Da mesma forma importará determinar se compensa arcar com a redução desse percentual no benefício, que seria a fonte para quitar o *quantum* a ser devolvido.

Devolução dos 20%

Um desconto de 20% é menor do que os 30%, facilita a decisão do interessado e os cálculos que tiver de operar.

Simulação da renda mensal

De todo modo, quem tem a pretensão de vir a se desaposentar, como primeira providência carece providenciar uma simulação do nível mensal do novo benefício e até mesmo de quando teria de devolver nas várias hipóteses.

Transferência para um RPPS

Quando um aposentado pelo RGPS voltou ao trabalho no serviço público (ou ali já estava com direito a aposentar-se futuramente), as suas avaliações serão distintas e mais complexas.

Cada RPPS tem regras próprias de aposentação que devem ser examinadas, principalmente levando-se em conta o que dispõem as ECs ns. 20/98, 41/03 e 47/05 (reforma da previdência social dos servidores).

Capítulo 37
Cuidados Mínimos

A decisão de dar início a um pedido administrativo ou judicial de desaposentação pressupõe por parte do titular dessa pretensão alguns cuidados preliminares. Entre outros, verificar os diferentes aspectos de uma comparação entre a mensalidade do benefício renunciado e a do novo benefício.

Conhecimento do instituto técnico

Carece por parte do titular da ação que saiba o significado da desaposentação. Muitos não entram com ação com receio de que o INSS, durante o embate judicial, suspenda o pagamento das mensalidades do primeiro benefício, aliás, o que não acontece.

Contratação de profissional

O advogado a ser contratado deve ser um especialista em previdência social, com amplos conhecimentos da matéria.

Simulação dos valores

É absolutamente importante promover uma simulação da renda inicial da nova aposentadoria para saber se vale a pena todo o esforço despendido com a ação judicial.

Em alguns casos, quando o acréscimo é significativo, se a sentença transitada em julgado decidir pela devolução do recebido, 30% do valor do novo benefício, compensa acolher a hipótese.

Avaliação da competência

No caso, o profissional examinará a competência de Poder Judiciário, sabendo-se que a jurisprudência do Juizado Especial Federal é distinta das Varas Previdenciárias.

Em alguns Estados a matéria está sumulada.

Risco da restituição

O risco da restituição, que parece ser a tendência do STJ, estará sempre presente. É desconfortável descobrir isso porque não se sabia que seria possível.

Possibilidade de demora

De modo geral as ações de desaposentação demoram uns dois anos no Juizado Especial e até cinco anos nas Varas Previdenciárias.

Indeferimento da pretensão

Pode ocorrer de não lograr um resultado positivo nas ações administrativa ou judicial. Uma vez consumada a coisa julgada não haverá como rever a situação. Exceto se o aposentado voltar a trabalhar por mais algum tempo e novamente solicitar aquele benefício desejado.

Superveniência de lei nova

Entrementes, o surgimento de uma nova lei regulamentando a matéria poderá alterar o andamento da ação e disciplinando não só a questão dali para frente como tratando dos processos em andamento.

Restabelecimento do pecúlio

Imagina-se que caso o STF decida pela validade da desaposentação, o MPS deverá tentar recriar o pecúlio que foi extinto pela Lei n. 8.870/94.

Novo período básico de cálculo

Com a desaposentação certamente virá um novo período básico de cálculo, com as suas implicações, as quais se apresentarão por ocasião da simulação.

Teto do salário de benefício

Em alguns casos poderá dar-se de o salário de benefício do novo benefício ultrapassar o limite legal que é o limite do salário de contribuição. Com certeza o INSS fixará a renda mensal inicial nesse teto, cabendo, se for o caso tentar-se a tese do ultrapassamento do teto.

Poucas contribuições

Um período ínfimo de contribuições após a aposentação ou um período longo, mas de valor mensal inexpressivo, geralmente não recomendaria uma desaposentação.

O abandono dos 20% do período básico de cálculo aplicado a contribuições de baixo nível após a aposentação pode melhorar o valor do benefício (o período não entra no cálculo da renda, mas afeta o fator previdenciário).

Revisão do benefício anterior

Quando do exame da desaposentação, dentro do prazo legal de dez anos (ou mais, se presente fraude) o INSS poderá rever o valor do primeiro benefício.

Fator previdenciário

Um dos principais motivos para a desaposentação é a alegação de que o fator previdenciário reduziu significativamente a renda mensal inicial (o que, em cada caso, é uma indiscutível verdade).

Como o novo período básico de cálculo envolve mensalidades cobertas pela Lei n. 9.876/99 desde julho de 1994 será necessário avaliar as consequências da presença desse fator previdenciário.

Quem se aposentou antes de 1º.12.99 e pretende uma DIB para a nova aposentadoria sob a vigência da Lei n. 9.876/99, deve saber que se submeterá a esse fator previdenciário.

Regência de nova lei

Exceto esse fator previdenciário, de modo geral as alterações promovidas na legislação previdenciária não afetam muito os aposentados, mas é importante ressaltar que o regime do novo benefício é o da lei vigente quando da sua DIB.

Quem se aposentou antes da EC n. 20/98 deve levar em conta que o novo benefício reclama idade mínima, no caso de aposentadoria proporcional por tempo de contribuição.

Preocupação que não deve existir caso a nova situação, em virtude da passagem do tempo e do recolhimento de contribuições, tenha chegado a 30 anos (mulher) ou 35 anos (homem), circunstâncias que dispensam a idade mínima e os efeitos do pedágio.

Empréstimo consignado

Quem celebrou um contrato de empréstimo com um banco recebendo uma mensalidade menor, que é valor bruto menos o desconto bancário, sempre terá de raciocinar com o montante bruto, porque a qualquer momento cessam aquelas deduções.

Pensão alimentícia

Caso a pensão alimentícia a que foi condenado o aposentado esteja fixada em percentual de sua renda mensal, carece lembrar que ela também será alterada se a desaposentação implicar em aumento do valor do benefício. Nesta circunstância talvez deva rever a decisão sobre aquele ônus (que pode ter sido cifrado em função do valor recebido).

Imposto de Renda

Receber uma quantia maior pode implicar em deixar a faixa de isenção do Imposto de Renda e ter de recolhê-lo, ainda que montante de pequeno vulto. Se a aposentadoria estava próxima daquele nível da isenção, com certeza o *quantum* líquido será menor que o anterior.

Período mínimo

Não há período mínimo de contribuições posteriores à aposentação. Mas há um número delas a partir do qual essas novas contribuições, o percentual do benefício que pode ter crescido e a presença de mais idade possam melhorar a mensalidade da prestação.

Valor das contribuições

Quem se aposentou com base em salários de contribuição de valores significativos e depois que voltou ao trabalho o fez a partir de valores inexpressivos, não pode ignorar que a importância das novas mensalidades não será significativa.

Recolhendo com base no salário mínimo, como muitos contribuintes individuais fazem depois de se aposentarem, verificará que esse período após a aposentadoria poderá ser descartado (20%) e não ter valido a pena tanto esforço.

Cobrança de contribuições não recolhidas

Acolhido o novo período, em relação ao contribuinte individual, se não recolhidas oportunamente, a RFB exigirá as contribuições devidas e dos demais segurados se não decaídas.

Aposentação no RPPS

Desde a EC n. 41/03, no serviço público existe limite mínimo de idade: 55 anos para a mulher e 60 anos para o homem. Os servidores devem, ainda, observar dez anos de serviço público e cinco anos no cargo para que façam jus a certos proventos, condições essas que devem ser sopesadas por quem pretende renunciar à aposentadoria no RGPS e se aposentar num RPPS.

Percentual da restituição

No caso de ter sido condenado a restituir 20% ou 30% mensais é preciso sopesar esse fato para que o acréscimo do valor não seja consumido pelo desconto do devido ao INSS. É absolutamente importante verificar por quanto tempo será feita essa dedução na nova aposentadoria.

Perda do processo

Se ocorrer a perda do processo algumas questões são suscitadas, entre as quais a apuração do valor recebido que, *grosso modo,* pode ser a multiplicação por 13 do número de anos de manutenção.

Capítulo 38
Contagem Recíproca

Com o expediente administrativo da contagem recíproca, criado historicamente pela Lei n. 3.841/60, desde então foi possível unir tempos de serviços sucessivos de diferentes regimes (próprios) de previdência social ou, no caso mais comum, adicionar períodos de trabalho distintos entre o RGPS e o RPPS (Lei n. 6.226/75).

Na modalidade da contagem recíproca não há falar em desaposentação; para usufruir esse cômputo previsto nos arts. 94/99 do PBPS, quem está no regime de origem ainda não faz jus à jubilação (ou se faz, não deseja o benefício ali).

A Lei n. 9.796/99 impôs um acerto de contas entre os diferentes regimes previdenciários, chamado de compensação financeira, cujos métodos operacionais facilitam os cálculos necessários para a eventual recomposição do equilíbrio atuarial e financeiro exigido pela desaposentação, o que justifica comentários sobre este instituto técnico da contagem recíproca.

São inconfundíveis os mecanismos da contagem recíproca da Lei n. 6.226/75 com os mecanismos da desaposentação, ainda que no caso os recursos de um ou mais regimes de origem sejam encaminhados a um regime instituidor, em que se dará a segunda aposentação. Na contagem recíproca inexiste benefício concedido no regime de origem, apenas um transporte de tempo de serviço e de recursos financeiros para que seja deferida a prestação no regime instituidor. Na desaposentação, diferentemente, há aposentação no primeiro regime, renúncia a essa prestação e nova aposentação no primeiro regime ou num segundo regime (designado como instituidor).

O assunto foi abordado por vários autores. *Neri Luiz Cemzi* acolheu a indenização do tempo rural (A indenização do tempo de serviço na contagem recíproca. *In: RPS*, São Paulo, LTr, n. 280/251). *Márcia Maria Pierozan Bruvel* anteviu impropriedades (A inconstitucionalidade dos dispositivos que condicionam a expedição de certidão de tempo de serviço rural à prévia indenização. *In: RPS,* São Paulo, LTr, n. 243/81).

Fundamento filosófico

O direito do segurado que se filiou a um regime de previdência social (dito de origem) e o deixou, posteriormente ingressando em outro regime (dito receptor), de unificar os tempos de serviços, somando os diferentes períodos de trabalho não concomitantes para distintos fins previdenciários, particularmente para obter uma aposentadoria, funda-se no princípio constitucional da universalidade da cobertura previdenciária (CF, art. 194, parágrafo único, I).

Deseja a Carta Magna que os trabalhadores que migrarem de uma entidade gestora para outra dentro de um mesmo ente federativo ou de um regime para outro fora dele, possam portar o direito assegurado na relação anterior, de sorte a adicionar os tempos de serviços sucessivos anteriores (exatamente como se opera o instituto técnico da portabilidade na previdência complementar, *ex vi* dos arts. 14/15 da LC n. 109/01). Sendo certo que, para não desequilibrar ambos os planos de benefício (tecnicamente um apresentaria *superávit* e o outro, *déficit*), impôs-se uma compensação de contas entre os regimes (Lei n. 9.796/99). Aliás, desnecessária futuramente quando for possível um regime único nacional com solidariedade total.

Da leitura do art. 94 do PBPS tem-se que a contagem recíproca vale para as aposentadorias e para todos os demais benefícios do RGPS.

Fontes formais

A contagem recíproca tem sede nos arts. 40, § 9º (servidor) e 201, § 9º (trabalhador) da Carta Magna. Encontra respaldo nos arts. 94/99 do PBPS e regulamentar nos arts. 125/135 do RPS. Administrativamente, nos arts. 326/364 da Instrução Normativa INSS n. 11/06.

Historicamente surgiu com a Lei n. 3.841/60, foi amplamente disciplinada nas Leis ns. 6.226/75 e 6.864/60 e, por último, de certa forma na Lei n. 9.796/99 (compensação financeira).

Conceito doutrinário

Assim, como no passado remoto (antes de 1º.1.67), um segurado podia apresentar ao IAP concessor do seu benefício tempos de serviços prestados para outros IAP, aproveitando a filiação anterior sucessiva, nunca concomitante, de diferentes regimes, é um direito subjetivo do segurado, positivado na legislação federal.

Já conceituamos a contagem recíproca "como a soma de períodos de trabalhos prestados sucessivamente na iniciativa privada e para órgãos públicos ou vice-versa, para fins de implementação dos requisitos dos benefícios concedíveis pelos diferentes regimes em que contemplados", tendo como pressupostos a reciprocidade e o acerto de contas (*Comentários à lei básica da previdência social.* 7. ed. São Paulo: LTr, 2006. t. II, p. 515), conceito que foi adotado por *Maria Lúcia Stape* (Aposentadoria por idade. *In: RPS,* São Paulo, LTr, n. 246/305).

Para *Joseval Rodrigues da Cunha,* "constitui em um dado regime para o preenchimento de requisitos para a concessão da aposentadoria em outro regime previdenciário ao qual esteja vinculado o segurado no momento do requerimento do benefício" (Desaposentação e nova aposentadoria. *In: RPS,* São Paulo, LTr, n. 274/780, 2003).

Reciprocidade gestora

O legislador de 1960 e 1975 exigiu que os regimes de previdência social que desejassem a contagem recíproca bilateralmente deveriam dispor sobre a soma do tempo de serviço. Quer dizer: para o Município de Borborema utilizar o tempo de serviço do

RGPS é imprescindível que o INSS também considere o tempo de serviço de servidor desse município paulista.

Regimes envolvidos

De regra, a contagem recíproca implica na presença de dois regimes, que podem ser dois ou mais regimes próprios (expressão que usualmente indica os Municípios, Estados, DF e União) e um desses regimes próprios é o do RGPS.

O mais comum dos casos é a combinação do RGPS com um RPPS; normalmente da iniciativa privada para o serviço público. O regime que emite a CTC é chamado de regime emissor e o que a recebe é o regime receptor (do benefício a ser desembolsado).

Comandos acolhidos

O art. 96 do PBPS e seus incisos estabelecem cinco condições para a realização da contagem recíproca:

a) Contagem em dobro

Se um tempo de serviço foi considerado num regime para fins de aposentadoria (vulgarmente se diz "consumido"), não mais será aproveitado em nenhum outro regime.

b) Atividade concomitante

Ao mesmo tempo, se alguém exerceu atividades no serviço público e na iniciativa privada, esses períodos somente poderão ser utilizados no próprio regime; a migração só é possível quando são únicos os lapsos de trabalho.

Exemplificativamente: se um servidor foi estatutário num órgão público de 1971 a 2000 (30 anos) e, ao mesmo tempo, de 1981 a 1990 (dez anos), na iniciativa privada, estes últimos dez anos não poderão ser considerados no RPPS. Ou o segurado contribui com mais 20 anos na iniciativa privada ou não haverá direito à aposentadoria por tempo de contribuição no RGPS.

c) Consumição do período

Resumindo a regra dos incisos I e II do art. 96, o seu inciso III diz que se um período foi consumido num regime, ele não poderá ser aproveitado noutro.

d) Tempo anterior à obrigatoriedade

Quem trabalhou na iniciativa privada antes da obrigatoriedade de filiação poderá utilizar-se desse período desde que pague ao INSS as contribuições devidas, chamadas de "indenizações" (PCSS, art. 45, § 3º).

e) Tempo rural

O período de labor rural anterior ao PBPS (24.7.91) também poderá ser computado caso o segurado recolha as contribuições, nos termos do art. 45, § 3º, do PCSS (ex *vi* da Lei n. 9.032/95).

Compensação financeira

Até 1999 subsistiu uma solidariedade nacional entre os regimes de previdência social. Bastava ao segurado do INSS solicitar uma Certidão de Tempo de Serviço (CTS) e portá-la a um RPPS. Evidentemente os regimes instituidores eram onerados com o dever de pagar os benefícios, aliviando o regime de origem (INSS) do encargo (PBPS, art. 94, parágrafo único).

Com a Lei n. 9.796/99 desapareceu essa solidariedade entre regimes e implantou-se o acerto de contas entre eles (Portaria MPAS n. 6.209/99).

Período de carência

Na versão original do art. 96 do PBPS havia um período de carência de 36 meses exigidos dos segurados do RGPS, que desapareceu com a Medida Provisória n. 1.891-9/99.

Aposentadoria especial

Por algum motivo difícil de ser apreendido algum dia, mal interpretando os dizeres do art. 96, I, do PBPS ("não será admitida a contagem em dobro ou em outras condições especiais"), a Administração Pública não considera tempos insalubres para fins de emissão da CTC (art. 333 da IN INSS n. 11/06). Tem o período como sendo comum, ainda que o segurado prove as condições inóspitas e o tempo seja reconhecido como especial pela própria autarquia (*sic*), em que, aliás, ele seria aproveitado como tal.

Seu argumento é que o texto constitucional referente à aposentadoria especial jamais foi regulamentado (CF, art. 40, § 4º). De modo geral, o STJ vem reconhecendo o direito do tempo especial e, particularmente, da conversão do tempo especial para o comum e posteriormente somado com o tempo comum do servidor público.

Tempo de contribuição

Quando um dos regimes de origem (comumente o INSS) reconhece o tempo de serviço ou de contribuição para tornar possível a contagem recíproca, ele emite um documento oficial: a Certidão de Tempo de Contribuição (CTC). De posse dessa declaração, o segurado a leva até o novo regime gestor da sua previdência social.

Capítulo 39
Aposentação Compulsória

Um tipo de benefício por idade destacou-se entre os benefícios da previdência social privada e pública: a aposentadoria compulsória. Compulsoriedade deflagrada pela empresa e sem a participação da volição do segurado, quando ela opta por romper o vínculo empregatício do trabalhador.

No caso do RGPS, trata-se de norma extravagante, melhor situada na CLT, e sem amparo em boa doutrina; a previdência social não deve prestar-se como instrumento de solução dos problemas trabalhistas.

Exagerando o poder atribuído ao empregador, já foi autorizado a transmutar a aposentadoria por tempo de serviço em aposentadoria por idade, se "isso não representar diminuição de valor do benefício! E demiti-lo" (*sic*) (Transformação da aposentadoria por tempo de serviço. *In: Jornal do 10º CBPS,* São Paulo, LTr, p. 53, 1997).

Considerações iniciais

Não ignorando o princípio constitucional de trabalhar (CF, art. 5º, XIII) e sem conflitar com ele (porque não é absoluto), querem alguns preceitos sociais que em algum momento — a ser revisto em razão da esperança média de vida do brasileiro e do avanço da tecnologia — o segurado não mais trabalhe como empregado ou como servidor (onde operava). Um anacronismo no caso do empregado porque pode prestar serviços noutra empresa e até mesmo do servidor (quando competente, sempre encontrará ocupação).

Mesmo que a pessoa opte por continuar — no caso do servidor, estimulado pela dispensa da contribuição de 11% —, seja produtiva e possa criar riquezas para si e para o País, contra a sua vontade, o legislador faculta o seu afastamento do emprego celetista e determina a perda do cargo público. Ideia concebida quando a esperança média de vida do brasileiro era de 65 anos e agora é de 74 anos (*sic*).

Se o segurado está com a idade mínima, que varia de 65 a 70 anos poder-se-ia pensar que desaposentado ele pretenda computar o tempo de serviço anterior noutra relação jurídica laboral (uma vez que será muito difícil no serviço público), como autônomo ou empresário. Mesmo que ele, jubilado à força como empregado, deseje desfazer esse ato previdenciário e voltar ao trabalho em diferente empresa, como subordinado ou em condição distinta.

Entendendo o direito de se desaposentar como libertador do homem e assim agindo sem prejudicar a si próprio ou a terceiros, em ato consciente, legitimado pela capacidade jurídica, respeitadas as particularidades inerentes, a desaposentação da aposentadoria compulsória não foge do conceito, sendo igual à da aposentação voluntária. Com mais razões, porque a compulsoriedade não nasceu de sua volição.

Fonte formal

Diz o art. 51 do PBPS que: "A aposentadoria por idade pode ser requerida pela empresa, desde que o segurado empregado tenha cumprido o período de carência e completado 70 (setenta) anos, se do sexo masculino, ou 65 (sessenta e cinco) anos, se do sexo feminino, sendo compulsória, caso em que será garantida ao empregado a indenização prevista na legislação trabalhista, considerada como data da rescisão do contrato de trabalho a imediatamente anterior à do início da aposentadoria".

Em matéria de servidor, a legislação previdenciária prevê a figura da aposentação obrigatória: no art. 40, § 1º, II, para servidor de modo geral e para o federal, no art. 86, II, do ESPCU.

Em relação ao trabalhador, no art. 51 do PBPS e no art. 54 do RPS, ambas não se confundem com a eventual compulsoriedade das prestações por incapacidade.

Natureza jurídica

A aposentadoria compulsória é modalidade de extinção do contrato de trabalho, norma extravagante, uma disposição trabalhista contida em lei previdenciária.

Diante da regra do voluntarismo previdenciário (o segurado é o detentor da iniciativa), ela quebra essa regra para atender ao interesse do empregador.

Tal fato prevalece sobre a ideia de uma norma pública querendo proteger a pessoa humana.

Impropriedade semântica

Tanto o art. 51 do PBPS quanto o art. 54 do RPS falam em aposentadoria compulsória, mas é uma inadequação semântica. Na verdade, rompendo a relação *intuitu personae* laboral é uma autorização e não obrigação da empresa de requerer o benefício e desfazer a relação empregatícia.

Bastaria ao segurado, um dia antes de completar a idade determinante, solicitar a demissão e ir trabalhar noutra empresa (que o aceite) ou, se possível, contribuir como empresário ou autônomo e até mesmo na condição de facultativo, para obstar a aposentação promovida por terceiros.

No caso do servidor, a solução é mais complexa porque ele teria enormes dificuldades de reingressar em outro órgão do serviço público com 70 anos de idade e conseguir ali reunir os pressupostos legais do art. 40 da Carta Magna. Tem os mesmos óbices que os derivados de outros benefícios em razão da ideia de cargo.

Constitucionalidade da lei

O art. 51 do PBPS, a despeito de sua gritante impropriedade, não parece inconstitucional no que diz respeito ao direito de trabalhar; uma vez rompido o contrato de trabalho (com pedido de aposentadoria por idade ou não), o segurado poderia continuar trabalhando. A ideia se opõe ao direito de trabalhar como empregado na mesma empresa.

Miguel Horvath Júnior põe em dúvida a constitucionalidade, dizendo que seria "impossível ao legislador ordinário repassar a titularidade deste direito ao empregador" (*Direito Previdenciário*. 3. ed. São Paulo: Quartier Latin, 2003. p. 150).

Dificuldades inerentes

Didaticamente, as aposentadorias são de três tipos: a) forçadas (aposentadoria por invalidez); b) voluntárias (especial, tempo de contribuição, idade e do professor); e c) compulsória. Nesta última, preenchidos os requisitos legais, o benefício pode ser requerido pelo empregador (PBPS, art. 51), restando ausente a vontade do segurado e por isso julgando-se que ela não possa enfrentar a vontade do legislador.

Tem-se entendido que se trata de norma de eficácia pública, exigência do legislador, na verdade um preceito limitador de direitos.

Talvez o que mais dificulte essa desaposentação seja a própria idade do trabalhador, que se apresenta com uma baixa expectativa de vida, emas não a definitividade do benefício.

Inadequação da norma

Abstraindo os limites fixados (70 anos para os homens e servidores e 65 para as mulheres), instituídos há tempos, a norma previdenciária é inadequada, absurda e inócua.

Inadequada, porque postada no PBPS, quando deveria ser na CLT. "A aposentação obrigatória de fato não existe, salvo no serviço público, aos 70 anos, mas nunca no RGPS", diz *Fábio Zambitte Ibrahim* (*Curso de direito previdenciário*. 5. ed. Rio: Impetus, 2005. p. 519). Ele lembra que ela perdeu sentido com o entendimento de que o benefício não rompe o contrato de trabalho.

Absurda, porque deveria ficar a cargo das duas partes a decisão de parar de trabalhar; não é decisão que pretenda proteger o trabalhador.

Inócua, porque seu objetivo era dispensar o empregador da multa rescisória e disso ele não está livre, como lembra o mesmo *Fábio Zambitte Ibrahim* (*op. cit.*).

Se a vontade do legislador fosse aposentar o trabalhador, forçadamente ele teria determinado o dever do empregador.

Principalmente motivada pela jubilação precoce de magistrados, a PEC n. 457/05 tramita no Congresso Nacional propondo uma majoração dos 70 para 75 anos ao servidor.

A ideia é aprovada pelo juiz *Renato Cesar Trevisani* (*Aposentadoria compulsória aos 75 anos*. Disponível na internet, do consultor *Fernando Porfírio* (TJ-SP confirma os 70 anos, *Revista de Consultoria Jurídica*, disponível em: <http://conjur. estadao.com. br/static/text/5349.1>).

Interesse público

A rigor, o que existe na aposentadoria compulsória do RGPS é interesse do empresariado (e nem isso) e não do segurado. Se presente essa disposição técnica, qualquer trabalhador seria impedido de trabalhar com 65/70 anos, o que não é verdade.

Caso seja possível sustentar interesse público — em si mesmo uma abstração —, sem que se atenda ao interesse privado, mais do que nas demais aposentadorias (inicialmente desejadas pelo trabalhador), nesta modalidade de benefício a volição do segurado de se desaposentar necessariamente não tem a ver com a disposição de voltar ao emprego. Isso não será possível sem a vontade do empregador.

Notários e registradores

De regra, os cartorários não são servidores. Neste caso a aposentação obrigatória só se dá por vontade do Cartório, aplicando-se o art. 51 do PBPS e não as regras do RPPS. Em 3.4.03 o STF suspendeu o entendimento do Provimento da Justiça de Minas Gerais n. 55/01 (ADI n. 2.602), obrigando à aposentadoria compulsória.

Elaine Berini da Costa Oliveira divide os trabalhadores em dois grupos: a) admitidos antes da Lei n. 8.935/94 que fizeram opção pela CLT e b) celetistas após essa data (Regime jurídico dos escreventes e auxiliares de cartórios extrajudiciais e de registro. *In: Revista LTr*, São Paulo, LTr, n. 70-04/461).

Servidor público

Como antecipado, difere a situação do servidor em relação ao trabalhador no que diz respeito à aposentação compulsória. A do RGPS é facultativa: o empregador não está obrigado a requerê-la.

Porém, no que diz respeito ao servidor, é obrigatória: ela se impõe ao administrador.

Todavia, não se vislumbra aí nenhuma dificuldade, se a intenção do aposentado é de prestar serviços noutro RPPS que estatutariamente o possa acolher com a idade avançada.

Capítulo 40
Servidor Público

Reconhecendo-se o direito à reversão, ato proposto pela Administração Pública em relação ao servidor, certamente polarizada pelo interesse público, um negócio jurídico que pressupõe o abandono da aposentadoria, convém examinar as particularidades da desaposentação no serviço público.

Certa distinção é possível pelo fato de haver uma triangulação diferenciada nessa relação jurídica. Aí comparecem o segurado-servidor (1) o empregador órgão público (2) e a seguradora RPPS (3), um tanto diferente do RGPS, quando sucedem três personagens, duas delas de direito privado: segurado (1), empresa (2) e INSS (3). Ou seja, no âmbito da previdência social, a intenção do aposentado é deixar esse estado jurídico, mas não necessariamente voltar ao trabalho na empresa, podendo não fazê-lo no âmbito do RGPS, mas em outra esfera protetiva.

Desfeita a concessão da aposentadoria, o ex-servidor voltaria a ser servidor, isto é, reingressaria no serviço público e esse retorno, ou tem previsão legal em cada ente político ou não é possível.

Pode-se examinar a hipótese da desaposentação do servidor sem voltar ao serviço, que será mais viável do que com esse retorno, desde que sejam atendidos todos os pressupostos lógicos considerados nas circunstâncias.

Mas o reingresso no serviço público implica na existência do cargo que ficará vago, quando da aposentação do servidor. Se ele foi ocupado e um novo não for criado, não é possível esse reingresso (possivelmente a primeira intenção do interessado).

Tecnicamente não há qualquer diferença entre a desconstituição da concessão de um benefício previdenciário concedido pelo RGPS ou pelo RPPS. Ambos se constituem em atos jurídicos perfeitos e acabados e, da mesma forma, são protegidos amplamente pelas leis previdenciárias. Só historicamente se explicam as diferenças entre as prestações do trabalhador em relação ao servidor, sendo nítida a preocupação constitucional em equipará-las.

Como antecipado, reconhecido o direito à reversão acolhida ou não pela Administração Pública em relação ao aposentado por invalidez, centrado na aptidão para o trabalho, a ser verificada em perícia médica, é um negócio jurídico que pressupõe o cancelamento da aposentadoria, convindo perscrutar as particularidades do que seria a desaposentação no serviço público.

Ajuizando-se com a vontade de apenas deixar de ser servidor aposentado, pensando em fazer novo concurso público, assumir cargo mais elevado noutro ente federativo em que sejam melhores os proventos, a possibilidade é real. E, também, ainda que remota a hipótese, de apenas não querer mais ser servidor aposentado.

Claro que nestas questões, diante da especificidade da relação entre o servidor e o serviço público, que têm como fundamento o interesse público, releva o interesse da Administração Pública.

Igualdade de tratamento

Todos sendo iguais, um dos objetivos da Constituição Federal é que a universalidade protetiva se torne um lema a ser seguido. Não se trata de proletarizar o servidor, mas de observar a igualdade; se o nivelamento por baixo vem ocorrendo, deve-se à circunstancial história econômica e social do País.

Na verdade, as diferenças nas garantias oferecidas a cada uma dessas prestações devem-se ao formalismo e ao órgão gestor. Na iniciativa privada a admissão de empregado é bem mais simples do que a posse de um servidor e, como lembrado, sabidamente a primeira relação é triangular enquanto a segunda é bilateral.

Imagine-se um servidor aposentado com proventos menores, sendo convidado para prestar serviços numa estatal com remunerações maiores (em que esteja presente a possibilidade de aposentar-se pelo INSS com até R$ 4.663,75 e eventual complementação de uma EFPC). Desonerado o regime público de continuar lhe pagando a aposentadoria e repassados os capitais necessários, o desejável equilíbrio estará assegurado.

Necessidade de cargo

Como encaminhado, a desaposentação do servidor em si mesma não oferece maiores dificuldades. A volta ao trabalho é que dependeria da recriação do cargo, se ele foi extinto com a aposentação, mas para isso o Direito Administrativo tem várias soluções.

Como, de regra, o servidor está pensando em melhorar, feito o concurso e aprovado, tomando posse no novo cargo, criado antes do edital, ele renuncia ao primeiro.

Existe uma impossibilidade de realização da desaposentação quando o servidor pretende simplesmente retornar ao cargo que ocupara e que foi ocupado por outro servidor. Se a administração não criar novo cargo para ele, não haverá desaposentação.

No mesmo regime

Se o servidor deseja se desaposentar no regime de origem e ali novamente aposentar-se, a solução será ainda mais fácil; não haverá necessidade de acerto financeiro de contas.

O credor de algum valor, que é o regime de origem (ausente o receptor), é o devedor da obrigação de mantê-lo até sua morte.

Isso teria de ser frequente em relação à aposentadoria por tempo de contribuição proporcional e integral, evidentemente levando em conta que após o primeiro benefício, na condição de aposentado, o servidor continuou contribuindo com 11%.

Atos praticados

Caso a desaposentação se dê num ente político e ele pretenda portar a CTC para outro ente político, os dois regimes gestores terão de se entender quanto ao acerto de contas.

O procedimento será praticamente igual ao da contagem recíproca de tempo de serviço, porque o objetivo do segurado é computar o período de trabalho no regime de origem para o regime instituidor.

Fundo de pensão

Se o servidor pensa em se desaposentar no serviço público e ingressar na iniciativa privada aposentando-se futuramente no RGPS, o acerto de contas é absolutamente indispensável, de modo que o equilíbrio de ambos os planos seja mantido.

Fundo de Garantia

Um servidor aposentado num cargo "A" num primeiro RPPS pode se aposentar no cargo "B" num terceiro ou quarto RPPS, em melhores condições. O direito foi reconhecido pela 3ª Turma do TRF na Apelação Cível n. 87.727, em que relator o Min. *Hélio Pinheiro,* acórdão de 24.4.84. *In: DJ* de 31.5.84, reproduzido por *Lorena de Melo Rezende Colnago* (Desaposentação. *In: RPS,* São Paulo, LTr, n. 301/784).

Lembrando que o STJ acolhe a renúncia espontânea do servidor (RE n. 310.884/RS e RMS n. 14.624/RS. *In:* DJ de 15.8.05), *Raul de Mello Franco Júnior* estudou a acumulação da aposentadoria com o cargo público à luz do art. 37, § 10, da Lei Maior, pontuando as exceções (inativos até 16.12.98) e as três hipóteses da própria Carta Magna quando elenca os professores e médicos, dos cargos eletivos e cargos em comissão (*Servidor aposentado pode ocupar outro cargo público?*) Disponível em: <http://www.raul.pro. br/artigos/servaposen.htm> Acesso em: 17 jul. 2007.

Segundo a decisão de 14.2.06 da Ministra *Ellen Gracie,* não é possível acumular proventos com vencimentos (Recurso Extraordinário n. 463.018-1/RS, 2ª Turma do STF. *In: DJU* de 10.3.07).

PIS-PASEP

É impróprio confundir-se a reversão do servidor com a desaposentação (ESPCU, arts. 25/27). Neste último dispositivo, válido para o servidor federal, cuida-se de alguém que está aposentado por invalidez e recuperou a higidez, sendo "declarados insubsistentes os motivos da aposentadoria". O Decreto n. 3.644, de 10.10.00, regulamentou o art. 25 do ESPCU.

Conforme o art. 27, se estiver com 70 anos, *ex vi* da aposentadoria compulsória, não pode ser revertido.

Qualidade de segurado

Diz o art. 103, § 1º, da Lei n. 8.112/90 que: "O tempo em que o servidor esteve aposentado será contado apenas para nova aposentadoria".

Trata-se de regra de Direito Administrativo que não pressupõe a renúncia, vedando outros efeitos jurídicos e nada mais, embora não vá de encontro à desaposentação.

Contrato de trabalho

Há julgados, como os mencionados por *Rodrigo Sarruf Cardoso* (*A desaposentação do serviço público:* aspectos controvertidos. Disponível em 5 jun. 2007 no *Jus Navigandi*), que sustentam haver somente dois tipos de servidores: a) ativo e b) inativo. Logo, desaposentado o inativo, ele teria de voltar ao trabalho.

Na verdade, não existe servidor aposentado e simplesmente aposentado (ou, se preferir, inativo), como não há segurado depois da aposentadoria e sim aposentado. Não se vislumbra qualquer obstáculo para que um aposentado pelo serviço público abandone juridicamente essa condição sem necessariamente se tornar servidor ativo.

Encerramento da disponibilidade

A disponibilidade é uma curiosa figura do Direito Administrativo; o servidor não presta serviços, é remunerado, mas não está aposentado (ESPCU, art. 37, § 3º).

A figura da volta ao trabalho desse servidor chama-se aproveitamento (ESPCU, arts. 30/31).

Capítulo 41
Trabalhador Rural

Conceitualmente, desde o advento do princípio da equivalência urbano-rural do art. 195, parágrafo único, II, da Carta Magna, não se constatam diferenças previdenciárias substanciais entre a filiação urbana e a rural, ainda que subsistam algumas distinções práticas e jurídicas em matéria de contribuições e benefícios.

O direito a benefício de um salário mínimo (*ex vi* da Medida Provisória n. 312/06) sem a contribuição pecuniária pessoal desse obreiro rural é um exemplo disso, mas a mais comum das diferenças diz respeito à faixa etária mínima para a fruição da aposentadoria por idade (55 e 60 anos).

Isso obriga o aplicador da norma previdenciária saber quem é esse trabalhador rural.

De todo modo convém apreciar a possibilidade de sua renúncia a uma aposentadoria, para os diversos fins colimados. E até mesmo, quando detentor das condições, abster-se da LOAS para obter uma aposentadoria por idade, já que esta última prestação, falecido o titular, pode outorgar a pensão por morte.

Conclusão que havíamos adotado antes (Necessidade de um conceito de trabalhador rural. *In: Jornal do 7º CBPS*, São Paulo, LTr, p. 69. 1994) e com a qual insistimos: (Uma definição de trabalhador rural. *In: Jornal do 9º CBPS*, São Paulo, LTr, p. 64-65, 1996).

Conceito de rurícola

Embora a Constituição Federal tenha equiparado juridicamente o obreiro do campo ao obreiro da cidade, em matéria de contribuição, o PCSS estabelece contribuição diferenciada e o PBPS também separa os rurícolas dos segurados urbanos para fins de benefícios, em algum momento, em virtude da menção constitucional, destacando os segurados especiais (PBPS, art. 39).

Considerados geralmente, todos os que operam na *hinterland* seriam rurícolas, mas previdenciariamente interessam os trabalhadores, em particular os empregados (eles constituem a maioria desses segurados). Desde a Lei n. 6.260/75, os empresários rurais deixaram o regime rural e migraram para o regime urbano.

De longa data, quando isso tinha relevância, a Súmula n. 196 do STF dizia que: "Ainda que exerça atividade rural, o empregado de empresa industrial ou comercial é classificado de acordo com a categoria do empregador".

Lembra *Wladimir Novaes Filho:* "Não é fácil encontrar o conceito legal de trabalhador rural na legislação previdenciária revogada pela Lei n. 8.213/91. A referida Lei Complementar n. 11/71 apresenta dois deles, um básico e outro específico, este último fazendo parte da ideia do regime de economia familiar".

Ele acrescenta: "A semelhança do trabalhador rural com o empregado urbano induz o intérprete a procurar o art. 3º da CLT. Fazendo isso, perceberá que a diferença básica é a natureza dos serviços executados, que têm de ser da agricultura e da pecuária, esforço eminentemente rurícola, e para quem o obreiro presta serviços e necessário ser empreendimento rural" (Conceito de trabalhador rural. *In: Temas atuais de direito do trabalho e direito previdenciário rural* — Homenagem a Antenor Pelegrino. São Paulo: LTr, 2006. p. 144).

Concepção trabalhista

A Lei n. 5.889/73 (Normas de Proteção ao Trabalho Rural) fornece um breve conceito de trabalhador rural: "Empregado rural é toda pessoa física que, em propriedade rural ou prédio rústico, presta serviços de natureza não eventual a empregador rural, sob a dependência deste e mediante salário" (art. 2º).

Para a Lei Complementar n. 11/71, é "a pessoa física que presta serviço de natureza rural a empregador, mediante remuneração de qualquer espécie" (art. 3º, § 1º, *a*), transferindo a definição para o conceito do que seja a natureza rural.

Regime urbano

Dentro do universo laboral rural até 31.10.91 promoveu-se extraordinária distinção previdenciária entre os camponeses. Boa parte deles, em razão de exercerem atividades não eminentemente rurais, como o tratorista rural (Lei n. 1.824/53) esteve sujeito ao regime urbano (*O trabalhador rural e a previdência social.* 2. ed. São Paulo: LTr, 1985. p. 193-288).

Filiados ao RGPS, nesse sentido, previdenciariamente se equipararam aos urbanos e essa enorme categoria não é tida juridicamente como de trabalhador rural.

Salário mínimo

Até julho de 2006, nos termos do art. 143 do PBPS: "O trabalhador rural ora enquadrado como segurado obrigatório no Regime Geral de Previdência Social, na forma da alínea *a* do inciso I, ou do inciso IV ou VII do art. 11 desta Lei, pode requerer aposentadoria por idade, no valor de um salário mínimo, durante quinze anos, contados a partir da data de vigência desta Lei, desde que comprove o exercício de atividade rural, ainda que descontínua, no período imediatamente anterior ao requerimento do benefício, em número de meses idêntico à carência do referido benefício" (Lei n. 9.063/95). A Lei n. 11.718/08 alterou a Lei n. 5.889/73 e prorrogou o prazo até 31.12.10.

Edilberto Barbosa Clementino apreciou a filiação desses rurícolas (A aposentadoria (rural) por idade e as consequências do término do prazo de 15 anos previsto no art. 143 da Lei n. 8.213/1991. *In: RPS*, São Paulo, LTr, n. 308/474).

Logo, este é um dos tipos de trabalhador rural cuja desaposentação deve ser considerada em particular.

Cláudia Salles Vilela Vianna lembra que a "Lei n. 8.213/91, em seu art. 96, determinava no inciso V a consideração do tempo de serviço rural anterior a novembro/91 sem qualquer pagamento de contribuições, vinculada tal contagem de tempo apenas ao cumprimento do período de carência. No entanto, tal dispositivo se encontra atualmente revogado pela Lei n. 9.528, de 10.12.1997" (*Previdência social* — custeio e benefícios. São Paulo: LTr, 2005. p. 691).

Segurado especial

Particularizando, diz o art. 39 do PBPS que o segurado especial fará jus à "aposentadoria por idade ou invalidez, de auxílio-doença, de auxílio-reclusão ou de pensão, no valor de 1 (um) salário mínimo, desde que comprove o exercício de atividade rural, ainda que de forma descontínua, no período imediatamente anterior ao requerimento do benefício, igual ao número de meses correspondentes à carência do benefício requerido; ou II – dos benefícios especificados nesta Lei, observados os critérios e a forma de cálculo estabelecidos, desde que contribuam facultativamente para a Previdência Social, na forma estipulada no Plano de Custeio da Seguridade Social (*sic*). *Parágrafo único.* Para a segurada especial fica garantida a concessão do salário-maternidade no valor de 1 (um) salário mínimo, desde que comprove o exercício de atividade rural, ainda que de forma descontínua, nos 12 (doze) meses imediatamente anteriores ao do início do benefício" (Lei n. 8.861/94).

Fora o cochilo de dizer que o segurado especial faz jus ao auxílio-reclusão (uma pretensão, isto sim, dos seus dependentes), vê-se que ele poderá ter direito a prestações superiores ao salário mínimo e, se for o caso, delas renunciar.

Benefício citadino

A partir de 1º.11.91 o trabalhador rural viu-se obrigado a contribuir e, neste caso, fazendo jus a todas as prestações do RGPS, uma das quais ele poderia desaposentar.

Desde o PBPS, no que diz respeito à contribuição, o trabalhador rural equiparou-se ao trabalhador urbano, com a distinção apenas em relação à aposentadoria por idade.

Indenização para o RPPS

Um rurícola aposentado, possivelmente por idade, pode pretender desfazer-se dessa aposentadoria para ingressar num RPPS. Se for daqueles que fizerem jus à prestação cifrada no salário mínimo, antes terá de indenizar o INSS nos termos do art. 45, § 3º, do PCSS. Isto é, pagar certas contribuições, sendo que na época, a elas não esteve obrigado.

Aposentadoria por idade

A aposentadoria por idade é o benefício que mais comporta a desaposentação. É deferido à mulher com 55 anos de idade e ao homem com 60 anos de idade.

Aposentadoria por tempo de contribuição

O tempo de serviço rural anterior ao PBPS, exceto para os fins do período de carência, pode ser computado para fins de aposentadoria por tempo de contribuição e, nesse caso, proporcional ou integral.

Aposentadoria especial

Certamente serão raros os casos de ambientes insalubres na atividade rural, mas eles existem na área dos agrotóxicos, caso em que se dará a aposentadoria especial e, se for o caso, a sua desaposentação.

Capítulo 42
Regime dos Informais

Sopesa-se, agora, a renúncia às prestações do Regime Especial de Inclusão dos Informais (REII), para esse trabalhador informal possivelmente ingressar no RGPS ou até mesmo num RPPS. Sem confundir, durante a fase de contribuição, com a migração do REII para o RGPS e até para obter a aposentação em valor distinto do salário mínimo.

Essa inclusão normativa dos trabalhadores informais coincide com a nossa proposta apresentada no 16º Congresso Brasileiro de Previdência Social (Reflexões sobre a reforma da previdência social. *In: Jornal do 16º CBPS,* São Paulo, LTr, 2003. p. 120-132).

Evidentemente que se trata de situação rara a merecer regulamentação própria, sem que se possa ignorá-la num estudo sobre a desaposentação.

O INSS gere o REII e, por isso, provavelmente dará o mesmo tratamento do RGPS.

Danilo Ribeiro Miranda teceu considerações sobre esses obreiros na marginalidade (Inclusão previdenciária dos trabalhadores autônomos. *In: Revista IOB,* São Paulo, IOB, n. 210, p. 196-213, dez. 2006). Igual fez *Caroline Scofield Amaral* (Comentários ao plano simplificado de inclusão previdenciária. *In: RPS,* São Paulo, LTr, n. 317/369). Além do seu livro, *Juliana Pressoto Pereira Netto* escreveu "Resgate dos Trabalhadores na Informalidade". *In: RPS,* São Paulo, LTr, n. 269/309. São autores que trataram dos informais.

Fontes formais

O REII conhece duas normas constitucionais, uma lei complementar e um decreto regulamentador.

Dizia o art. 201, § 12, da Carta Magna, na redação da EC n. 41/03: "Lei disporá sobre sistema especial de inclusão previdenciária para trabalhadores de baixa renda, garantindo-lhes acesso a benefícios de valor igual a um salário mínimo, *exceto aposentadoria por tempo de contribuição*" (grifos nossos).

Com a EC n. 47/05, esse § 12 ficou assim: "Lei disporá sobre sistema especial de inclusão previdenciária para atender a trabalhadores de baixa renda e àqueles sem renda própria que se dediquem exclusivamente a trabalho doméstico no âmbito de sua residência, desde que pertencentes a famílias de baixa renda, garantindo-lhes acesso a benefícios de valor igual a um salário mínimo".

Agora, sem excluir a aposentadoria por tempo de contribuição.

O art. 201 foi acrescido de um § 13: "O sistema especial de inclusão previdenciária de que trata o § 12 deste artigo terá alíquotas e carências inferiores às vigentes para os demais segurados do Regime Geral de Previdência Social", justificando os 11% e novos períodos de carência não estabelecidos.

A LC n. 123/06 (Simples Nacional) aduziu um § 2º ao art. 21 do PCSS, dizendo que: "É de 11% (onze por cento) sobre o valor correspondente ao limite mínimo mensal do salário de contribuição a alíquota de contribuição do segurado contribuinte individual que trabalhe por conta própria, sem relação de trabalho com empresa ou equiparado, e do segurado facultativo que optar pela exclusão do direito ao benefício da aposentadoria por tempo de contribuição".

Com a redação do Decreto n. 6.042/07, o art. 199-A do RPS dita: "A partir da competência em que o segurado fizer a opção pela exclusão do direito ao benefício de aposentadoria por tempo de contribuição, é de onze por cento, sobre o valor correspondente ao limite mensal do salário de contribuição, a alíquota de contribuição: I – *omissis:* II – *omissis;* e III – *omissis*".

Com a omissão da locução "exceto aposentadoria por tempo de contribuição", criou-se um problema legislativo, com a necessidade de uma opção. Nos termos da LC n. 123/06 e do Decreto n. 6.042/07, o segurado poderá escolher se quer ou não a aposentadoria por tempo de contribuição, podendo contribuir com uma alíquota menor que a do RGPS (20%), autorizado constitucionalmente: uma impropriedade técnica com cobertura legal.

Descrição do regime

O REII é um regime especial em face do RGPS. Funciona, paralelamente, com uma regra de comunicação entre os dois e até com os RPPS. Seu objetivo é propiciar cobertura previdenciária distinta, cifrada no pertinente à base de cálculo da contribuição e das prestações ao salário mínimo, abrangendo trabalhadores integrantes da informalidade econômica e não trabalhadores.

Tem certa semelhança com o extinto Programa de Previdência Social dos Estudantes (Lei n. 7.004/82), que desapareceu com o PBPS em 1991 e poderá ter o mesmo destino, se o Governo Federal não lhe propiciar mais transparência.

Deverá experimentar contabilidade apartada do RGPS e não deve servir de reforço de caixa do FPAS, sob a pena de inviabilizá-lo.

Clientela de protegidos

São cobertos pelo REII dois tipos de pessoas: a) contribuintes individuais exercentes de atividades econômicas ou profissionais; e b) não exercentes de atividades econômicas (RPS, art. 199-A, I). Inclui particularmente os autônomos e os facultativos (RPS, art. 199-A, II).

Os segurados desse primeiro grupo são empresários, verdadeiros segurados obrigatórios do RGPS, que aufiram renda bruta anual de até R$ 36.000,00 (RPS, art. 199-A, III). Por último, os segurados especiais (art. 200, § 2º).

Os segurados do segundo grupo são as donas de casa, pessoas que não devem ser confundidas com o empregador doméstico (Lei n. 5.859/72), que só têm existência jurídica em face do doméstico.

A possibilidade de os empresários, geralmente pessoas formalizáveis, aderirem ao REII, num país sem consciência previdenciária estratificada, pode gerar evasão em relação a jovens empreendedores.

Daisson Portanova chamou a atenção para um real conceito do que se deve entender por informais e informalidade (O trabalho informal e sua inclusão — O que é informalidade? *In: Jornal do 16º CBPS*, São Paulo, LTr, 2003. p. 33-35).

Modalidade da filiação

O vínculo desses trabalhadores com o INSS não é obrigatório. A ideia é atrair pessoas marginalizadas para que, aculturadas com a proteção social, possam adequar-se ao plano de benefícios tradicional, aproximando os obreiros informais da previdência social, especialmente com vistas às prestações não programadas.

O ingresso é facultativo; porém, uma vez admitidos no REII, eles são obrigados a cumprir carências e alíquotas distintas e requisitos próprios idênticos do RGPS que forem compatíveis, se desejarem os benefícios.

Cálculo da contribuição

A contribuição dos informais toma por base o salário mínimo, em 2015 da ordem de R$ 788,00. Entende-se que para essas pessoas não vale o piso mínimo estadual, que no Estado de São Paulo varia de R$ 905,00 e 920,00, em 2015.

Nos termos do art. 45 do PCSS, com a redação dada pela LC n. 123/06, não decai a contribuição adicional (9%), podendo ser "exigida a qualquer tempo, sob a pena de indeferimento do benefício". Pelo menos até a edição da Súmula Vinculante STF n. 8/08.

Alíquota vigente

A alíquota é padronizada em 11% (PCSS, art. 21, § 2º). No caso daquele que desejar a complementação dos 9%, terá de recolher as contribuições com juros de 0,5% ao mês, num máximo de 50% e um mínimo de 10% de multa (PCSS, art. 21, § 3º e art. 239, § 8º, do RPS).

Prestações disponíveis

Estão previstas todas as prestações possíveis do RGPS, com exceção da aposentadoria por tempo de contribuição. A rigor imagina-se que as únicas aposentadorias possíveis seriam a por invalidez e a por idade.

Exclusão de benefício

Como dito, não está incluída no rol das prestações a aposentadoria por tempo de contribuição. Quem a desejar terá de complementar com 9% a contribuição de 11%, chegando a 20%.

Conforme já salientado, a ideia da LC n. 123/06 e do Decreto n. 6.042/07 está calcada na EC n. 41/03 e não na EC n. 47/05, que é posterior e a revogou. Constitucionalmente, embora seja tecnicamente impróprio em face da alíquota, não há vedação para a aposentadoria por tempo de contribuição (embora possivelmente 35 anos adiante já não mais exista...).

Comunicação com o RGPS

A qualquer momento esse segurado informal poderá deixar a informalidade e recolher contribuições nos termos do PCSS, fazendo jus às prestações do PBPS e observado o teto de R$ 4.663,75.

Do mesmo modo, alguém que esteja filiado ao RGPS, obrigatória ou facultativamente, poderia abandoná-lo para ingressar no REII.

Desaposentação dos informais

Diante das dificuldades inerentes à aposentadoria por invalidez e a quase impossibilidade material de preencher os requisitos da aposentadoria especial, resta que a aposentadoria possível dos informais seria a por idade.

Exceto o segurado especial, como este segurado é "urbano" entender-se-á que ele se aposentaria com 60 anos (mulher) e 65 anos (homem). Nesse caso, pensar-se-ia em renunciar a esse benefício para ter outro, no RGPS, e com uma renda mensal diferente do salário mínimo (a um custo bastante alto se o período de carência for fixado igual ao do RGPS, que é de 25 anos).

Se no período de contribuição passar do REII para o RGPS ou o inverso, isso não é desaposentação.

Alguém que ingressou no REII, ali se aposentou por idade e deseja portar o tempo de contribuição para um RPPS terá de cumprir *in fine* do § 2º do art. 94 do PBPS, ou seja, "salvo se complementadas as contribuições na forma do § 3º do mesmo artigo" (isto é, recolher os 9% com juros e multa).

Capítulo 43
Previdência Complementar

Até hoje a doutrina não desenvolveu a hipótese da desaposentação na previdência complementar, embora vários dos seus institutos técnicos tenham alguma semelhança com o desfazimento da aposentação.

No serviço público ocorre praticamente o mesmo e aí convém apreender algumas lições. Um dos poucos que estudaram a desaposentação do servidor foi *Rodrigo Sarruf Cardoso* (*A desaposentação no serviço público:* aspectos controvertidos. *In: Jus Navigandi.* Disponível em 5 jun. 2007), mas outros autores fizeram rápidas menções quando alargaram o conceito desse instituto técnico.

De todo modo, no que diz respeito ao servidor, conviria examinar as EC ns. 20/98, 41/03 e 47/05, as Leis ns. 9.717/98 e 10.887/04, a Portaria MPS n. 4.992/99 e, em especial, a Orientação Normativa SPS n. 1/07.

Evidentemente, a aceitação dessa providência cinge-se aos mesmos critérios básicos de não causar prejuízo ao plano de benefícios, fato possível naquele que adota regime de repartição simples e benefício definido, e relativamente simplificado no caso da capitalização e da contribuição definida.

Fontes formais

Não se pode pensar na hipótese no âmbito da previdência complementar sem consultar o que dispõem os arts. 40, §§ 14/16 e 202, da Carta Magna.

Da mesma forma, as LC n. 108/01 e 109/01 e até mesmo os seus decretos regulamenta-dores (Decretos ns. 4.206/02 e 4.942/03). No que diz respeito às regras da portabilidade, a Resolução CGPC n. 6/03.

Ressalta-se a importância do estudo do resgate (em que alguém abdica ou é obrigado a abdicar de uma proteção total), do *vesting* (opção por uma mensalidade futura e menor) e, como adiantado, da portabilidade; esta trata da transferência de recursos de fundo de pensão emissor (semelhante ao regime de origem) para um fundo de pensão receptor do capital acumulado (semelhante ao regime instituidor).

E, por último, os ensinamentos da contagem recíproca (Lei n. 6.226/75).

Regimes previdenciários

Desde que as emendas constitucionais dos anos 1998 a 2005 encaminharam a previdência complementar fechada do servidor, com a previsão de fundos de pensão de natureza pública a serem criados, ainda que os planos de benefícios sejam submetidos ao direito privado (CF, art. 40, §§ 15/17), o regime supletivo de previdência social pode ser dividido em dois regimes: iniciativa privada — LC ns. 108/01 e 109/01; e serviço público — EC ns. 41/03 e 47/05.

Urge considerar os reflexos da desaposentação do RGPS no RPPS e a desaposentação na própria complementação. Não haveria interesse, a princípio, em arrependimento da renda mensal na previdência aberta, embora ela também seja suscetível.

Conceito de RPPS

Para o art. 2º, II, da ON SPS n. 1/07, o RPPS é "o sistema de previdência, estabelecido no âmbito de cada ente federativo, que assegure, por lei, a todos os servidores titulares de cargo efetivo, pelo menos os benefícios de aposentadoria e pensão por morte previstos no art. 40 da Constituição Federal".

Essa é uma ideia que corresponde ao RGPS dos trabalhadores da iniciativa privada.

Segurados abrangidos

São sete as categorias de trabalhadores, que prestam serviços para o Estado em cada ente federativo, a serem consideradas.

Filiados ao RPPS: a) servidores titulares de cargo efetivo estatutário; b) servidores estáveis submetidos ao regime estatutário e c) servidores não estáveis em cargos ou funções, submetidos ao regime estatutário com atribuições de natureza permanente.

Filiados ao RGPS: a) servidores ocupantes exclusivamente de cargo em comissão ou empregos em comissão; b) servidores em cargos temporários ou funções temporárias, ainda que não estáveis; c) empregados públicos e d) agentes políticos exercentes de mandato eletivo (*Regimes próprios de previdência social.* Brasília: Fundação ANFIP, 2007. p. 38).

Renda supletiva

Não existe aposentação na previdência fechada. Os segurados logram benefícios no RGPS (previdência básica) ou no RPPS (previdência pública) e conseguem a implementação, a suplementação e a complementação na previdência privada.

Destarte, tecnicamente, se não há aposentação num fundo de pensão, mas adição do valor devido pelo INSS, ainda que de montante superior aos R$ 3.916,20, não se pode propriamente falar em desaposentação.

Inércia complementar

A abdicação das mensalidades de um direito complementar, isto é, a renúncia à percepção dos benefícios assegurados, ainda que raríssima, apresenta características da desaposentação. Na verdade, quem opta pelo *vesting* e deixa de contribuir para o plano de benefícios está desistindo de uma renda maior, preferindo uma mensalidade proporcional.

Nada obsta que alguém complementado em algum momento prefira desfazer essa relação jurídica, tendo ou não se desaposentado no RGPS, volte ao trabalho, aporte por mais algum tempo e mais tarde novamente assegure a complementação mensal maior, com cálculos facilitados num plano de contribuição definida.

Abdicação pública

Enquanto não existir um fundo de pensão obrigatório, em cada caso o servidor fará jus à totalidade da renda mensal, proventos iguais aos vencimentos, que lhe são pagos pelos cofres públicos, admitindo-se a desaposentação sem maiores consequências.

Porém, a partir da obrigatoriedade da filiação àquele plano de benefícios complementar do servidor, ocorrendo a desaposentação da parte básica, ter-se-á de pensar na parte complementar, possivelmente desagregada da básica.

Transferindo-se o servidor para outro órgão, desaposentará no primeiro e, mediante a portabilidade, transferirá os recursos do fundo de pensão.

Empregado de estatal

Exceto os preceitos compatíveis da LC n. 108/01, a desaposentação dos segurados filiados ao RGPS que servem às empresas estatais não difere da dos demais segurados da iniciativa privada.

Regimes e planos

A Portaria MPAS n. 4.992/99, em seu Anexo I, item II, configura os três regimes possíveis: 1. Capitalização; 2. Repartição de capitais de cobertura e 3. Repartição simples. Assim definidos:

> 1. Capitalização: "Determinar as contribuições a serem arrecadadas durante o período laborativo (fase contributiva), necessárias para a formação antecipada de uma reserva suficiente (reserva garantidora) ao pagamento dos benefícios futuros (fase do benefício)".
>
> 2. Repartição de capitais de cobertura: "Determinar as contribuições a serem arrecadadas durante um certo período, e necessárias para a formação de reserva suficiente ao pagamento dos benefícios que se iniciarem dentro desse mesmo período, até o seu término".
>
> 3. Repartição simples: "Todas as contribuições arrecadadas num período são direcionadas ao pagamento do benefício sem manutenção nesse mesmo período" (*Regimes próprios de previdência social.* Brasília: Fundação ANFIP, 2007. p. 49-50).

Com a redação da EC n. 41/03, diz o art. 40, § 15, da Carta Magna que: "O regime de previdência complementar de que trata o § 14 será instituído por lei de iniciativa do respectivo Poder Executivo, observado o disposto no art. 202 e seus parágrafos, no que couber, por intermédio de entidades fechadas de previdência complementar, de natureza pública, que oferecerão aos respectivos participantes planos de benefícios somente na modalidade de contribuição definida".

Essa modalidade de plano, verdadeira caderneta de poupança, facilita os cálculos para a portabilidade ou a definição do valor a ser transferido.

Capítulo 44
Reflexos na Complementação

A desaposentação no RGPS produz consectários na órbita da previdência básica, administrada pelo INSS, e pode ter desdobramentos específicos na previdência complementar.

O exame das situações que possam ocorrer num plano de benefícios dos fundos de pensão fechado, *ab initio* pressupõe dois aspectos: a) plano de benefícios independente da subsidiaridade *ex vi* da LC n. 109/01 e b) plano vinculado o RGPS por força da Lei n. 6.435/77.

Mas, existem mais circunstâncias que devem ser apreciadas.

Em nenhuma hipótese imagina-se que o cancelamento de um benefício deferido pelo INSS depois de 29.5.01 possa afetar o direito à complementação, ainda que, por inadimplência administrativa da EFPC, o regulamento básico não tenha se adaptado à nova regra.

Conclusão que não valeria se a causa determinante da ação do INSS fosse daquelas que afetam a relação da previdência complementar, pois frequentemente os regulamento básicos definem claramente quais são os requisitos a serem preenchidos pelos participantes.

Ausência de subsidiaridade

Quando a concessão da complementação não depende da subordinação da prestação em relação do RGPS (em termos de concessão e de montante), como quer a Carta Magna em seu art. 202, a desaposentação não afetaria as relações entre o participante e a EFPC ou EAPC.

Presença da subsidiaridade

Na segunda circunstância, caso o plano de benefícios legalmente ainda imponha a concessão da prestação por parte do INSS, nem por isso a concessão da renda complementar estará comprometida; ter-se-á de respeitar o ato jurídico perfeito. Claro que o participante ainda poderá pensar em desfazimento da complementação.

Desaposentação complementar

Designamos como desaposentação na previdência complementar a medida provocada pelo participante — independentemente do que possa estar sucedendo no RGPS — que obteve a complementação, não se afastou da patrocinadora ou voltou a prestar-lhe serviços e reingressou no plano de benefícios, ali verteu contribuições e, por último, deseja computar esses novos aportes mensais no seu benefício. Possivelmente fato não previsto em qualquer regulamento básico.

Exceto dificuldades, as operacionais e as conveniências da entidade, se assim disposto no seu Regulamento Básico, em princípio não há obstáculo técnico a esse retorno, pelo menos em duas modalidades: a) com o restabelecimento do *status quo ante* (portanto, com devolução do que já recebeu) ou b) simples reedição da relação jurídica para que, finalmente, os novos valores sejam acrescidos à mensalidade anterior.

Para a compreensão da aceitação de tal ideia, note-se que se ele voltar ao trabalho em outra empresa e ali optar por uma segunda complementação, sem haver qualquer impedimento legal, fará jus a duas complementações distintas.

Renúncia e nova aposentação

Vejamos agora a renúncia à aposentação no RGPS com posterior aposentação num RPPS, o processo de contagem recíproca. Se isso suceder depois da edição da LBPC, a complementação continuará sendo mantida na EFPC e esse participante assistido poderá obter nova aposentação no serviço público.

Não há qualquer prejuízo para o plano de benefícios caso o participante se afaste da patrocinadora e goze o *ocium cum dignitat* ou volte ao trabalho noutra empresa ou no serviço público. Para a EFPC o cenário é exatamente igual.

Proporcional para integral

Na hipótese de renúncia à aposentadoria proporcional em favor de uma aposentadoria integral por tempo de contribuição do RGPS, o fato significativo é a manutenção de uma nova mensalidade, que repercutirá ou não no montante da complementação.

Para se ter uma ideia das dificuldades que envolvem a matéria é consabido que a Justiça Federal — ofendendo claramente o direito adquirido — uma vez requerida a integral não aceita que seja pago o valor a que o segurado fazia jus quando do preenchimento dos requisitos da proporcional (que, por qualquer motivo, for de valor maior que a integral!).

Presença de superávit

De regra, a desaposentação não implica em insuficiência de recursos para o plano de benefícios, mas nos casos da verdadeira complementação (em que a EFPC garante a diferença entre a média do salário de contribuição e o que o INSS vem pagando), sobrevirá uma diminuição do encargo mensal do fundo de pensão. Em termos gerais poderá produzir superávit que terá de ser considerado.

Capítulo 45
Súmulas Incidentes

São rarefeitas as manifestações sumulares emitidas diretamente sobre a desaposentação. Atualmente, em 2013 são conhecidas duas delas tratando desse novo instituto técnico, provenientes do Rio Grande do Sul e do Rio de Janeiro, curiosamente ambas se opondo obliquamente.

Rio Grande do Sul

Diz a Súmula Turma Recursal do RGS n. 3:

"O tempo de serviço prestado após a aposentação somente poderá ser contado para concessão de nova aposentadoria se houver renúncia ao benefício ou desaposentação, com restituição de todos os valores já recebidos".

Desconstituir uma aposentação ainda é tema novo em Direito Previdenciário, mas não insólito nem escoteiro. Muitos tribunais e pareceristas tiveram de enfrentá-lo e tais pronunciamentos constituem contribuição doutrinária para o novel instituto jurídico. Aliás, é provável que tenha despertado um novo debate sobre o papel do ato jurídico perfeito.

A Súmula comentada não distinguiu as duas modalidades de desaposentação: a) no próprio regime em que ocorreu a aposentação e b) envolvendo dois regimes. São exemplos: dentro do RGPS, de RGPS para um RPPS ou vice-versa. Nesta última hipótese, aproxima o assunto da contagem recíproca de tempo de serviço, fato que não pode ser esquecido.

Parece distinguir semanticamente a renúncia da desaposentação, implicando na rara hipótese de alguém apenas abdicar do benefício sem pensar numa nova prestação, o que é juridicamente plausível.

Irreversibilidade do RPS

Uma característica fundamental do benefício de pagamento continuado, conquanto uma garantia do segurado, é sua definitividade (RPS, art. 181-B). Vitalício, representa consistência do direito, cristalização de seu papel e do seu valor. Perene, opõe-se à noção de provisoriedade da mensalidade laboral.

Tais atributos são conferidos enfocando-se o equilíbrio do sistema e tranquilidade do filiado. Trata-se de norma protetora do indivíduo e não da instituição.

Preenchidos regular e simultaneamente os requisitos legais, requerida e deferida, enfim, outorgada, a prestação se torna irreversível (pelo menos em relação à vontade da seguradora).

Norma subordinante

Inexiste na LOPS ou nas duas CLPS, mesmo no PBPS, ou em qualquer outra lei conhecida, disposição expressa relativa à reversão da situação jurídica de aposentado para a de não aposentado. Muito menos vedando esse procedimento. As poucas exteriorizações doutrinárias conhecidas são aqui reproduzidas. Essa é uma tese válida no serviço público (reversão).

A interpretação usual do órgão gestor, calcada nos usos e costumes, conforme informado, é pela negativa, mais recentemente, com o art. 181-B do RPS. Deferido o benefício, consumar-se-ia a relação jurídica de concessão. Legitimamente despachado, ele não se desfaria em hipótese alguma. Afinal de contas, costuma-se alegar, isso nunca aconteceu e ninguém saberia como reconsiderar o ato de desconstituição.

O direito é dinâmico e igual para todos os segurados posicionados na mesma situação. É inoportuno falar em precedentes; se presente há de se estender a quem estiver sob igual cenário. Subsistente, não pode ser subtraído de ninguém, como se fosse odioso privilégio a ser extirpado do ordenamento jurídico.

Tal ótica distorcida representa enfoque singelo na análise de problema de respeitável indagação científica. Preocupação do gestor deve ser no sentido de tal procedimento não causar prejuízos aos demais beneficiários e nada mais.

O tempo consumado, aludido na norma referenciada, é pertinente a benefício mantido. Com o cancelamento, restituição do recebido, quando exigível, desfaz-se o ato jurídico e o tempo de serviço pode ser reutilizado. O importante no deslinde da questão é, nos termos da lei, não causar prejuízo à administração, à comunidade e ao equilíbrio do sistema — juízo operado pelo elaborador da norma e não pelo aplicador.

Se os beneficiários pudessem desfazer a proteção obtida, mesmo em limitadas oportunidades, reflexionam os dirigentes, trariam intranquilidade à entidade e ela se veria com sobreesforço despiciendo.

Tais argumentos não resistem a uma breve conjetura. O órgão gestor empreende atividade-meio e não fim; instrumento que deve servir aos administrados e não postar conveniências sobre os interesses destes.

Precisa adaptar-se às circunstâncias e não os beneficiários fazê-lo; se isso onerar os custos, quem os desembolsa, em última instância, é a comunidade de segurados.

À evidência, ninguém proporá reeditadas anulações. Bastaria estabelecer período mediando entre dois gestos dessa natureza, a ser observado pelos interessados, como acontece com o exemplificado pecúlio. Não estranharia se o requerente, além de restituir o auferido, devesse arcar com as despesas operacionais.

Causa mais profunda desse posicionamento administrativo reside no fato histórico, ainda observado à risca: a previdência social é erigida pela Administração Pública, mais propriamente pelos previdenciários — sem auscultar os beneficiários, centros de estudos, universidades, sindicatos etc. — e, naturalmente, num processo de autodefesa, sobrepõe sua vontade ao interesse da clientela securitária, único motivo de ser, não só do órgão gestor como da instituição como um todo.

Dito isso sem se esquecer de estar submetida à cogência de norma de caráter público. Se o legislador se tivesse manifestado expressamente, vedando a desaposentação, estas afirmações perderiam sentido.

Interesse coletivo

O tão decantado interesse coletivo é uma expressão destituída de significado prático e jurídico, caso não se refira à unidade constituinte da coletividade: o indivíduo.

A quem se pretende proteger, na previdência social, com a chamada imperatividade da norma pública, senão a volição pessoal do ser humano? Atende-se à coletividade quando se oferta à pessoa o seu legítimo direito; comparado ao indivíduo, o coletivo é massa numérica abstrata.

Inexiste interesse público previdenciário não particularizado na figura de um segurado ou dependente.

Aliás, quando a norma objetiva a proteção da sociedade, caso da eleição dos dependentes do segurado (este não tem o poder de indicar outras pessoas) e da aposentadoria por idade compulsória aos 70 anos (ele não pode ficar na empresa), ela o diz expressamente. Tal compulsoriedade da jubilação dos setuagenários é prova insofismável da liberdade constitucional de trabalhar e de não haver obrigatoriedade de aposentação (exceto para a hipótese lembrada e justificada pela idade avançada do trabalhador e presente incompatibilidade para o trabalho).

Talvez, então, o interesse coletivo fosse a tranquilidade das relações jurídicas. Isso, em muitos casos, não passa de eufemismo para preservar o sossego do Estado. Nem teria sentido, realmente, poder o segurado aposentar-se e se desaposentar quantas vezes ele quisesse.

Comparação dos planos

Como já salientado, no bojo da diversidade do RGPS, com períodos de contribuição para os diferentes benefícios e prestações sem contribuição, não chega a desequilibrar o plano alguém se desaposentar da proporcional e aposentar-se pela integral; de todo modo, o regime teria de estar preparado para conceder a aposentadoria integral.

Mas toda vez que se confrontarem regimes distintos, a possibilidade de equilíbrio se esvai e se perde a noção da responsabilidade de cada um.

Quando os dois regimes forem de repartição simples e de benefício definido, o matemático terá enormes dificuldades para chegar ao *quantum* necessário, mas se um deles for e o outro não, imaginando-se as possibilidades aritméticas possíveis, os problemas aumentam significativamente.

Quando se considera o tipo de renda mensal, se programada ou vitalícia, ou o tipo de plano, se de contribuição definida ou de benefício definido, as soluções se tornam mais complexas ainda.

Aparentemente, em relação ao segurado que após se jubilar pela aposentadoria proporcional continuou contribuindo (na mesma empresa, em outra ou como contribuinte individual), não se vislumbraria grande embaraço atuarial para uma aposentadoria integral, falando-se do RGPS ou do RPPS (em que o cálculo será um pouco mais complicado).

Todavia, é preciso meditar sobre o exemplo trazido por *Roberto Luis Luchi Demo*, segundo o qual não seria justo que um segurado recebesse aposentadoria proporcional por cinco anos e ela se transformasse na integral sem nada devolver e outro segurado tivesse pago por 35 anos (Aposentadoria. Direito disponível. Desaposentação. Indenização ao sistema previdenciário. *In: RPS*, São Paulo, LTr, n. 263/887).

A questão, pois, é de rigor e ficaria bem a lei que estipulasse: não devoluções (1), devoluções mínimas (2), normais (3), tabeladas (4) e máximas (5).

Rigorosamente o que determinará a solução é a efetividade do regime de repartição simples e da solidariedade social da previdência social. Individualmente considerando--se, o segurado deveria devolver o que recebeu, o que será fácil definir num plano de contribuição definida.

Mas bastaria indagar das dificuldades matemáticas de se estimar o que foi consumido em razão da cobertura de prestações não programadas, para se chegar à conclusão de que são tantas as hipóteses de alguém que pagou menos e recebeu mais, que será despiciendo arguir-se sobre a devolução.

Diante de toda a iliquidez dos regimes previdenciários brasileiros, a complexidade das soluções, circunstâncias particulares, situações não tabuláveis nem apuráveis, enfim, levando em conta que é impossível pretender-se uma correspectividade nacional entre contribuição e benefício, é preciso reconhecer, mas esquecer a comparação anterior feita por *Roberto Luis Luchi* (em meio a uma infinidade de outras injustiças possíveis), e não exigir que o desaposentante proporcional restitua o que auferiu.

De lege ferenda

O tecnicamente correto é o advento de uma lei reguladora da matéria, sem o que vão se formando diferentes correntes de pensamento que prejudicam a construção do instituto, como aconteceu com o cálculo da indenização da Lei n. 9.032/95, em 2013 convivendo com cerca de sete soluções jurisprudenciais distintas (*sic*).

Exceto se o legislador for capaz de especificar um critério previdenciariamente justo (máxime sopesando-se as combinações matemáticas possíveis de tipos de planos, regimes financeiros, tábuas de mortalidade, modalidades de renda inicial etc.), tal critério deve ser cometido ao Poder Executivo que, a exemplo da Lei n. 9.796/1999, estabelecerá os parâmetros necessários para que não haja prejuízo em nenhum dos planos de benefícios envolvidos. Ele não poderá esquecer-se de definir se a devolução se fará com atualização e sem juros, como pensa o juiz federal *Victor Luiz dos Santos Laus*, da 6ª Turma do TFR da 4ª Região na AC n. 2000.71.00.01014-6/RS, *in* RPS n. 329/317.

Rio de Janeiro

O Enunciado da Turma Recursal do RJ n. 70 prescreve: "É inviável a desaposentação no Regime Geral de Previdência Social para fins de aproveitamento do tempo de contribuição anterior para uma nova aposentadoria neste mesmo regime".

Esta é a primeira súmula contrária à desaposentação, ainda que seja uma restrição limitada apenas ao Regime Geral dos trabalhadores da iniciativa privada (RGPS). O texto é telegráfico, não fundamenta sua conclusão, obrigando conhecer as decisões antecedentes e examinar o Precedente citado.

Negando essa pretensão e manifestando-se sobre o assunto o juiz *Elio Wanderley da Siqueira Filho* diz que: "Não vejo como tal postulação seja possível, mesmo que ele tenha recolhido contribuições à previdência social, não se identificando qualquer traço de inconstitucionalidade" (*in* Proc. 2007.71.95.001394-9).

Viabilidade da operação

O enunciado fala em ser inviável a desaposentação, eufemisticamente com isso dizendo que não é possível a renúncia às mensalidades de um benefício no âmbito do RGPS. Sem fazer a distinção, inclui as aposentadorias por tempo de serviço, especial e por idade, não se define quanto aos demais benefícios.

Alcance da Súmula

A Súmula vinculou a inviabilidade à utilização do tempo de contribuição anterior. É possível que a *mens legislatoris* tenha sido outra, ainda que dentro do RGPS, mas a *mens legis* contrariamente indica que para outros fins seria possível.

Por exemplo, para a inatividade não remunerada, o que remete a uma possível razão que levou à conclusão desse texto. Logo, estaria incluído alguém que apenas queira se desaposentar e voltar ao *ocium cum dignitat* sem estar ajuizando com uma nova aposentação.

Motivação da decisão

Admitindo-se que autoriza a desaposentação no RGPS para encaminhar o tempo de contribuição para um RPPS e vice-versa a acolhe, em virtude da contagem recíproca de tempo de serviço e não ignorando ser possível ela não causar prejuízo ao sistema envolvido, julga-se que o Enunciado entende tratar-se de uma forma de burlar o art. 18, § 2º, do PBPS (e não é).

O que este dispositivo veda é um novo e segundo benefício e isso, não sendo a desaposentação, não é possível. Até porque nesta última hipótese, se for o caso, sobrevém a restituição do recebido. Outro possível motivo seria a quase impossibilidade de apurar-se o verdadeiro *quantum* a ser devido.

RGPS para RPPS

Em termos de computar o tempo de contribuição em outro regime, o enunciado aceita a desaposentação. Aqui, seu texto se trai, porque com a contagem recíproca de tempo de serviço não haveria prejuízo financeiro nem atuarial para os regimes envolvidos e que também pode suceder no bojo do RGPS.

Desaposentação nos RPPS

Os RPPS têm alguma semelhança com o RGPS e oferecem no plano de benefício uma aposentadoria proporcional e integral, mas o Enunciado não cuidou dessa possibilidade, sendo que o fundamento deve ser o mesmo.

Tempo de contribuição

O Enunciado simplifica e fala em tempo de contribuição, com isso refletindo o tempo que foi computado para o benefício e ele pode ser tempo de filiação, tempo de serviço, tempo de fruição de benefícios e tempo de contribuição. Se alguém obtivera um NB 42 com conversão do tempo NB 46, até mesmo o tempo fictício (*sic*).

Tribunal de Contas

Súmula TCU n. 106: "O julgamento, pela ilegalidade das concessões e reformas, aposentadoria e pensão, não implica por si só a obrigatoriedade de reposição das importâncias já recebidas de boa-fé, até a data do conhecimento da decisão, pelo órgão competente".

As hipóteses consideradas pelo TCU não dizem respeito à desaposentação, mas se referem à concessão indevida de benefícios previdenciários para servidores civis e militares; o que tem de interessante é ter se posicionado no sentido de não haver necessidade de devolução do que foi recebido anteriormente, exceto se presente a má-fé.

Pena que a Súmula não tenha elucidado se a culpa do equívoco deveu-se ao servidor ou à administração pública.

Capítulo 46
Regulamentação da Matéria

O Deputado Federal *Inaldo Leitão* apresentou ao Congresso Nacional o Projeto de Lei n. 7.154-C, de 2002, tratando da desaposentação, com o objetivo de alterar o PBPS. Aprovado, foi vetado em dezembro de 2007.

O parágrafo único do art. 94 da Lei n. 8.213/91 ficaria assim:

> "As aposentadorias por tempo de contribuição e especial concedidas pela Previdência Social, na forma da lei, poderão, a qualquer tempo, ser renunciadas pelo beneficiário, ficando assegurada a contagem do tempo de contribuição que serviu de base para a concessão do benefício".

Um projeto acrescentava um inciso III ao art. 96 determinando que: "não será contado por um regime previdenciário o tempo de contribuição utilizado para fins de aposentadoria concedida por outro, salvo na hipótese de renúncia ao benefício".

Acrescentava ainda um parágrafo único:

> "Na hipótese de renúncia à aposentadoria devida pelo Regime Geral de Previdência Social, somente será contado o tempo correspondente a sua percepção para fins de obtenção do benefício por outro regime previdenciário, mediante indenização da respectiva contribuição, com os acréscimos previstos no inciso IV do *caput* deste artigo".

Tramita na Assembleia Legislativa de Minas Gerais a Emenda Constitucional n. 15/99, segundo informação de *Hamilton Antonio Coelho,* que diz: "Ao servidor público civil aposentado voluntariamente fica assegurada renúncia à aposentadoria, garantindo-se lhe, nessa hipótese, apenas o direito à contagem do tempo de serviço que tenha dado origem ao benefício" (art. 36, § 9º), sendo visível que não acolhe a aposentadoria compulsória (Desaposentação: um novo instituto. *In: Revista do TC* de MG, Belo Horizonte, 2002).

O Deputado *Chico Sardeli,* do PV/SP, apresentou Projeto de Lei n. 6.237/05, objetivando a desaposentação da aposentadoria proporcional para a concessão da aposentadoria integral, apensado ao Projeto de Lei n. 6.831/02 do Deputado Newton Lima, do PTB/SP.

A Deputada *Laura Carneiro,* do Rio de Janeiro, encaminhou um Projeto de Lei n. 6.153/05, tratando do pagamento do pecúlio, apensado ao Projeto de Lei n. 1.606/03 do Deputado *Rogério Silva.*

Censurado por *Fábio Zambitte Ibrahim,* o Projeto de Lei n. 3.900/97 do Deputado *Arnaldo Faria de Sá,* protocolado em 19.11.97, apensado ao Projeto de Lei n. 2.286/96, apresenta a mesma limitação, referindo-se exclusivamente à aposentadoria por tempo de contribuição (*Desaposentação*. Rio de Janeiro: Impetus, 2005. p. 88).

Roberto Luis Luchi Demo examinou alguns projetos de lei em andamento, fazendo observações úteis para o seu aperfeiçoamento (Aposentadoria. Direito disponível. Desaposentação. Indenização ao sistema previdenciário. *In: RPS*, n. 263/887).

Alcance da disciplina

Equivocou-se o primeiro Projeto de Lei citado ao mencionar o vocábulo "beneficiário". Como incluiu a matéria na área em que trata da aposentadoria, mesmo falando naquele gênero que abarca segurados e dependentes, possivelmente não estava querendo referir-se ao desfazimento da pensão por morte.

Não deveria dizer "na forma da lei" e sim "na forma desta lei", para não ter de haver outra norma disciplinadora; melhor seria se afirmasse ser conforme o regulamento.

Rol das prestações

Nenhum dos projetos de lei conhecidos teve a preocupação de deixar claras as prestações que podem ser objeto da renúncia nem as que seriam impossíveis. Da mesma forma, não esmiúçam a situação jurídica do segurado após obter esse desiderato em relação aos atos praticados pelo órgão gestor depois da DIB da primeira aposentação.

Era a oportunidade de mostrar as diferenças entre a cessação de benefício e a desaposentação e de ampliar ou não o instituto, limitando ou não o seu alcance.

Topografia do dispositivo

Descaberia situar essas normas no capítulo que trata da aposentadoria por tempo de contribuição e, sim, na Seção VIII – Das Disposições Diversas Relativas às Prestações do PBPS, para que se preste para todos os benefícios e não apenas para a aposentadoria por tempo de contribuição e especial, em particular alcançando pelo menos a aposentadoria por idade.

Fato que não passou despercebido por *Antonio Borges de Figueiredo* e *Marcela Gallo de Oliveira*, os quais teceram considerações sobre o tema, avaliando a propositura (Renúncia à aposentadoria (desaposentação) no Projeto de Lei n. 7.154/2002. *In: Jus Navigandi*. Disponível em: <http://jus2.uol.com.br/doutrina/texto.asp?id=9945> Acesso em: 5 jun. 2007).

Indenização ao INSS

Inicialmente as propostas silenciam quanto a haver a restituição das mensalidades recebidas e, como redigido, implicaria na não devolução. O que, a rigor, representaria ofensa ao equilíbrio financeiro do RGPS.

Mas a disposição do parágrafo único do Projeto de Lei n. 7.154/02 dá a entender que se o segurado quiser computar também esse período (em que não verteu contribuições, mas recebeu mensalidades do INSS) terá de indenizar a autarquia.

Esse é um dos pontos fracos das proposituras: não explicitar que a desaposentação como instituto técnico deve submeter-se ao interesse público, respeitar o princípio do equilíbrio atuarial e financeiro e, nessas condições, definir se haverá a restituição, como ela se operará, e quais os parâmetros e premissas matemáticas a serem observados.

De preferência, diante do tecnicismo do cálculo, transferir essa tarefa ao decreto regulamentador que consideraria no mínimo: a) idade do segurado e, *ipso jacto*, sua expectativa de vida; b) por quanto tempo contribuiu; c) por quanto tempo perdurou o benefício renunciado; d) quais são os novos pressupostos a que terá de atender no regime instituidor; e) regras para desaposentação dentro de um regime em face de dois regimes etc.

Perecimento da pretensão

Aplaude-se a iniciativa de dispor sobre a imprescritibilidade do direito de se desaposentar, ainda que se saiba que o procedimento instrumental administrativo, passados longos anos, será bastante oneroso para ambas as partes. Nessa disciplina, pressuposta a unicidade desse pedido.

Também não pairam dúvidas de que o titular do ato da desaposentação é o aposentado e ninguém mais, restando difícil, mas não impossível, que os dependentes logrem o mesmo efeito *post mortem*.

Cômputo do tempo

O texto reconhece a legitimidade da pretensão de aproveitar o tempo de serviço correspondente; não para quaisquer fins, mas para efeito de contagem do período.

Com isso fica evidente que renúncia é uma coisa e nova aposentação é outra, daí se concluindo que no primeiro caso não tem de haver qualquer reposição dos valores anteriormente auferidos por serem os pagamentos regulares, legais e legítimos.

Inclusão do servidor

Tais projetos restringem-se ao trabalhador filiado ao RGPS, esquecendo-se a desaposentação do servidor.

O correto seria uma norma de superdireito que abrangesse todos os segurados, inclusive parlamentares e militares.

Regime jurídico

Partem esses Projetos de Lei de um cochilo: ser norma comum que produzirá efeitos dentro do RGPS, sem a preocupação com os RPPS. Deveria ser norma de superdireito (abarcando o RGPS, o RPPS e outros regimes, dos militares e parlamentares).

O dispositivo é restrito, ajuizando tão somente em função do RGPS, ao falar em "Previdência Social". A rigor o instituto é universal e também se aplicaria às aposentadorias no serviço público, em que o interesse é bem maior.

Proposta doutrinária

Numa previdência social básica, atualmente com teto relativamente elevado para os padrões econômicos do País (R$ 4.663,75), e uma previdência social complementar em franca ascensão e consubstanciação, com o Governo Federal esforçando-se para tentar dar cumprimento à universalização dos regimes, a economia experimentando um alto nível de desemprego e não emprego, logo milhares de contribuintes desejando a aposentação precoce, pensar-se na regulamentação da desaposentação pode parecer um luxo normativo.

Entretanto, este cenário não ignora as situações particulares, em que a solução se aplica como uma exceção, e por seu relevante aspecto libertador do homem. Aceitando-se que o escopo do instituto tem como pressuposto observar o interesse público, não erodir o equilíbrio atuarial ou financeiro do sistema nem causar prejuízos a terceiros e que ele nasça da vontade livre da pessoa humana, justifica-se a disposição de que o debate científico (evidentemente necessário e já produtivo) cesse e preste vassalagem para a regulamentação.

Caso contrário, os tribunais concederão ou indeferirão essa pretensão; quando a atenderem, exigirão ou não a devolução, limitados à aposentadoria, ou estenderão a todos os benefícios e assim por diante, sem falar que eles demorarão a decidir, gerando o costumeiro tumulto jurídico.

Logo, o ideal é que lei ordinária disponha sobre:

a) Abrangência protetiva — Estipulação dos regimes previdenciários que acolherão o novo instituto; o adequado é ser universal, incorporando a área básica e a complementar.

b) Prestações consideradas — Definição dos benefícios que podem ser objeto da renúncia. Apenas os programados ou também incluídos os não programados e neste último caso, em que circunstâncias.

c) Acerto de contas — Comandos claros sobre o procedimento de acerto de contas quando envolver dois regimes, tomando-se como referência técnica os critérios da portabilidade da previdência complementar (arts. 14/15 da LC n. 109/01).

d) Mesmo regime — Regras para desfazimento da prestação dentro de um mesmo regime, seja o RGPS ou o RPPS, e nova aposentação nesse mesmo regime.

e) Restituição do recebido — Em face da idade, expectativa de vida do requerente e outros elementos biométricos, preceitos claros quanto à restituição ou não dos valores antes auferidos e, quando exigida, definição do montante.

f) Consequências jurídicas — Especificar os desdobramentos civis, fundiários, trabalhistas e previdenciários.

g) Decadência — Determinação quanto ao prazo para o exercício do direito.

h) Data-base — Decantação do momento a partir do qual se terá a pessoa como desaposentada.

i) Custo administrativo — Se o requerente deve arcar com os custos operacionais da operação ou não.

j) Reedição — Possibilidade da desistência da desaposentação em seus diferentes momentos.

k) Motivação — Exigência dos fundamentos do pedido e desdobramento diante do silêncio do requerente.

l) Tipo de plano — Considerações necessárias sobre o tipo de plano, regime financeiro, tábua biométrica, renda final etc.

m) Consequências — Preceitos sobre os desdobramentos civis, trabalhistas e previdenciários da desaposentação.

Capítulo 47
Projeto de Lei

A volta ao serviço do trabalhador ou servidor é questão prática, técnica e científica do Direito Previdenciário raramente discutida no seio da legislação previdenciária, restando como um subproduto da aposentadoria por tempo de contribuição precoce (aliás, um benefício destinado à extinção).

Tema que deveria interessar os estudiosos, pois a qualquer momento a idade mínima acabará igual à da aposentadoria por idade (65 anos).

Caso o Congresso Nacional resolva disciplinar o destino dos valores vertidos pelos aposentados que voltaram ao trabalho e contribuíram ou deveriam fazê-lo, a norma jurídica reguladora deverá dispor sobre vários assuntos que envolvem esse tema. Terá de decidir entre restabelecimento do pecúlio, transformação, revisão automática ou desaposentação.

Conceito de renúncia

Explicitar o significado da abdicação, com os desdobramentos jurídicos que se seguem (em termos de descontos), com diferenciação da renúncia simples e daquela que encaminha a desaposentação.

Alcance da abdicação

Para começar importará relacionar os direitos disponíveis, especificando quais são os benefícios que podem ser renunciados, enfatizando os concedidos por incapacidade.

Possivelmente determinará expressamente que o tempo de contribuição é irrenunciável e que a renúncia à aposentadoria por invalidez será tratada em particular (pois implica em exame médico pericial).

Definição da desaposentação

Adotando-a, importará a fixação de um conceito genérico de desaposentação que abarque o RGPS, o PSSC e os RPPS e s desdobramentos práticos e jurídicos de tal providência.

Transformação de benefícios

No ensejo de deixar claras as regras sobre a transformação de benefícios, particularmente explicitando sobre a hipótese de considerar ou não o tempo de fruição como sendo tempo de contribuição.

Revisão periódica

Supondo-se que a desaposentação não seja acolhida e adotada a revisão periódica do cálculo do benefício em manutenção, será útil disciplinar como será operacionalizada essa medida.

Período de carência

No mínimo deverá ser estabelecido um período de carência entre duas revisões, caso contrário o custo operacional será elevado para a Administração Pública.

Iniciativa da medida

A revisão poderá ser automática, sem necessidade de requerimento do interessado ou, o que será mais útil em cada caso, aguardando-se a manifestação do interessado.

Volta do pecúlio

Nova disciplina do benefício de pagamento único de quem voltou ao trabalho, se rejeitada a desaposentação ou a revisão periódica, obrigará o exame das questiúnculas jacentes até 1994 quando essa prestação existiu: a) se devem fazer parte as contribuições das empresas ou apenas as do trabalhador; b) definição clara dos indexadores; c) percepção por parte dos herdeiros ou dependentes; d) interstícios entre dois pedidos.

No ensejo vale lembrar que uma revisão periódica é uma técnica mais previdenciária do que o desembolso de um benefício de pagamento único, que é menos previdenciário.

Mesmo regime

Serão necessárias regras relativas à desaposentação quando sucedidas no âmbito de um mesmo regime jurídico, com definição para os casos de aposentadoria proporcional e integral e fora dessas duas hipóteses.

Regimes distintos

Comandos específicos para a renúncia num regime e nova aposentação em outro regime previdenciário, envolvendo a portabilidade dos recursos necessários.

Acerto de contas

Regulação dos procedimentos que operarão o acerto de contas nessa verdadeira contagem recíproca.

Tipos de restituição

Se aprovada a restituição, definição de quais serão as modalidades acolhidas: a) nenhuma restituição; b) restituição integral; c) restituição parcial, d) restituição parcelada etc.

Regularização de débitos

Norma sobre acertos de contas com contribuintes individuais que devem contribuições após a volta ao trabalho.

Percentual do parcelamento

Definição clara do percentual e da base de cálculo do desconto na hipótese de restituição parcelada.

Extinção do benefício

Exame da hipótese de, por qualquer motivo legal, sobrevir o encerramento do benefício.

Falecimento do segurado

Situação do montante da dívida remanescente em face do falecimento do aposentado.

Sucessão da dívida

Obrigação dos sucessores do segurado em relação à continuidade do desconto na pensão por morte.

Dúvida na despensão

Esclarecimentos sobre a despensão, ou seja, da revisão da pensão por morte do segurado que não providenciou a desaposentação.

Aposentadoria por invalidez

Definição clara do encerramento da aposentadoria por invalidez do percipiente ainda com direito ao benefício, no tocante aos exames periciais ou transformação do benefício se o segurado voltou ao trabalho.

Direito intertemporal

Regulação da situação de quem no passado devolveu tudo à vista em face da introdução do parcelamento da dívida.

Empréstimo consignado

Acertos devidos em relação ao débito para com os bancos.

Pensão alimentícia

Presença da base de cálculo da pensão alimentícia em face dos descontos da desaposentação.

Ação regressiva

Solução da ação regressiva, se as despesas que o INSS teve com benefícios acidentários forem restituídas em face da desaposentação, promovendo-se acerto de contas com o empregador que eventualmente tenha sido acionado.

Acordos internacionais

Disciplina da desaposentação em face de benefício deferido com base nos acordos internacionais.

Projeto *Paulo Paim*

O Senador *Paulo Paim* (PT/RS) apresentou Projeto de lei no Senado n. 91/2010, alterando o conceito do art. 18 do PBPS, com inclusão de um art. 18-A, com o seguinte texto.

Art. 1º A Lei n. 8.213, de 24 de julho de 1991, passa a vigorar acrescida do seguinte art. 18-A:

> Art. 18-A. O segurado que tenha se aposentado pelo Regime Geral de Previdência Social, por tempo de contribuição, especial e por idade, pode, a qualquer tempo, renunciar ao benefício da aposentadoria.
>
> § 1º Ao segurado que tenha renunciado ao benefício da aposentadoria fica assegurado o direito à concessão de nova aposentadoria, no âmbito do Regime Geral de Previdência Social, utilizando-se a contagem do tempo de contribuição que serviu de base para a concessão do benefício objeto da renúncia e a contagem do tempo de contribuição posterior à renúncia, bem como o direito ao cálculo de nova renda mensal do benefício, na forma do regulamento.
>
> § 2º A renúncia do segurado à aposentadoria, para fins de concessão de novo benefício no âmbito do Regime Geral de Previdência Social, não implica devolução dos valores percebidos enquanto esteve aposentado.
>
> Art. 2º Esta Lei entra em vigor no exercício financeiro seguinte ao da publicação desta Lei.

Capítulo 48
Acordos Internacionais

Cogita-se, agora, da possibilidade de sobrevir a desaposentação de um segurado aposentado com base num acordo internacional entre o Brasil e outro País, jubilado que continuou a trabalhar ou voltou ao trabalho no nosso território e deseja desfazer-se desse primeiro benefício, que segue regras um tanto distintas das demais prestações.

Para raciocinar com matéria tão deserta de regulamentação, imagina-se um contribuinte que se aposentou com 30 anos de serviço, porque trabalhou e contribuiu num país estrangeiro por 10 anos e por 20 anos no Brasil, de sorte que aquela primeira nação desembolsará 10/30 do valor e o INSS os restantes 20/30.

Que esse aposentado, depois de deferida a prestação no nosso País trabalhou por mais dez anos e deseja se desaposentar para se aposentar novamente no próprio RGPS ou num RPPS.

Atualmente o Brasil mantém acordos internacionais com Portugal, Itália, Espanha, Ilha de Cabo Verde, Luxemburgo, Uruguai, Argentina, Paraguai, Chile, Grécia e mais recentemente com o Japão, França e Canadá (não inclui Quebec).

E faz parte do Mercosul.

Normas regentes

As (precárias) normas que disciplinam os benefícios devidos aos tratados binacionais são convênios diplomáticos aprovados pelo Congresso Nacional e todos eles silenciam sobre a possibilidade de haver uma desaposentação.

A Lei n. 9.876/99 introduziu um art. 85-A no PCSS: "Os tratados, convenções e outros acordos internacionais de que Estado estrangeiro ou organismo internacional e o Brasil sejam partes, e que versem sobre matéria previdenciária, serão interpretados como lei especial".

Conceito mínimo

Liminarmente é um acordo diplomático que permite ao brasileiro ou estrangeiro que tenha trabalhado num País com o qual o Brasil celebrou um tratado internacional, prevendo a reciprocidade de alguns dos benefícios previstos no RGPS. Por exemplo, com Portugal.

Reduz-se a ser um convênio celebrado bilateralmente entre países com vistas ao oferecimento de benefícios e serviços previdenciários aos trabalhadores imigrantes, para prestar serviços no exterior.

Natureza jurídica

Tais acordos internacionais são disposições legais sobre previdência social, concebidos como leis especiais, submetidos os Decretos Legislativos às normas gerais das leis orgânicas nacionais e interpretados da mesma forma.

Fontes de custeio

Cada um dos dois países tem em sua legislação previsão para as fontes de custeio próprias para a manutenção do benefício.

Prestações disponíveis

O rol das prestações possíveis, geralmente objeto da reciprocidade, faz parte dos decretos regulamentadores dos acordos internacionais. Nem todas as nações propiciam uma aposentadoria por tempo de contribuição, mas a maioria oferece aposentadoria por incapacidade, salário-maternidade e aposentadoria por idade.

Doutrina nacional

A doutrina brasileira é escassa, convindo consultar o único livro publicado sobre o assunto: *Acordos Internacionais,* de *Priscila Gonçalves Correia.*

Acerto de contas

Exceto quando convencionado nos documentos bilaterais, diante da presença de outro País e não poder nossa legislação aplicar-se fora do território nacional, os efeitos de uma possível desaposentação dar-se-ão exclusivamente no Brasil.

Para dar um exemplo das dificuldades, imagine-se um brasileiro que se aposentou, recebendo 5/35 do valor do benefício aqui no Brasil e fazendo jus a 30/35 restante em outro País e que deseje computar o tempo de serviço para um RPPS.

Embora aposentado por tempo de contribuição, a CTC somente dirá respeito aos cinco anos do território nacional.

Contribuições do RGPS

À evidência, as contribuições vertidas posteriormente à aposentação não afetam o regime previdenciário situado no exterior. Eventual ônus de pagar uma aposentadoria em melhores condições pelo RGPS ou RPPS correrá por conta do nosso sistema de cobertura.

Cálculo atuarial

Observa-se que na hipótese de aplicação da interpretação da restituição com base em raciocínio matemático financeiro, o atuário que for calcular quanto deve ser o montante da devolução não poderá ignorar que o RGPS não recebeu a totalidade das contribuições. No exemplo adotado, até a aposentação, o INSS recebeu apenas 20/30 das contribuições devidas.

Possibilidade jurídica

A desaposentação é um deserto normativo e os acordos internacionais são pessimamente regulados em documentos não formulados por advogados ou atuários, resultando em minguadas disposições jurídicas e sede de muitas dúvidas.

Assim sendo, a despeito das enormes dificuldades administrativas operacionais, não se vislumbram respeitáveis óbices jurídicos que pudessem vedar a renúncia a essa aposentadoria distinta.

Capítulo 49
Art. 181-B do RPS

Quando de dúvida na aplicação da lei o INSS considera o Regulamento da Previdêcia Social e, se for o caso, a IN INSS n. 45/10.

Texto regulamentar

Por força do Decreto n. 3.265/99, o Regulamento da Previdência Social foi acrescido de um art. 181-B, dizendo:

> "As aposentadorias por idade, tempo de contribuição e especial, concedidas pela previdência social, na forma deste regulamento, são irreversíveis e irreunciáveis".

Concedidas pelo INSS e, possivelmente, também as deferidas pela Justiça Federal.

Natureza das prestações

As prestações mencionadas eram e continuam sendo irreversíveis por iniciativa do INSS, exceto no caso de irregularidades e dentro do prazo legal, mas renunciáveis por se tratar de direito disponível, quando não causarem prejuízo a ninguém. Tanto que, antes da aposentação, completados os requisitos legais, se o segurado assim desejar, ele jamais solicitará um desses benefícios (já que é imprescritível o fundo do direito). Não há *in casu* diferenças entre ter o direito e exercitá-lo.

Origem do dispositivo

Como o RPS é de 6.5.99, sobrevindo depois resta evidente que esse dispositivo se deveu como reflexo as ações das ações sobre a desaposentação e visa desabilitá-las, pelo menos no âmbito administrativo. Esse preceito obriga o INSS, mas não necssariamente o administrado.

Iniciativa do Governo Federal

Não se sabe por que a Casa Civil da Previdência da República não encaminhou um Projeto de Lei ao Congresso Nacional, disciplinando a matéria, em vez de baixar um decreto presidencial que extrapolaria, como extrapolou o papel da lei oridinária.

Tal disposição acarreta um cenário inútil, os segurados requerem a desposentação e as APS são forçadas a indeferi-la, prática tão unânime a ponto de justificar a desnecessidade do exaurimento da via admnistrativa.

Imprestabilidade do preceito

Com efeito, não é matéria que deva ser tratada por decreto, conforme se vê no acórdão do da 10ª Turma do TRF da 3ª Região na AC n. 0003714-23.2013.4.03.6133/SP, relatada pelo dezembargador Sérgio Nascimento, *in* Repertório IOB de Jurisprudênciaa da 2ª quinzena de novembro/2014, n. 22, p. 687.

De todo modo fique claro que aposentado poderá solicitar a transformação de benefício, inclusive em razão da norma mais benéfica e não será impedido por esse preceito.

Capítulo 50
Exame de acórdão contrário

O acórdão proferido na Ap-RN n. 2010.51.01.808606-0, da 2ª Turma Especial da 2ª Região, publicado no DJe 7.12.12, justifica observações diante da ferrenha oposição ao instituto técnico ora estudado.

Ementa sob comento

"Previdenciário. Desaposentação. Não cabimento. Mudança de entendimento. Recurso e remessa providos. Reanalisando os posicionamentos jurisprudenciais e doutrinários e melhor refletindo a respeito do instituto da desaposentação, passo a alinhar-me ao entendimento de que é cristalino o caráter irrenunciável e irreversível do ato de concessão do benefício de aposentadoria no âmbito do Regime Geral de Previdência Social — RGPS, evidenciando seus efeitos ofensivos à ordem constitucional vigente.

À luz dos arts. 11, § 3º e 18, § 2º, da Lei n. 8.213/91 e 3º, § 1º, 40, 194 e 195 da CRFB, verifica-se que o instituto da desaposentação *possui vedação legal expressa* que se compatibiliza com o caráter solidário do sistema permitindo a utilização das contribuições dos trabalhadores em gozo de aposentadoria para a obtenção de nova aposentadoria ou elevação da já auferida, sob pena de subversão para um sistema individualista/patrimonialista que não se compatibiliza com os fundamentos da Seguridade Social. Assim, o aposentado que retorna à atividade somente faz jus ao salário-família e à reabilitação profissional, quando empregado (art. 18, § 2º).

A aposentadoria é considerada um ato jurídico perfeito, cuja proteção mereceu respaldo constitucional (art. 5º, XXXVI, da CRFB), sendo uma garantia ao direito fundamental da segurança jurídica. Ato jurídico perfeito é aquele já concretizado segundo a lei vigente ao tempo em que se aperfeiçoou, pois já satisfez todos os requisitos para gerar a plenitude dos seus efeitos e a aposentadoria, como tal, deve ser respeitada pelos envolvidos na relação jurídica, estando ainda imune às alterações legislativas em virtude do já consagrado princípio *tempus regit actum.* Por derradeiro, não há que se falar em modificação unilateral, diga-se, renúncia unilateral a este ato jurídico, dependendo a desaposentação necessariamente de requerimento e concordância da Administração Pública (órgão pagador e gestor do benefício), sob o pálio da lei.

A aposentadoria é também considerada um ato administrativo, cujo desfazimento volitivo se dá por meio da anulação ou revogação, cujos pressupostos lhes são próprios e inaplicáveis à desaposentação (aplicável, por exemplo, nas hipóteses de erro ou fraude na concessão do benefício). E como qualquer outro ato administrativo, é regido pelo princípio da legalidade (art. 37, *caput,* da CRFB), que conduz toda a conduta dos agentes da Administração Pública, no sentido de que qualquer atividade administrativa deve ser autorizada por lei, sendo que não há lei permitindo a concessão da desaposentação.

Sob qualquer ótica, a renúncia ao benefício da aposentadoria não é juridicamente aceitável.

A uma, sob pena de afrontar o princípio da segurança jurídica, consistente no respeito ao ato jurídico perfeito (art. 50, XXXVI, da CRFB) e ao princípio da legalidade (art. 37, *caput*, da CRFB do art. 18, § 3º, da Lei n. 8.213/ 91). Isso sem falar no princípio constitucional da isonomia (art. 5º *caput*, da CRFB), uma vez que a desaposentação confere tratamento mais benéfico ao segurado que se aposenta com proventos proporcionais e continua trabalhando para, posteriormente, obter nova aposentadoria em melhores condições, em detrimento daquele que continuou trabalhando até possuir um período contributivo maior para se aposentar com proventos integrais.

A duas, porque se extrai a natureza alimentar da aposentadoria, que lhe confere o caráter de irrenunciável. Assim como a pensão alimentícia, no âmbito do direito civil é possível às prestações mensais, mas não ao benefício em si, que é intocável, intangível. A aposentadoria não é um direito patrimonial e, portanto, disponível, possuindo, outrossim, um caráter institucional, isto é, obrigações não decorrem de ato de vontade, porém da lei.

E a três, porque a pretensão de desaposentação não é livre e desembaraçada, gerando ônus a pessoa jurídica de direito público diretamente envolvida na constituição do ato, no caso, ao INSS, sendo claro que o desfazimento da aposentadoria repercute em ônus no sistema previdenciário, uma vez que o mesmo período e salários de contribuição seriam somados duas vezes, com o objetivo de majorar a renda mensal da nova aposentadoria, o que repercute diretamente no equilíbrio financeiro e atuarial do sistema (art. 201, *caput*, da CRFB).

Ainda que se pretenda devolver os valores recebidos a título da aposentadoria que se pretende renunciar à desaposentação, mesmo assim esbarra em obstáculo de ordem legal e constitucional. *Mutatis mutandis* no que se refere à desaposentação, aplicam mesmos fundamentos citados pelo Supremo Tribunal Federal no julgamento do RE 416.827 — que concluiu a respeito da impossibilidade de aplicação da Lei n. 9.032/95 em benefícios de pensão por morte concedidos em momento anterior à sua vigência.

Assim, ainda que o segurado pretenda renunciar à aposentadoria anterior para fins de obter outra mais benéfica, ainda que se trate de benefício de caráter alimentar, deve prevalecer o respeito ao ato jurídico perfeito (art. 5º, XXXVI, da CRFB) e ao princípio *tempus regit actum* e a preservação do equilíbrio financeiro e atuarial.

A 2ª Turma do Superior Tribunal de Justiça, através do julgamento do AgRg-REsp 1.298.511/RS, adotou o entendimento de que o prazo decadencial previsto no art. 103 da Lei n. 8.213/91 se aplica às demandas em que se pleiteia a desaposentação (2ª Turma, AgRg-REsp 1305914/SC, Rei. Min. Herman Benjamin, DJe 27.08.12).

A conclusão a que se chega é a de que não é possível a renúncia à aposentadoria, uma vez que é ínsito ao ato de renúncia — ato de liberalidade — o seu exercício a qualquer momento. Caso fosse admissível a renúncia ao benefício de aposentadoria, igualmente seria possível a renúncia ao prazo decadencial fixado na lei, o que é terminantemente vedado pelo art. 201 do Código Civil. Ressalva de entendimento anterior.

Papel do instituto técnico

A desaposentação é um instituto técnico intrigante. Suscitou o estudo da renúncia no Direito Previdenciário, obrigou a ressaltar a fortaleza do ato jurídico perfeito, reclamou a análise do desfazimento de uma legítima concessão de benefício por parte do INSS, pouco ou nada sopesado antes de ganhar publicidade, quando do nosso primeiro artigo sobre a matéria (Suplemento Trabalhista LTr n. 4/87).

Produziu centenas de dissertações, artigos e palestras em todo o Brasil.

Às vezes, tem-se a impressão de que o neologismo "desaposentação" e o dealbar de um instituto técnico até então insuspeitado, levou à descrença indevidamente, sem falar na parte matemática implicada. As coisas novas teriam assustado um pouco os desavisados defensores o *status quo ante*.

Tais divergências de entendimentos são significativas e ponderáveis os argumentos da Justiça Federal, particularmente os do Juizado Especial Federal, e, em razão disso, alguns pontos de vista merecem apreciações.

Imagina-se o drama existencial de um Magistrado ao se deparar com um primeiro pedido desses, adotando de antemão que, ao final de sua elucubração, ficará contra ou a favor. As mudanças de posições, como é caso do acórdão ora comentado têm sido elevadas.

Art. 18, § 2º, do PBPS

Perquirindo a lei, de imediato, o juiz será tentado a aplicar o art. 18, § 2º, da Lei n. 8.213/91, o que lhe simplificará bastante a atuação e, mais ainda, se for o caso, aplicar a decadência do art. 103 da mesma lei. Mas sempre ficará na dúvida se não deveria (e para isso se tivesse tempo e disposição) perscrutar outras razões.

Deve-se notar que a Lei n. 9.528/97, que introduziu esse último dispositivo citado, emergiu não institucionalmente, mas como uma reação aos pedidos de desaposentação no Poder Judiciário, com algum acolhimento. E igual se passou com o advento do art. 181-B do Decreto n. 3.048/99.

Ação do MPS

Nessa ocasião, o MPS poderia ter proposto ao Congresso Nacional resgatar o pecúlio, vedar expressamente a desaposentação e redigir um novo art. 18, § 2º, do PBPS. Até hoje (2015), não o fez e esperou que o Poder Judiciário se manifestasse e isso só verdadeiramente ocorreu em 8.5.13, com o STJ (Recurso Especial n. 1.334.488/SC – Proc. n. 2012/0146387-1).

Confiou que a tese da desaposentação não prosperaria nos Tribunais, mas não foi isso que aconteceu.

Ato jurídico perfeito

Julgava-se que o ato jurídico perfeito, magnífica garantia constitucional, seria uma enorme barreira à renunciabilidade da prestação (CF, art. 5º, XXXVI), na ocasião sem atentar para o fato de que é uma garantia do indivíduo e não da Administração Pública.

Direito líquido e certo

Nessa decisão sob comento, o digno relator diz "ser cristalino o caráter irrenunciável e irreversível do ato de concessão de aposentadoria".

Magíster díxit, mas não é.

Certa menção ao art. 11, § 3º, do Plano de Benefícios é válida, mas impertinente; ali tem-se que quem voltar ao trabalho terá de contribuir.

A maioria das decisões abriga a renunciabilidade e a reversibilidade da prestação quando promovidas pelo interessado.

Vedação legal

Afirma também que a desaposentação tem vedação legal expressa na Carta Política (e cita os arts. 1º, 3º 40, 194 e 195), mas nesses três últimos dispositivos, como nos dois primeiros, não se vislumbra tal obstáculo.

Os arts. 1º e 3º da Carta Magna, por sua fluidez, difusão e generalidade, própria do seu papel, podem ser interpretados a favor da tese.

Incompatibilidade do regime

Um sistema individualista e patrimonialista não seria compatível com os fundamentos da seguridade social.

Essa conclusão enseja outras considerações. O RGPS não é individualista em face do seguro social; rigorosamente é coletivo em razão da solidariedade social. O que o individualisa é a relação de cada dos beneficiários com a autarquia federal.

Volição da Administração Pública

Uma desaposentação dependeria de autorização do INSS (!).

A autarquia federal não é proprietária da Previdência Social e, sim, mera gestora do plano de benefícios. *ipso facto*, não tem volição própria. Não pode se negar a deferir uma prestação quando o interessado preencher os requisitos legais.

Os indivíduos, pessoalmente considerados, são obrigados a se filiarem, o que é usual em todos os países do mundo.

Anulação ou revogação

Por conseguinte, a desaposentação ofenderia um ato volitivo da Administração Pública, admitido o fim da prestação somente por anulação ou revogação. Anulação pressupõe instrução indevida, que não é o caso, e não se sabe o que o acórdão quis dizer como revogação.

Os benefícios da Previdência Social cessam pela morte do beneficiário, transformação, conversão, maioridade dos dependentes e cessação natural. Eles podem ser suspensos, como é o caso da volta ao trabalho do percipiente da aposentadoria por invalidez ou especial e do preso que foge da prisão. A desaposentação não é nenhuma dessas modalidades.

Autorização legal

Não haveria permissão legal para o INSS conceder a desaposentação.

Verdadeiramente não tem, mas isso não significa obstrução normativa (uma construção doutrinária prevalecente no Brasil).

Ofensa à isonomia

Seria ofendida a isonomia

Pensa-se não ser adequada à hipótese menção à isonomia.

Não há qualquer problema em alguém se aposentar aos 30 anos de serviço ou deixar para fazê-lo aos 35 anos. É prerrogativa do segurado submetida ao princípio constitucional da liberdade. Quem contribuiu até os 35 anos e quem se aposentou antes, com 30 anos e busca a desaposentação, são iguais.

Caráter alimentar

O caráter alimentar das mensalidades do benefício lhe conferiria o caráter de irrenunciabilidade.

Essa natureza das prestações previdenciárias, consagrada no art. 101-A da Carta Magna, exceto no pertinente à restituição, não tem a ver com o assunto. A pensão alimentícia também é alimentar e de fato, o cônjuge pode não recebê-la (e, claro, a *posteriori* rever esse entendimento).

Na desaposentação, ninguém objetiva o fim de mensalidades. Ao contrário, seguindo as regras, melhorá-la. Os valores anteriores jazem incorporados e são acrescidos.

De fato, o INSS continuará a desembolsar as mensalidades asseguradas pela aposentação até a decisão as quais serão acrescidas das novas, decorrentes das contribuições vertidas após a aposentação.

Intangibilidade do benefício

Logo, o benefício seria intocável e intangível.

Repete-se, ad *nauseam*, a regra da intocabilidade vale para o INSS e não para o beneficiário.

A renda mensal é diminuída por uma pensão alimentícia, Imposto de Renda, ambas deduções sem o desejo do aposentado, ou tangida por um empréstimo consignado...

Direito patrimonial

A aposentadoria não seria um direito patrimonial e, portanto, disponível.

Ocorre exatamente o contrário; como qualquer outro, é um patrimônio do aposentado e dele pode abdicar segundo sua conveniência e, respeitada a norma pública, para melhorá-lo.

Sabidamente, note-se que o segurado que completou os pressupostos legais, se ele assim optar, poderá dispor do benefício.

Todavia, na desaposentação, ninguém dispõe de nada; apenas desfaz uma concessão pretérita para obter uma hodierna melhor sem causar prejuízo ao plano de benefícios, quando acompanhada de alguma restituição.

Ônus do INSS

A desaposentação geraria ônus formais para o INSS, da ordem de 49,1 milhões de reais.

Pode ser verdade; seria um ônus usual da administração gestora. A Autarquia Federal institucionalmente foi criada para isso: conceder prestações.

Salários de contribuição

Que os salários de contribuição seriam somados duas vezes(!).

Isso não sucede; cada um dos salários de contribuição mensal pós-jubilação comparece uma única vez no cálculo da nova renda mensal inicial. Leva-se em conta o período básico de cálculo da aposentação e o que se segue, depois da volta ao trabalho e até a desaposentação.

Equilíbrio atuarial e financeiro

A desaposentação afetaria o equilíbrio atuarial e financeiro do art. 201 da Carta Magna.

Diante da restituição das mensalidades anteriormente auferidas desde a aposentação e até a véspera da desaposentação, não subsistirá desequilíbrio do plano de benefícios.

Aliás, a desaposentação não se presta para causar prejuízo a ninguém; não foi imaginada para esse papel.

Impedimento geral

A devolução esbarraria em obstáculo de ordem legal e constitucional, citando-se o RE n. 416.827.

Ninguém pode causar danos à Administração Pública e, nesse sentido, assim está disciplinada a legislação previdenciária. Por ora, olvidada a natureza alimentar desses valores, essa devolução é semelhante à da pensão alimentícia, do IR e do empréstimo consignado não se confunde com a devolução do indevido (*Cobrança de benefícios indevidos*. São Paulo: LTr, 2012).

Lei da época dos fatos

Sugere a validade do *tempus regit actum*.

Esse notável princípio favorece a tese da desaposentação. O novo benefício será calculado e deferido segundo a lei vigente na data-base da desaposentação. Destarte, exemplificativamente, quem se aposentou antes da Lei n. 9.876/99 terá de se submeter ao fator previdenciário, podendo ter o benefício aumentado ou não.

Prazo da decadência

Por último, a decadência deveria ser de dez anos (PBPS, art. 103).

A observância de um prazo dessa natureza para o pedido da desaposentação tentaria equiparar esse instituto técnico à revisão de cálculo, mas ela não tem as mesmas características. A desaposentação pressupõe um benefício legítimo, legal e regularmente deferido, o que não sucede com a revisão.

O exercício do direito à desaposentação é exatamente igual ao da aposentação, e, nessas condições, é imprescritível o direito do segurado ou do aposentado solicitá-la.

Pouco a ver com a revisão de cálculo do art. 103 do PBPS.

Nestas condições, exatamente como sucedeu com a novidade da Lei n. 9.528/1997, enquanto não sobrevier uma lei expressamente sobre o tema, o direito à desaposentação manter-se-á imprescritível.

Acompanha esse raciocínio o Desembargador Néviton Guedes em decisão de 19.09.2012, da 1ª Turma do TRF da 1ª Região, na AC 0029383-66.2011.4.01.3300/BA, *RPS* n. 390/424.

Capítulo 51
Recurso Extraordinário do STJ

RE n. 1.3343488 do Supremo Tribunal Federal

Em decorrência de sua relevância doutrinária, ainda que sem comentários, convém que seja reproduzido o acórdão exarado no Proc. n. 2012.0146387/SC, quando o STF decidiu a matéria.

RELATOR: MINISTRO HERMAN BENJAMIN

EMENTA

RECURSO ESPECIAL. MATÉRIA REPETITIVA. ART. 543-C DO CPC E RESOLUÇÃO STJ 8/2008. RECURSO REPRESENTATIVO DE CONTROVÉRSIA. DESAPOSENTAÇÃO E REAPOSENTAÇÃO. RENÚNCIA A APOSENTADORIA. CONCESSÃO DE NOVO E POSTERIOR JUBILAMENTO. DEVOLUÇÃO DE VALORES. DESNECESSIDADE.

1. Trata-se de Recursos Especiais com intuito, por parte do INSS, de declarar impossibilidade de renúncia a aposentadoria e, por parte do segurado, de dispensa de devolução de valores recebidos de aposentadoria a que pretende abdicar.

2. A pretensão do segurado consiste em renunciar à aposentadoria concedida para computar período contributivo utilizado, conjuntamente com os salários de contribuição da atividade em que permaneceu trabalhando, para a concessão de posterior e nova aposentação.

3. Os benefícios previdenciários são direitos patrimoniais disponíveis e, portanto, suscetíveis de desistência pelos seus titulares, prescindindo-se da devolução dos valores recebidos da aposentadoria a que o segurado deseja preterir para a concessão de novo e posterior jubilamento. Precedentes do STJ.

4. Ressalva do entendimento pessoal do Relator quanto à necessidade de devolução dos valores para a reaposentação, conforme votos vencidos proferidos no REsp n. 1.298.391/RS; nos Agravos Regimentais nos REsps ns. 1.321.667/PR, 1.305.351/RS, 1.321.667/PR, 1.323.464/RS, 1.324.193/PR, 1.324.603/RS, 1.325.300/SC, 1.305.738/RS; e no AgRg no AREsp n. 103.509/PE.

5. No caso concreto, o Tribunal de origem reconheceu o direito à desaposentação, mas condicionou posterior aposentadoria ao ressarcimento dos valores recebidos do benefício anterior, razão por que deve ser afastada a imposição de devolução.

6. Recurso Especial do INSS não provido, e Recurso Especial do segurado provido. Acórdão submetido ao regime do art. 543-C do CPC e da Resolução n. 8/2008 do STJ.

ACÓRDÃO

Vistos, relatados e discutidos os autos em que são partes as acima indicadas, acordam os Ministros da Primeira Seção do Superior Tribunal de Justiça: "Prosseguindo no julgamento, a Seção, por unanimidade, negou provimento ao recurso especial do INSS e deu provimento ao recurso especial do segurado, nos termos do voto do Sr. Ministro Relator." Os Srs. Ministros

Napoleão Nunes Maia Filho, Mauro Campbell Marques, Benedito Gonçalves, Eliana Calmon, Arnaldo Esteves Lima e Humberto Martins votaram com o Sr. Ministro Relator.

Não participaram do julgamento os Srs. Ministros Sérgio Kukina e Ari Pargendler.

Brasília, 8 de maio de 2013 (data do julgamento).

MINISTRO HERMAN BENJAMIN

Relator

O EXMO. SR. MINISTRO HERMAN BENJAMIN (Relator):

Trata-se de Recursos Especiais interpostos contra acórdão proferido pelo Tribunal Regional Federal da 4ª Região.

Transcrevo relatório da decisão de fls. 326-328/STJ, que bem sintetiza a controvérsia:

Trata-se, na origem, de Ação Ordinária de segurado objetiva a renúncia à aposentadoria por tempo de serviço concedida pelo INSS em 1997 (a chamada "desaposentação") e a concessão de posterior benefício da mesma natureza, mediante cômputo das contribuições realizadas após o primeiro jubilamento.

A sentença de improcedência foi reformada pelo Tribunal Regional Federal da 4ª Região conforme acórdão assim ementado (fls. 140-141/STJ):

Acórdão da 4ª Região

PREVIDENCIÁRIO. DESAPOSENTAÇÃO PARA RECEBIMENTO DE NOVA APOSENTADORIA. POSSIBILIDADE. AUSÊNCIA DE NORMA IMPEDITIVA. NECESSIDADE DE DEVOLUÇÃO DO MONTANTE RECEBIDO NA VIGÊNCIA DO BENEFÍCIO ANTERIOR. COMPENSAÇÃO COM OS PROVENTOS DO NOVO BENEFÍCIO. IMPOSSIBILIDADE. DECADÊNCIA.

1. O ato de renúncia à aposentadoria, por se tratar de direito patrimonial disponível, não se submete ao decurso de prazo decadencial para o seu exercício. Entendimento em sentido contrário configura, s.m.j., indevida ampliação das hipóteses de incidência da norma prevista no citado art. 103 da LBPS, já que a desaposentação, que tem como consequência o retorno do segurado ao *status* quo ante, equivale ao desfazimento e não à revisão do ato concessório de benefício.

2. Tratando-se a aposentadoria de um direito patrimonial, de caráter disponível, é passível de renúncia.

3. Pretendendo o segurado renunciar à aposentadoria por tempo de serviço para postular novo jubilamento, com a contagem do tempo de serviço em que esteve exercendo atividade vinculada ao RGPS e concomitantemente à percepção dos proventos de aposentadoria, os valores recebidos da autarquia previdenciária a título de amparo deverão ser integralmente restituídos. Precedente da Terceira Seção desta Corte.

4. O art. 181-B do Dec. n. 3.048/99, acrescentado pelo Decreto n. 3.265/99, que previu a irrenunciabilidade e a irreversibilidade das aposentadorias por idade, tempo de contribuição/serviço e especial, como norma regulamentadora que é, acabou por extrapolar os limites a que está sujeita, porquanto somente a lei pode criar, modificar ou restringir direitos (inciso II do art. 5º da CRFB).

5. Impossibilidade de compensação dos valores a serem devolvidos ao INSS com os proventos do novo benefício a ser concedido, sob pena de burla ao § 2º do art. 18, uma vez que as partes já não mais seriam transportadas ao *status* jurídico anterior à inativação (por força da necessidade de integral recomposição dos fundos previdenciários usufruídos pelo aposentado).

O INSS opôs Embargos de Declaração (fls. 177-178/STJ), que foram rejeitados (fls. 183-190/STJ).

O segurado interpôs Recurso Especial (fls. 233-255/STJ) com fundamento no art. 105, III, *"a"* e *"c"*, da Constituição Federal. Para configurar a divergência jurisprudencial, apontou várias decisões proferidas por esta Corte que entendem pela desnecessidade de devolução dos valores recebidos da aposentadoria a que pretende renunciar.

O INSS também interpôs Recurso Especial (fls. 214-230/STJ) com embasamento no art. 105, III, *"a"*, da Constituição Federal. Sustenta violação do art. 535 do CPC e do art. 18, § 2º, da Lei n. 8.213/1991. Aduz que o citado dispositivo da Lei de Benefícios veda a renúncia à aposentadoria concedida.

O Tribunal de origem admitiu o Recurso Especial do segurado (fl. 293/STJ) e não admitiu o do INSS (fls. 294-297/STJ). A autarquia agravou dessa decisão (fls. 306-310/STJ).

Os presentes recursos foram admitidos sob o regime dos recursos repetitivos (art. 543-C do CPC e Resolução STJ 8/2008), conforme decisão de fls. 326-328/STJ, já mencionada.

O Ministério Público opinou pelo não provimento do Recurso Especial (fls. 285-293/STJ). Apontou a "reiterada orientação desta Egrégia Corte Superior no sentido de que é possível a renúncia à aposentadoria, para que outra, com renda mensal maior, seja concedida, levando-se em conta a contagem de período de labor exercido após a outorga da inativação, não importando em devolução dos valores percebidos".

É o relatório.

Recurso especial

RECURSO ESPECIAL N. 1.334.488 – SC (2012/0146387-1)
VOTO.

O EXMO. SR. MINISTRO HERMAN BENJAMIN (Relator): Os autos foram recebidos neste Gabinete em 6.9.2012.

Preenchidos os requisitos de admissibilidade dos Recursos Especiais, adentro o exame do mérito.

1. Possibilidade de desfazimento (renúncia) da aposentadoria. Exame da matéria sob o rito do art. 543-C do CPC e da Resolução STJ 8/2008

Conforme decisão de fls. 326-328/STJ, o presente Recurso Especial foi submetido ao procedimento dos recursos repetitivos, de forma que passo a fixar a orientação acerca da questão jurídica controvertida.

O objetivo do segurado é desfazer o ato de aposentadoria. Alega que trabalhou após a concessão do benefício e pretende obter novo benefício em que sejam considerados os posteriores salários de contribuição, além dos computados na primeira aposentação.

Há dois pontos jurídicos a serem enfrentados *in casu*: a possibilidade de o segurado renunciar à aposentadoria e, se admissível, a necessidade de devolução dos valores recebidos por força do benefício preterido.

A aposentadoria, direito fundamental garantido no art. 7º, XXIV, da CF, é prestação previdenciária destinada a garantir renda mensal por incapacidade total e permanente para o trabalho ou pelo decurso predeterminado de tempo de contribuição e/ou de idade. Destes suportes fáticos resultam seus três tipos: por tempo de contribuição, por idade e por invalidez.

Antes de adentrar o tema, introduzo breve análise da evolução legislativa.

A redação original da Lei n. 8.213/1991 previa a possibilidade de o aposentado continuar trabalhando e contribuindo para o sistema. Estabelecia o direito a tal segurado de se ver ressarcido das contribuições previdenciárias vertidas após a aposentação. Determinava ainda que o aposentado tinha direito somente à reabilitação profissional, ao auxílio-acidente e aos pecúlios (contribuições pós-aposentadoria), não fazendo jus a outras prestações. Seguem os dispositivos legais correspondentes:

Art. 18. (...)

2º O aposentado pelo Regime Geral de Previdência Social que permanecer em atividade sujeita a este regime, ou a ela retornar, somente tem direito à reabilitação profissional, ao auxílio-acidente e aos pecúlios, não fazendo jus a outras prestações, salvo as decorrentes de sua condição de aposentado, observado o disposto no art. 122 desta lei.

(...)

Art. 81. Serão devidos pecúlios:

(...)

II – ao segurado aposentado por idade ou por tempo de serviço pelo Regime Geral de Previdência Social que voltar a exercer atividade abrangida pelo mesmo, quando dela se afastar; (Revogado pela Lei n. 8.870, de 1991)

(...)

Art. 82. No caso dos incisos I e II do art. 81, o pecúlio consistirá em pagamento único de valor correspondente à soma das importâncias relativas às contribuições do segurado, remuneradas de acordo com o índice de remuneração básica dos depósitos de poupança com data de aniversário no dia primeiro.

As contribuições previdenciárias pós-aposentadoria pertenciam ao segurado, portanto, e o recebimento de tal pecúlio estava sob a condição do afastamento da atividade que gerou o recolhimento.

Com o advento das Leis ns. 9.032/1995 e 9.527/1997, o direito ao pecúlio foi extinto, passando a ficar expresso que as precitadas contribuições passariam a ser destinadas ao *custeio da Seguridade Social*, conforme o art. 11, § 3º, da Lei n. 8.213/1991 (grifei):

Art. 11. (...)

§ 3º O aposentado pelo Regime Geral de Previdência Social — RGPS que estiver exercendo ou que voltar a exercer atividade abrangida por este Regime é segurado obrigatório em relação a essa atividade, ficando sujeito às contribuições de que trata a Lei n. 8.212, de 24 de julho de 1991, para fins de custeio da Seguridade Social. (Incluído pela Lei n. 9.032, de 1995)

O art. 18, § 2º, da Lei de Benefícios, por sua vez, teve sua redação modificada para delimitar ao salário-família e à reabilitação profissional as prestações previdenciárias devidas ao aposentado que permanecer em atividade contributiva como empregado. Reproduzo o preceito legal:

Art. 18. (...)

§ 2º O aposentado pelo Regime Geral de Previdência Social (RGPS) que permanecer em atividade sujeita a este regime, ou a ela retornar, não fará jus a prestação alguma da Previdência Social em decorrência do exercício dessa atividade, exceto ao salário-família, à reabilitação profissional e ao auxílio-acidente, quando empregado. (Redação dada pela Lei n. 9.032, de 1995)

§ 2º O aposentado pelo Regime Geral de Previdência Social — RGPS que permanecer em atividade sujeita a este Regime, ou a ele retornar, não fará jus a prestação alguma da Previdência Social em decorrência do exercício dessa atividade, exceto ao salário-família e à reabilitação profissional, quando empregado. (Redação dada pela Lei n. 9.528, de 1997)

Veja-se, pois, que as contribuições da atividade laboral do segurado aposentado são destinadas ao custeio do sistema (art. 11, § 3º), não podendo ser utilizadas para outros fins, salvo as prestações salário-família e reabilitação profissional (art. 18, § 2º). Não é permitido, portanto, conceder ao aposentado qualquer outro tipo de benefício previdenciário, inclusive outra aposentadoria.

Posição anterior

Esta Corte sedimentou posição no sentido de que os benefícios previdenciários são direitos patrimoniais disponíveis:

AGRAVO INTERNO. BENEFÍCIO PREVIDENCIÁRIO. DIREITO PATRIMONIAL DISPONÍVEL. ILEGITIMIDADE DO MINISTÉRIO PÚBLICO FEDERAL.

1. Ilegítima a atuação do Ministério Público nos casos de concessão de benefícios previdenciários, por se tratar de direitos patrimoniais disponíveis.

2. Agravo ao qual se nega provimento (AgRg no Resp n. 1030065/PI, Rel. Ministro CELSO LIMONGI, DESEMBARGADOR CONVOCADO DO TJ/SP, SEXTA TURMA, DJe 25.10.2010).

PREVIDENCIÁRIO. AGRAVO REGIMENTAL CONTRA DECISÃO QUE NEGOU SEGUIMENTO AO RECURSO ESPECIAL. AUTORA DEVIDAMENTE REPRESENTADA POR ADVOGADO CONSTITUÍDO NOS AUTOS. AÇÃO QUE VERSA SOBRE BENEFÍCIO PREVIDENCIÁRIO. DIREITO INDIVIDUAL DISPONÍVEL. ILEGITIMIDADE DA INTERVENÇÃO DO MINISTÉRIO PÚBLICO. INCIDÊNCIA DA SÚMULA N. 7/STJ. AGRAVO REGIMENTAL DO MINISTÉRIO PÚBLICO FEDERAL DESPROVIDO.

(...)

2. As Turmas que compõem a Terceira Seção desta Corte firmaram entendimento de que o Ministério Público não possui legitimidade para atuar em ações que versem sobre benefício previdenciário, por se tratar de direito individual disponível, suscetível, portanto, de renúncia pelo respectivo titular.

(...)

(AgRg no Ag 1132889/SP, rel. Ministro NAPOLEÃO NUNES MAIA FILHO, QUINTA TURMA, DJe 17.5.2010).

Não é diferente o entendimento da jurisprudência desta Corte Superior quanto à possibilidade de desaposentação:

AGRAVO REGIMENTAL NO RECURSO ESPECIAL. PREVIDENCIÁRIO E PROCESSUAL CIVIL. MATÉRIA AFETADA AO RITO DOS RECURSOS ESPECIAIS REPETITIVOS. SOBRESTAMENTO. ART. 543-C DIRIGIDO À SEGUNDA INSTÂNCIA. DESAPOSENTAÇÃO. POSSIBILIDADE. DEVOLUÇÃO DAS PRESTAÇÕES PREVIDENCIÁRIAS JÁ PERCEBIDAS. DESNECESSIDADE. PRAZO DECADENCIAL DO ART. 103 DA LEI N. 8.213/91. MATÉRIA NOVA NÃO SUSCEPTÍVEL DE CONHECIMENTO.

1. Os comandos insertos no art. 543-C do CPC, §§ 1º e 2º, *in fine*, dirigem-se aos tribunais de segunda instância, não estando os relatores de recurso especial subordinados às decisões de sobrestamento no âmbito dos recursos especiais repetitivos. Precedentes.

2. É pacífico nesta eg. Corte Superior o entendimento segundo o qual o segurado pode renunciar à aposentadoria que aufere com o objetivo de obter uma outra, mais vantajosa, não estando obrigado, na consecução desse objetivo, a devolver as prestações previdenciárias já percebidas. Precedentes.

3. A questão não suscitada previamente nas razões de recurso especial constitui matéria nova, não susceptível de conhecimento em agravo regimental. Precedentes.

4. Agravo regimental a que se nega provimento.

(AgRg no REsp n. 1270606/RS, Rel. Ministra ALDERITA RAMOS DE OLIVEIRA (DESEMBARGADORA CONVOCADA DO TJ/PE), SEXTA TURMA, DJe 12.4.2013). PREVIDENCIÁRIO E PROCESSUAL CIVIL. AGRAVO REGIMENTAL NO RECURSO ESPECIAL. DESAPOSENTAÇÃO. POSSIBILIDADE. REPERCUSSÃO GERAL DA MATÉRIA. SOBRESTAMENTO DO FEITO NO SUPERIOR TRIBUNAL DE JUSTIÇA. INAPLICABILIDADE. DISPOSITIVOS CONSTITUCIONAIS. ANÁLISE. IMPOSSIBILIDADE.

1. O Superior Tribunal de Justiça firmou compreensão no sentido de que o segurado pode renunciar à aposentadoria com o propósito de obter benefício mais vantajoso, no Regime Geral de Previdência Social ou em regime próprio de previdência, mediante a utilização de seu tempo de contribuição.

2. O fato de a questao federal debatida nos autos ser objeto de repercussão geral no Supremo Tribunal Federal não determina o sobrestamento dos julgamentos dos recursos especiais, e sim dos recursos extraordinários eventualmente interpostos em face dos arestos prolatados por esta Corte, que tratem da matéria afetada.

3. Apresenta-se inviável a apreciação de ofensa a dispositivo constitucional, ainda que a título de prequestionamento, pois não cabe ao STJ, em sede de recurso especial, examinar matéria cuja competência é reservada ao STF, nos termos do art. 102, inc. III, da Constituição Federal

4. Agravo regimental a que se nega provimento.

(AgRg no REsp n. 1274328/RS, rel. Ministro OG FERNANDES, SEXTA TURMA, DJe 7.3.2013).

PREVIDENCIÁRIO. PROCESSUAL CIVIL. REPERCUSSÃO GERAL. SOBRESTAMENTO. NÃO CABIMENTO. RENÚNCIA DE APOSENTADORIA. POSSIBILIDADE. DEVOLUÇÃO DOS VALORES RECEBIDOS. DESNECESSIDADE. ANÁLISE DE VIOLAÇÃO DE DISPOSITIVOS CONSTITUCIONAIS. IMPOSSIBILIDADE. COMPETÊNCIA DO STF.

1. O reconhecimento pelo STF da repercussão geral não constitui hipótese de sobrestamento de recurso especial.

2. Nos termos da jurisprudência pacífica do STJ, admite-se a renúncia à aposentadoria objetivando o aproveitamento do tempo de contribuição e posterior concessão de novo benefício,

independentemente do regime previdenciário em que se encontra o segurado e da devolução dos valores percebidos.

3. A renúncia à aposentadoria, para fins de concessão de novo benefício, seja no mesmo regime ou em regime diverso, não implica a devolução dos valores percebidos.

4. Não cabe ao STJ, mesmo com a finalidade de prequestionamento, analisar suposta violação de dispositivos da Constituição Federal, sob pena de usurpação da competência do STF.

Agravo regimental improvido.

(AgRg no REsp n. 1321325/RS, rel. Ministro HUMBERTO MARTINS, SEGUNDA TURMA, DJe 20.8.2012).

PROCESSUAL CIVIL E PREVIDENCIÁRIO. MATÉRIA PENDENTE DE JULGAMENTO NO STF. SOBRESTAMENTO DO FEITO. DESCABIMENTO. RENÚNCIA DE APOSENTADORIA. DEVOLUÇÃO DOS VALORES RECEBIDOS. DESNECESSIDADE.

1. A pendência de julgamento no STF não enseja o sobrestamento dos recursos que tramitam no STJ. Precedentes.

2. Admite-se a renúncia à aposentadoria objetivando o aproveitamento do tempo de contribuição e posterior concessão de novo benefício, independentemente do regime previdenciário que se encontra o segurado.

3. Agravo regimental não provido.

(AgRg no REsp n. 1300730/PR, Rel. Ministro CASTRO MEIRA, SEGUNDA TURMA, DJe 21.5.2012).

Assim, é possível ao segurado renunciar à aposentadoria.

2. Necessidade de devolução dos valores recebidos da aposentadoria desfeita para posterior jubilamento. Exame da matéria sob o rito do art. 543-C do CPC e da Resolução STJ 8/2008.

Quanto ao debate acerca da necessidade de devolução de valores, ressalvado meu entendimento conforme item abaixo, o STJ fixou a orientação de que não há necessidade de ressarcimento de aposentadoria a que se pretende renunciar como condição para novo jubilamento. Nesse sentido:

Restituição de mensalidades

AGRAVO REGIMENTAL NO RECURSO ESPECIAL.

PREVIDENCIÁRIO. APOSENTADORIA POR TEMPO DE SERVIÇO. RENÚNCIA. DEVOLUÇÃO DE VALORES RECEBIDOS NA VIGÊNCIA DO BENEFÍCIO ANTERIOR. EFEITOS EX NUNC. DESNECESSIDADE. IMPOSSIBILIDADE. BURLAR A INCIDÊNCIA DO FATOR PREVIDENCIÁRIO. INOVAÇÃO RECURSAL.

1. A questão de que se cuida já foi objeto de ampla discussão nesta Corte Superior, estando hoje pacificada a compreensão segundo a qual a renúncia à aposentadoria, para fins de concessão de novo benefício, seja no mesmo regime ou em regime diverso, não implica a devolução dos valores percebidos, pois, enquanto esteve aposentado, o segurado fez jus aos proventos.

2. A tese trazida pelo agravante de ser o pedido de desaposentação, uma forma ardilosa de burlar a incidência do fator previdenciário, não foi tratada pelo Tribunal de origem, nem

tampouco suscitada, nas contrarrazões ao recurso especial, caracterizando-se clara inovação recursal, que não pode ser conhecida neste momento processual.

3. Agravo regimental a que se nega provimento.

(AgRg no REsp n. 1.255.835/PR, Rel. Ministro MARCO AURÉLIO BELLIZZE, QUINTA TURMA, DJe 12.9.2012).

PREVIDENCIÁRIO. PROCESSUAL CIVIL. REPERCUSSÃO GERAL. SOBRESTAMENTO. NÃO CABIMENTO. RENÚNCIA DE APOSENTADORIA. POSSIBILIDADE. DEVOLUÇÃO DOS VALORES RECEBIDOS. DESNECESSIDADE. ANÁLISE DE VIOLAÇÃO DE DISPOSITIVOS CONSTITUCIONAIS. IMPOSSIBILIDADE. COMPETÊNCIA DO STF.

1. O reconhecimento pelo STF da repercussão geral não constitui hipótese de sobrestamento de recurso especial.

2. Nos termos da jurisprudência pacífica do STJ, admite-se a renúncia à aposentadoria objetivando o aproveitamento do tempo de contribuição e posterior concessão de novo benefício, independentemente do regime previdenciário em que se encontra o segurado e da devolução dos valores percebidos.

3. A renúncia à aposentadoria, para fins de concessão de novo benefício, seja no mesmo regime ou em regime diverso, não implica a devolução dos valores percebidos.

4. Não cabe ao STJ, mesmo com a finalidade de prequestionamento, analisar suposta violação de dispositivos da Constituição Federal, sob pena de usurpação da competência do STF.

Agravo regimental improvido.

(AgRg no REsp n. 1321325/RS, Rel. Ministro HUMBERTO MARTINS, SEGUNDA TURMA, DJe 20.8.2012).

CONSTITUCIONAL, PREVIDENCIÁRIO E PROCESSUAL CIVIL. RENÚNCIA À APOSENTADORIA. POSSIBILIDADE. DEVOLUÇÃO DE VALORES. DESNECESSIDADE. PRECEDENTES. IMPOSSIBILIDADE DE INOVAÇÃO DE FUNDAMENTOS. ANÁLISE DE DISPOSITIVOS E PRINCÍPIOS CONSTITUCIONAIS. IMPOSSIBILIDADE.

1. Prevalece nesta Corte entendimento no sentido de se admitir a renúncia à aposentadoria objetivando o aproveitamento do tempo de contribuição e posterior concessão de novo benefício, independentemente do regime previdenciário que se encontra o segurado, não importando em devolução dos valores percebidos.

2. A apreciação de suposta violação de preceitos constitucionais não é possível na via especial, nem à guisa de prequestionamento, porquanto matéria reservada pela Carta Magna ao Supremo Tribunal Federal.

Agravo regimental improvido.

(AgRg no REsp n. 1323628/RS, Rel. Ministro HUMBERTO MARTINS, SEGUNDA TURMA, DJe 8.8.2012).

AGRAVO REGIMENTAL NO RECURSO ESPECIAL. PROCESSUAL CIVIL E PREVIDENCIÁRIO. PLEITO DE SOBRESTAMENTO, EM RAZÃO DE REPERCUSSÃO GERAL RECONHECIDA PELO STF. NÃO CABIMENTO. OFENSA À CLÁUSULA DE RESERVA DE PLENÁRIO. INEXISTÊNCIA. APRECIAÇÃO DE DISPOSITIVOS CONSTITUCIONAIS. INADEQUAÇÃO DA VIA ELEITA.

APOSENTADORIA. RENÚNCIA. POSSIBILIDADE. DEVOLUÇÃO DE VALORES. DESNECESSIDADE. PRECEDENTES. AGRAVO IMPROVIDO.

(AgRg no REsp n. 1321667/PR, Rel. Ministro CESAR ASFOR ROCHA, SEGUNDA TURMA, DJe 24.8.2012).

PROCESSUAL CIVIL E PREVIDENCIÁRIO. MATÉRIA PENDENTE DE JULGAMENTO NO STF. SOBRESTAMENTO DO FEITO. DESCABIMENTO. RENÚNCIA DE APOSENTADORIA. DEVOLUÇÃO DOS VALORES RECEBIDOS. DESNECESSIDADE.

1. A pendência de julgamento no STF não enseja o sobrestamento dos recursos que tramitam no STJ. Precedentes.

2. Admite-se a renúncia à aposentadoria objetivando o aproveitamento do tempo de contribuição e posterior concessão de novo benefício, independentemente do regime previdenciário que se encontra o segurado.

3. Agravo regimental não provido.

(AgRg no REsp n. 1300730/PR, Rel. Ministro CASTRO MEIRA, SEGUNDA TURMA, DJe 21.5.2012).

PREVIDENCIÁRIO. PROCESSUAL CIVIL. DESAPOSENTAÇÃO. RENÚNCIA À APOSENTADORIA. DEVOLUÇÃO DE VALORES. DESNECESSIDADE. RECONHECIMENTO DE REPERCUSSÃO GERAL PELO STF. SOBRESTAMENTO DO FEITO. IMPOSSIBILIDADE. EXAME DE MATÉRIA CONSTITUCIONAL EM SEDE DE RECURSO ESPECIAL. DESCABIMENTO. HONORÁRIOS ADVOCATÍCIOS. JUÍZO DE EQUIDADE. VALOR IRRISÓRIO. NÃO DEMONSTRAÇÃO.

1. O reconhecimento da repercussão geral pela Suprema Corte não enseja o sobrestamento do julgamento dos recursos especiais que tramitam neste Superior Tribunal de Justiça. Precedentes.

2. Inviável o exame, na via do recurso especial, de suposta violação a dispositivos da Constituição Federal, porquanto o prequestionamento de matéria essencialmente constitucional, por este Tribunal, importaria usurpação da competência do Supremo Tribunal Federal.

3. Descabe falar em adoção do procedimento previsto no art. 97 da Constituição Federal nos casos em que esta Corte decide aplicar entendimento jurisprudencial consolidado sobre o tema, sem declarar inconstitucionalidade do texto legal invocado.

4. A fixação de honorários, nos termos do que determina o § 4º do art. 20 do Código de Processo Civil, não está limitada aos percentuais estipulados no § 3º do art. 20 do Código de Processo Civil.

5. O percentual de 5% sobre o valor da condenação não se revela irrisório, mormente quando não são apresentados elementos aptos a demonstrar o caráter ínfimo da condenação.

6. Agravos regimentais improvidos.

(AgRg no REsp n. 1274283/RS, Rel. Ministro JORGE MUSSI, QUINTA TURMA, DJe 11.11.2011).

Novas decisões

No mesmo sentido as seguintes decisões monocráticas: Resp 1.345.439/PR, rel. Ministro Napoleão Nunes Maia Filho, Primeira Turma, DJ 25.9.2012; REsp n. 1.343.090/RS, rel. Ministro Napoleão Nunes Maia Filho, Primeira Turma, DJ 24.9.2012.

É possível, portanto, ao segurado pleitear a desaposentação para posterior reaposentação, computando-se os salários de contribuição posteriores à renúncia, sem necessidade de devolução dos valores recebida da aposentadoria preterida.

3. Ressalva do entendimento pessoal sobre necessidade de devolução dos valores da aposentadoria como condição para a renúncia desta Não obstante a adoção, no presente julgamento, da dominante jurisprudência acerca do ressarcimento de aposentadoria renunciada, ressalvo meu entendimento exposto, em voto vencido, no REsp n. 1.298.391/RS; nos Agravos Regimentais nos REsps ns. 1.321.667/PR, 1.305.351/RS, 1.321.667/PR, 1.323.464/RS, 1.324.193/PR, 1.324.603/RS, 1.325.300/SC, 1.305.738/RS; e no AgRg no AREsp. n. 103.509/PE.

Transcrevo a fundamentação que adotei naqueles julgamentos: Veja-se, pois, que as contribuições da atividade laboral do segurado aposentado são destinadas ao custeio do sistema (art. 11, § 3º), não podendo ser utilizadas para outros fins, salvo as prestações salário-família e reabilitação profissional (art. 18, § 2º). Não é permitido, portanto, conceder ao aposentado qualquer outro tipo de benefício previdenciário, inclusive outra aposentadoria.

Nesse ponto é importante resgatar o tema sobre a possibilidade de renúncia à aposentadoria para afastar a alegada violação, invocada pelo INSS, do art. 18, § 2º, da Lei n. 8.213/1991.

Este dispositivo apenas veda a concessão de prestação previdenciária aos segurados que estejam em gozo de aposentadoria, não sendo o caso quando esta deixa de existir pelo seu completo desfazimento. Ou seja, se a aposentadoria deixa de existir juridicamente, não incide a vedação do indigitado dispositivo legal.

Tal premissa denota o quanto a devolução dos valores recebidos pela aposentadoria objeto da renúncia está relacionada ao objetivo de obter nova e posterior aposentação.

Primeiramente porque, se o aposentado que volta a trabalhar renuncia a tal benefício e não devolve os valores que recebeu, não ocorre o desfazimento completo do ato e, por conseguinte, caracteriza-se a utilização das contribuições para conceder prestação previdenciária não prevista (a nova aposentadoria) no já mencionado art. 18, § 2º.

Além disso, ressalto relevante aspecto no sentido de que o retorno ao estado inicial das partes envolve também a preservação da harmonia entre o custeio e as coberturas do seguro social.

É princípio básico de manutenção do RGPS o equilíbrio atuarialmente o que é arrecadado e o contexto legal das prestações previdenciárias. Não é diferente para o benefício de aposentadoria, pois, sob a visão do segurado, ele contribui por um determinado tempo para custear um salário de benefício proporcional ao valor da base de cálculo do período contributivo.

Evidentemente que o RGPS é solidário e é provido por diversas fontes de custeio, mas a análise apartada da parte que cabe ao segurado pode caracterizar, por si só, desequilíbrio atuarial. Basta que ele deixe de contribuir conforme a legislação de custeio ou lhe seja concedido benefício que a base contributiva não preveja.

Enfim, um período determinado de contribuições do segurado representa parte do custeio de uma aposentadoria a contar do momento de sua concessão. Se este mesmo benefício é desconstituído para conceder um novo, obviamente mais vantajoso, o período contributivo deste último (em parte anterior e em parte posterior à aposentadoria renunciada) serve para custear o valor maior a partir da nova data de concessão.

Pois bem, se na mesma situação acima o segurado for desobrigado de devolver os valores recebidos do benefício renunciado, ocorrerá nítido desequilíbrio atuarial, pois o seu "fundo de contribuições" acaba sendo usado para custear duas aposentadorias distintas.

Essa construção baseada no equilíbrio atuarial decorre de interpretação sistemática do regime previdenciário, notadamente quando é disciplinada a utilização de tempo de contribuição entre regimes distintos.

Transcrevo dispositivo da Lei de Benefícios:

Art. 96. O tempo de contribuição ou de serviço de que trata esta Seção será contado de acordo com a legislação pertinente, observadas as normas seguintes:

(...)

III – não será contado por um sistema o tempo de serviço utilizado para concessão de aposentadoria pelo outro.

Assim, se o pedido da presente ação fosse para se desaposentar no RGPS para utilizar o tempo de contribuição em regime próprio, a não devolução dos valores recebidos do benefício renunciado caracterizaria a vedação do art. 96, III, da Lei n. 8.213/1991, pois o citado tempo foi utilizado para conceder/pagar aposentadoria do regime de origem.

Mutatis mutantis, não poderá ser utilizado tempo de contribuição já considerado para conceder um benefício (aposentadoria renunciada) para a concessão de nova e posterior prestação (aposentadoria mais vantajosa) no mesmo regime de previdência. Nessa situação incidem as vedações dos arts. 11, § 3º, e 18, § 2º, da LB. Isso porque, como já ressaltado, se a aposentadoria não deixa de existir completamente, as contribuições previdenciárias posteriores são destinadas ao custeio da Seguridade Social, somente sendo cabíveis as prestações salário-família e reabilitação profissional.

Ressalto que, embora não haja cumulação temporal no pagamento das aposentadorias, há cumulação na utilização de tempos de contribuição, concernente à fração da mesma base de custeio. É que as contribuições anteriores à aposentadoria renunciada seriam utilizadas para pagar esta e o novo jubilamento.

Dentro desse contexto interpretativo, a não devolução de valores do benefício renunciado acarreta utilização de parte do mesmo período contributivo para pagamento de dois benefícios da mesma espécie, o que resulta em violação do princípio da precedência da fonte de custeio, segundo o qual "nenhum benefício pode ser criado, majorado ou estendido, sem a devida fonte de custeio" (art. 195, § 5º, da CF e art. 125 da Lei n. 8.213/1991). Sobre o mencionado princípio, cito julgado do Supremo Tribunal Federal:

CONTRIBUIÇÃO SOCIAL — MAJORAÇÃO PERCENTUAL — CAUSA SUFICIENTE — DESAPARECIMENTO — CONSEQUÊNCIA — SERVIDORES PÚBLICOS FEDERAIS.

O disposto no art. 195, § 5º, da Constituição Federal, segundo o qual "nenhum beneficio ou serviço da seguridade social poderá ser criado, majorado ou estendido sem a correspondente fonte de custeio", homenageia o equilíbrio atuarial, revelando princípio indicador da correlação entre, de um lado, contribuições e, de outro, benefícios e serviços. (...) (ADI 790, relator (a): Min. MARCO AURÉLIO, Tribunal Pleno, DJ 23.4.1993 PP-06918 EMENT VOL-01700-01 PP-00077 RTJ VOL-00147-03 PP-00921.)

Os cálculos atuariais que embasam o regime de custeio tomam como base uma previsão determinada de contribuições para pagar aposentadoria em período estimado pela expectativa de vida média dos segurados. A parte que incumbe ao segurado é recolher os aportes por determinado tempo para cobrir o pagamento da aposentação a contar da concessão. Como já exaustivamente demonstrado, a não devolução dos valores da aposentadoria a que se pretende renunciar, com o intuito de utilização do período contributivo para novo jubilamento, quebra a lógica atuarial do sistema. Isso porque a primeira aposentadoria é concedida em valor menor do que se fosse requerida posteriormente, mas é paga por mais tempo (expectativa de vida). Já se o segurado optar por se aposentar mais tarde, o "fundo de contribuições" maior financiará uma aposentadoria de valor maior, mas por período menor de tempo.

A renúncia à aposentadoria sem devolução de valores mescla essas duas possibilidades, impondo aos segurados uma aposentadoria o mais prematura possível, para que mensal ou anualmente (fator previdenciário e coeficiente de cálculo) seja majorada.

Tais argumentos já seriam suficientes, por si sós, para estabelecer a devolução dos valores da aposentadoria como condição para a renúncia desta, mas adentro ainda em projeções de aplicação do entendimento contrário que culminariam, *data venia*, em total insegurança jurídica, pois desestabilizariam e desvirtuariam o sistema previdenciário. Isso porque todos os segurados passariam a se aposentar com os requisitos mínimos e, a cada mês de trabalho e nova contribuição previdenciária, poderiam pedir nova revisão, de forma que a aposentadoria fosse recalculada para considerar a nova contribuição.

Exemplificando: o segurado se aposenta em abril/2012 e continua trabalhando e contribuindo. Em maio/2012 pediria a desaposentação de abril/2012 e nova aposentadoria para incluir o salário de contribuição de abril. Em junho/2012 pediria a desaposentação de maio/2012 e nova aposentadoria para incluir o salário de contribuição de maio e assim sucessivamente.

A não devolução dos valores do benefício culminaria, pois, na generalização da aposentadoria proporcional. Nenhum segurado deixaria de requerer o benefício quando preenchidos os requisitos mínimos.

A projeção do cenário jurídico é necessária, portanto, para ressaltar que autorizar o segurado a renunciar à aposentadoria e desobrigá-lo de devolver o benefício recebido resultaria em transversa revisão mensal de cálculo da aposentadoria já concedida.

Considerando ainda que essa construção jurídica, desaposentação sem devolução de valores, consiste obliquamente em verdadeira revisão de cálculo da aposentadoria para considerar os salários de contribuição posteriores à concessão, novamente está caracterizada violação do art. 11, § 3º, e 18, § 2º, da Lei n. 8.213/1991, pois este expressamente prevê que as contribuições previdenciárias de aposentado que permanece trabalhando são destinadas ao custeio da Seguridade Social e somente geram direito às prestações salário-família e reabilitação profissional.

Indispensável, portanto, o retorno ao *status quo ante* para que a aposentadoria efetivamente deixe de existir e não incidam as vedações legais citadas. Assim, é bom frisar que a devolução dos valores recebidos da aposentadoria a que o segurado pretende renunciar é condição para que as contribuições possam ser utilizadas para novo benefício da mesma espécie, inclusive de outro regime.

Nada impede, por outro lado, que o segurado renuncie com efeito *ex nunc*, o que o desoneraria da devolução dos valores, mas não ensejaria o direito de utilizar as contribuições já computadas.

4. Resolução do caso concreto

O Tribunal de origem, como já relatado, reconheceu o direito à desaposentação, mas condicionou a utilização do tempo e do salário de contribuição para futura aposentadoria à devolução do benefício recebido.

Assim, o acórdão recorrido deve ser reformado para afastar a necessidade de ressarcimento dos valores da aposentadoria a que o segurado pretende renunciar.

Diante do exposto, nego provimento ao Recurso Especial do INSS e provejo o Recurso Especial de Waldir Ossemer para declarar a desnecessidade de devolução dos valores da aposentadoria renunciada, e condenar a autarquia à concessão de nova aposentadoria a contar do ajuizamento da ação, compensando-se o benefício em manutenção, e ao pagamento das diferenças acrescidas de juros de mora a contar da citação (Súmula n. 204/STJ) e dos honorários advocatícios de 10% sobre as parcelas vencidas até a decisão do Tribunal de origem (Súmula n. 111/STJ). É como voto.

Capítulo 52

Desaposentação no Supremo

Dia 16.9.10 o Ministro do STF *Dias Tofolli*, solicitou vistas dos autos de um Recurso Extraordinário proveniente do Rio Grande do Sul (RE n. 381.367) — unidade da Federação cujo TRF já sumulara a existência da pretensão — em que se discutia o direito à desaposentação.

A impressão que ficava é que esse jovem magistrado votaria com o Ministro *Marco Aurélio*, relator daquele processo e que aprovou o instituto técnico da desaposentação.

Ministro Marco Aurélio de Mello

No ensejo, disse o Ministro *Marco Aurélio*: "É triste, mas é isso mesmo: o trabalhador alcança a aposentadoria, mas não pode usufruir o ócio com dignidade, sem decesso no padrão de vida. Ele retorna à atividade e, o fazendo, torna-se segurado obrigatório. Ele está compelido por lei a contribuir, mas contribui para nada, ou, melhor dizendo, para muito pouco, para fazer apenas jus ao salário-família e à reabilitação".

Potencial de interessados

Segundo o MPS seriam mais de 500 mil aposentados por tempo de contribuição que voltaram ao trabalho e que, em tese, poderiam solicitar a desaposentação.

Ela representa uma renúncia expressa, oficial e formal por parte do jubilado que está recebendo um benefício legitimamente concedido, com a preservação do tempo de contribuição (que é indisponível), para cessar a manutenção desse primeiro benefício e ser requerido outro, no mesmo regime ou num outro regime de previdência social. Filosoficamente, ela pretende que ninguém, em hipótese alguma, seja prejudicado.

Acompanhar o STJ

Aparentemente o STF decidiria da mesma forma como vem fazendo o STJ, assegurando o direito à desaposentação, hipótese que praticamente forçará o MPS a regulamentar a questão, possivelmente encaminhando um Projeto de Lei em 2015.

Restituição das mensalidades

Espera-se que a decisão do STF, além do mérito básico, sopese o principal questionamento desse instituto técnico, que é a necessidade ou não da devolução das mensalidades até então recebidas pelo aposentado

Adriane Bramante e *Viviane Masotti* reproduzem uma manifestação do STF: "Ademais, a controvérsia relativa à devolução dos valores percebidos a título de aposentadoria foi decidida com base na legislação infraconstitucional e na jurisprudência do

Superior Tribunal de Justiça. Assim, eventual ofensa à Constituição, se tivesse ocorrido, seria indireta, o que não viabiliza o processamento do recurso extraordinário" (ob. cit., p. 122-123).

Desconto máximo

Que adote os 30% máximos do Regulamento da Previdência Social, mande restituir todo o valor ou acolha a natureza alimentar das prestações, estabelecida constitucionalmente, ou então considere desnecessária a restituição. Mas, que resolva.

Regulamentação governamental

Qualquer que seja a decisão do STF — exceto na possibilidade de opor-se à desaposentação — repete-se, obrigará o Governo Federal a estudar o assunto, o que não vem fazendo com a necessária atenção.

Posição do MPS

O Ministro da Previdência Social tem-se posicionado no sentido do retorno do pecúlio, desaparecido em 1994, quando as contribuições pessoais vertidas após a aposentação eram devolvidas àqueles que, finalmente, ingressaram no *ocium cum dignitat.*

Revisão periódica

Se não for reconhecido oficialmente o direito à desaposentação e ela for substituída por outra modalidade de aproveitamento das contribuições posteriores à aposentação, julgamos que será preferível haver revisões periódicas (por exemplo, a cada três anos) da renda mensal mantida, com fulcro nas contribuições posteriores.

Ouvido o matemático e respeitado o princípio do equilíbrio atuarial e financeiro, não haveria prejuízo para o orçamento da previdência social, os acréscimos derivariam das novas contribuições.

Nestas condições seriam considerados os aportes profissionais (do trabalhador) e os patronais (da empresa), uma vez que na hipótese do pecúlio as cotizações patronais jazem no FPAS.

Em 29.10.2014 com o pedido de vistas da Ministra Rosa Weber novamente foi suspenso. Até então tinham votado a favor o Ministro Luiz Roberto Barroso, Marco Aurélio Mello e contra, os Ministros Dias Tóffoli e Teori Zavaski.

Voto de Teori Zavaski

> "O RGPS tem natureza estatutária ou institucional e não contratual e, por este motivo, deve ser sempre regrado por lei sem qualquer espaço para intervenção da vontade individual".

Que seja institucional é possível aceitar, mas não que inadmita a vontade do segurado, fato que acontece com a maior frequência a partir do princípio constitucional do direito de trabalhar.

Ele acresce: "Não é preciso enfatizar que de renúncia não se trata, mas substituição de um benefício menor por um maior, uma espécie de progressão de escala".

Se levarmos em conta que na substituição, figura inexistente no Direito Previdenciário o pressuposto é uma abdicação, o argumento se esvazia. Como o segurado não pode receber os dois benefícios e somente ele pode decidir sobre sua extinção, a renúncia é inevitável.

Capítulo 53
Sessão de Julgamento

O início do julgamento do RE n. 661.256 por parte do STF tratando da desaposentação foi auspicioso para os interessados e um tanto decepcionante para os estudiosos do Direito Previdenciário. Sem embargo da questão não ser constitucional foram feitas dezenas de alusões à Carta Magna, alguma delas desnudando o desconhecimento do conceito básico de previdência social, significado do regime de repartição simples, do princípio da solidariedade e o que quer dizer o próprio instituto técnico da desaposentação. Além de certa confusão com pedido de revisão e transformação de benefícios.

Revisão de benefícios

Revisão de benefícios pressupõe um equívoco material ou formal na instrução da concessão ou por ocasião dos reajustes; a transformação não exige volta ao trabalho nem eventual restituição. A desaposentação parte da regularidade, legalidade e legitimidade da concessão inicial da primeira aposentadoria.

Os exageros retóricos impressionaram, revelaram a inteligência e paixão dos defensores dos pontos de vistas das duas partes, mas não contribuíram para delimitar o assunto a ser debatido.

Equilíbrio atuarial e financeiro

Uma preocupação com o equilíbrio atuarial e financeiro da seguridade social foi notável e merece encômios, um ato de responsabilidade a ser aplaudido. Pois ele é um dos pressupostos da desaposentação, ainda que isso tenha sido ressaltado.

Acumulação de prestações

A teoria da desaposentação não objetiva acumulação de um com outro benefício, aliás, proibida pelo art. 124 da Lei n. 8.213/91 e pela lógica do sistema, mas um recálculo da renda mensal do primeiro, suplementado com os elementos materiais emergidos após a volta ao trabalho. Uma aferição hodierna que não poderia contar com o fator previdenciário do primeiro benefício com quis o relator.

Ofensa à solidariedade

Por que o princípio da solidariedade teria sido ofendido? Os valores aportados pelos aposentados que retornam ao trabalho não vão para uma conta pessoal dele (caso do FGTS, caderneta de poupança e da previdência associativa). Diferentemente, eles se destinam aos cofres do FPAS e custeiam benefícios para a clientela protegida.

Pior que manipular o princípio do equilíbrio atuarial e financeiro para negar benefícios seria tentar malbaratar o conceito de solidariedade social.

Tais contribuições dão cobertura aquele segurado jovem aposentado por invalidez depois de apenas 12 contribuições. Da mesma forma como o valor dos benefícios não auferidos pelos segurados (por quaisquer motivos) jazerá no FPAS em favor da coletividade protegida.

A solidariedade securitária cifra-se na contribuição; o benefício é sua necessária contrapartida. A contribuição é de todos, da sociedade, os benefícios, de alguns.

Diz o Ministro Barroso: "Em razão do princípio da solidariedade, não se exige uma correspondência estrita entre contribuição e benefício, até porque o sistema ampara pessoas que nunca contribuíram ou contribuíram de maneira muito limitada. Por outro lado, tendo em vista o caráter contributivo do modelo, exige-se algum grau de comutatividade entre o que se recolhe e o que se recebe. Como consequência, *não é legítima* a cobrança feita ao segurado sem qualquer contraprestação efetiva ou potencial" (grifos nossos).

Realmente, considerada em termos globais não há correlação entre contribuição e prestações. Uma maioria recolhe em favor de uma minoria (a dos beneficiários). Mas, como ressaltado, individualmente sopesado o fator previdenciário criou uma correlatividade entre a cotização e o benefício (que já existia em menor intensidade), daí concordar-se que não ser possível participação pecuniária obrigatória sem contrapartida num sistema previdenciário, mas acolhida num sistema securitário.

Essa contrapartida é de escolha do legislador (no passado criou o pecúlio) e poderá amanhã imaginar outra solução, sempre favorecendo aquele segurado que retornou ao trabalho. Essas dificuldades defluem também do fato de nossa legislação admitir a impropriedade de novo trabalho; mas, se ela existe, a contribuição se impõe e, com ela, alguma prestação.

Argumentos da União

A União alegou três fundamentos significativos: ofensa ao ato jurídico perfeito, descumprimento do art. 18, § 2º e não aplicação do princípio da igualdade ou isonomia.

Inexiste ofensa ao ato jurídico perfeito, ele é uma garantia do cidadão e não do Estado, desde que não ocorra prejuízo a terceiros.

O aludido art. 18, § 2º, não veda esse instituto técnico, como assevera o voto do relator; ele confirma o art. 124 e garante que ninguém pode auferir duas aposentadorias. Nem a desaposentação pretende isso. Se a União quisesse obstar a desaposentação, e teve tempo nos últimos 28 anos para isso, deveria alterar a redação daquele dispositivo.

Seguindo o exemplo do Min. Luiz Roberto Barroso, com exceção do fato de que foram auferidas mensalidades devidas entre a primeira e o segundo jubilamento, matematicamente quem requereu a desaposentação e quem não a solicitou, estão exatamente na mesma situação.

Convindo ressaltar que o princípio constitucional da liberdade permite a cada beneficiário a volição, quando não vedado em lei, de fazer o que bem entender.

Como observa o Ministro Barroso: "... o art. 18, § 2º, não cuida da desaposentação, por ter sido editado ao tempo em que as contribuições posteriores à aposentadoria eram restituídas sob a forma de pecúlio".

Isso não é o maior fundamento para elidir-se esse dispositivo do estudo da desaposentação; ele foi invocado porque estava à mão de quem discordava desse instituto técnico. Mesmo depois da Lei n. 8.870/94 ele poderia ser preceituado sem melhorar o seu sentido.

Por que haveria ofensa à isonomia se quaisquer pessoas que preencham os requisitos legais podem requerer quaisquer benefícios?

Possibilidade da renúncia

Ah! A renúncia! Acusada de ser fingida ou falsa. Entrementes, ela subsiste independentemente do observador, e será presumida. Na desaposentação quando alguém desiste de um direito e exercita outro no lugar, lógica e implicitamente se absterá do primeiro.

O mesmo acontece quando o segurado pretende de dois possíveis, o melhor benefício.

É inútil afirmar que a desaposentação é um estímulo ao retorno ao mercado. Mesmo quando da existência do pecúlio, os aposentados se mantinham trabalhando para melhorar sua renda e não porque pensavam nesse benefício de pagamento único extinto de 1994.

A nosso ver a renúncia é um instituto independente de quaisquer considerações sobre o modelo previdenciário na medida em que revela uma pretensão válida da pessoa humana sob o pálio do princípio da liberdade. Até mesmo fora da desaposentação se alguém quiser, sempre sem causar prejuízos a terceiros, poderá abdicar de qualquer prestação do mesmo modo como qualquer pessoa poderá jamais pedir uma aposentadoria.

Não se consegue entender as três justificativas para a renúncia que faz parte do item 34 do voto. Ao final, ele diz: "Por tudo isso, se a legislação ordinária vedasse a desaposentação de forma expressa, sua compatibilidade com ao atual texto constitucional seria no mínimo duvidosa".

Talvez no mínimo; essa determinação está contida num conceito de previdência social em que as pessoas não devam voltar ao trabalho. O sistema brasileiro é uma distorção e em razão disso a própria contributividade é questionada.

Fator previdenciário

Pretender aplicar os elementos do fator previdenciário da época da primeira aposentação é contrariar frontalmente o *tempus regit actum*, sem falar que a data do início do benefício pode ter sido antes da Lei n. 9.876/99, quando não havia esse fator nem o atual período básico de cálculo. Ambos provocando diferentes resultados financeiros.

No item 6, criando norma jurídica, o ministro relator invoca o fator previdenciário da época da aposentação, possivelmente com isso julgando amenizar as contas da previdência social e que a ordem das coisas que dizem tratar-se de um novo benefício e que reclama os ditames legais vigentes na sua data de nascimento.

Quando o fator do segurado é então maior é exatamente por isso que ele pretende a desaposentação; a renda mensal a ser mantida será maior, mas ele desfrutará de menos expectativa de vida.

É intrigante o argumento utilizado para justificar a presença do fator previdenciário em matéria de desaposentação. Não se sabe porque o voto já diz que: "Do contrário, o servidor (*sic*) desaposentado receberia benefícios por prazo muito maior do que os outros segurados com a mesma idade e o tempo de contribuição".

Ora, a desaposentação implica em uma nova DIB com expectativa de vida própria da sua concessão. Rigorosamente, a pessoa viverá menos o que justifica um fator maior em decorrência de mais idade e mais tempo de contribuição.

Ao final, fica a dúvida: como se aplicará o acórdão para quem se aposentou antes de 1999?

Data do início da eficácia

Em seguida, modulando, o voto diz que, por isso mesmo (*sic*) a medida somente seria "aplicada 180 (cento e oitenta) dias após a publicação do presente acórdão"(!).

Isso pouco a ver com a desaposentação, exceto que o Poder Judiciário estaria transferindo sua responsabilidade de decidir ao Congresso Nacional.

Papel da contributividade

Ficou no ar o significado da contributividade. A contrapartida foi mencionada *en passant*. Um silêncio sepulcral cobriu o seu papel e qual deve ser o seu destino. Menção aos 11% dos servidores aposentados, um absurdo de lógica que o STF acampou em mau momento, não enriqueceu o debate. Não se pode opor a um instituto técnico que, de fato, não prejudica o plano de benefícios do RGPS, a coletividade, e observa o princípio da contrapartida, inerente à contributividade.

Restituição das mensalidades

Quando do exame da restituição novamente fica a impressão de que o relator centrou-se no equilíbrio atuarial e financeiro da previdência social e aí sugere o parcelamento do valor correspondente, legislando fora de sua competência jurisdicional.

Reportando-se ao item 44 a restituição não é devida para que se possa aceitar a desaposentação. Ela se escora na ideia do restabelecimento do *status quo ante* (que, do ponto de vista prático, em algum caso, pode obstá-la). Visa restabelecer o equilíbrio financeiro do sistema e nada mais do que isso.

Algumas conclusões

No item 85 são ressaltadas posições que merecem alguma explicitação. Na letra "b" diz-se que existe correlação entre a contribuição e o benefício de cada segurado sem que haja entre a coletividade e o sistema, o que é rigorosamente perfeito.

Na letra "c" afirma-se que a isonomia restar ofendida se alguém passasse a inatividade precocemente em confronto com aquele que adiou o momento da aposentação. Essa questão, ínsita à liberdade do ser humano, pouco tem a ver com a desaposentação.

Cada um sabe de si. Em face da proclamada correção explicitada pelo voto, quando alguém se aposenta antes, recebe um valor menor por mais tempo; quem prefere jubilar-se mais tarde, receba mais por um tempo menor.

Capítulo 54
Valor da Causa

Diante da duplicidade de jurisdição no âmbito da Justiça Federal, com a Vara Previdenciária e o Juizado Especial Federal, em virtude do que dispõem as leis regentes da matéria subsistem dúvidas sobre como calcular o valor da causa.

Ela, como se verá adiante, determinará a justiça competente para as ações de desaposentação.

Disciplina do CPC

No Cap. VI – De outros Atos Processuais, na Seção II – Do Valor da Causa, registra-se o preceituado no art. 260 do Código de Processo Civil – CPC (Lei n. 5.869/73):

> Quando se pedirem prestações vencidas e vincendas, tomar-se-á em consideração o valor de umas e outras. O valor das prestações vincendas será igual a uma prestação anual, se a obrigação for por tempo indeterminado ou por tempo superior a 1 (um) ano; se, por tempo inferior, será igual à soma das prestações.

O comando que interessa sopesar é o da primeira oração; vale dizer, o CPC pretende que o valor da causa seja a soma das prestações e estas, no Direito Previdenciário, são as mensalidades do benefício, *in casu,* do novo direito deflagrado por via da desaposentação.

Regra JEF

Por seu turno, o art. 3º da Lei n. 10.259/01 dispõe:

> Compete ao Juizado Especial Federal Cível processar, conciliar e julgar causas de competência da Justiça Federal até o valor de sessenta salários mínimos, bem como executar as suas sentenças.
>
> (...)
>
> § 2º Quando a pretensão versar sobre obrigações vincendas, para fins de competência do Juizado Especial, a soma de doze parcelas não poderá exceder o valor referido no art. 3º, *caput.*

Definição da competência

Portanto, o montante da causa nas ações de natureza previdenciária definirá a competência do Juizado Especial Federal ou da Vara Previdenciária:

Indagações propostas

Na desaposentação emergeria um novo benefício. Qual será o valor da causa para fins de definição da competência jurisdicional? Sérgio Henrique Salvador estudou o assunto em "Do valor da causa — Acesso ou restrição — jurisdicional", *in RPS* n. 387/114.

Natureza do benefício

Materializando a desaposentação, uma vez deferida, subsistirá outra concessão previdenciária, a implantação de um benefício distinto do primeiro, com o qual não se confunde.

A nova prestação submeter-se-á às regras regentes na época da Data do Início do Benefício — DIB, por isso tem-se um novo benefício (possivelmente com um número distinto).

Serão efetuadas operações próprias dessa DIB e, com eles, outro período básico de cálculo, um salário de contribuição ampliado com mais valores mensais de contribuições vertidas após a aposentação e tetos próprios dessa DIB, resultando num salário de benefício diferenciado. Logo, emergirá uma renda mensal inicial sem identidade com primeira.

Vale agora e, então, a lei vigente na época da concessão do novo benefício.

Eventuais retenções como um empréstimo consignado ou uma pensão alimentícia serão redimensionadas.

O Imposto de Renda não será o mesmo. A expectativa de vida do segurado diminuirá e com ela o fator previdenciário será modificado.

Se a primeira concessão aconteceu antes da Lei n. 9.876/99, com a desaposentação o fator previdenciário poderá produzir efeitos bastante significativos.

E, saliente-se, o aposentado correrá o risco de ter de devolver o que recebeu.

Ipso facto não se pode ajuizar com o primeiro benefício; o ganho financeiro eventual havido é da renda mensal do segundo benefício.

O prazo de decadência de uma eventual revisão de cálculo dessa renda mensal inicial se contará da DIB produzida pela desaposentação (PBPS, art. 103).

Ninguém pretende a diferença entre as duas prestações, mas uma renda mensal inicial do segundo benefício com os seus desdobramentos positivos (melhorar o valor) e negativos (mais IR).

A desembargadora *Nizete Lobato*, relatora do TRF da 2ª Região enfatizou a cessação dessa prestação renunciada: "Ante a manifestação volitiva do autor, o benefício antigo 'morre', por assim dizer, não havendo como considerá-lo para efeitos de cálculo do valor da causa" (AI n. 00144080.88.2011.4.02.0000, decisão de 17.4.12 da 2ª Turma Especial).

Valor da causa

O debate sobre qual deve ser o montante da causa em matéria de desaposentação tem sido no sentido de que: a) levará em conta o *quantum* das mensalidades do primeiro benefício (exatamente aquele ao qual se renunciou) ou b) esse *quantum* diz respeito ao da renda mensal inicial da prestação objetivada.

Para alguns magistrados da Justiça Federal prevalece a interpretação de que deve ser o da pretensão, ou seja, da nova aposentadoria deferida pelo INSS (AG n. 2010.02.028.007778-0, em que foi relator o Juiz *Marcelo Ferreira de Souza Granado,* da 1ª Turma Especial do TRF da 2ª Região de 18.1.11).

Destarte, importa perquirir a natureza da pretensão do autor da ação e nesse sentido, na Justiça Federal, por vezes opera-se uma pequena confusão doutrinária sobre três institutos técnicos: a) revisão de cálculo; b) transformação de benefícios e c) desaposentação.

Revisão de cálculo pressupõe a hipótese de ter havido um equívoco por parte do INSS na instrução do requerimento e na concessão. Na transformação e na desaposentação, a concessão foi regular, legal e legítima e sem discutir sua validade material.

Na última modalidade, a possibilidade de renunciar à concessão de um benefício em favor do deferimento de uma prestação com base nas contribuições vertidas até a aposentação mais aquela defluente da volta ao trabalho.

Embora estivesse tratando de uma revisão de cálculo, uma figura bem distinta da desaposentação, a Juíza *Márcia Hoffman* firma um critério geral que deflui do art. 260 do CPC: "O valor da causa deve corresponder à expressão econômica do bem da vida almejado pela parte segurada, afeta em face do pedido formulado pela vestibular" (Proc. n. 2010.03.00.013417-2, exarada na 8ª Turma do TRF da 3ª Região, em 14.1.11).

Conclusões

A desaposentação pressupõe dois benefícios distintos: a) o primeiro, que se renunciou; e b) o segundo, recalculado.

O benefício resultante da desaposentação não se confunde com o anteriormente deferido e, nessas condições, a base de cálculo do valor da causa deverá ser de 100% da nova mensalidade.

Capítulo 55
Desaposentação dos Deficientes

Os beneficiários das duas aposentadorias dos deficientes pressupõem respeitáveis dificuldades pessoais e sociais na realização do seu trabalho habitual.

Identidade com benefícios

Essa prestação assemelha-se, de certa forma, à aposentadoria especial (que veda a volta ao trabalho nessa condição). Por outro lado, tem alguma simetria com a aposentadoria por invalidez.

Disposição para trabalhar novamente

Raramente alguém que se jubilou nestas situações terá disposição para continuar ou retornar ao trabalho, mas se isso acontecer nada impedirá que se afastando novamente venha a tentar uma desaposentação.

Multiplicidade de situações

Diante da multiplicidade de situações que se apresentam, dos diferentes tipos de limitações humanas e dos avanços na medicina, é bastante provável que um significativo contingente de pessoas jubiladas como base na lei que a disciplinar queira e possa voltar ao trabalho.

Aposentadoria precoce

É preciso lembrar, num caso extremo, que uma mulher portadora de deficiência grave que comece a trabalhar aos 16 anos poderá se aposentar com 36 anos de idade.

Relação jurídica

Terá restabelecida a relação jurídica com a previdência social e com isso novas contribuições.

Nesse caso se estará diante da possibilidade, finalmente, de não mais querer trabalhar ou de simplesmente melhorar o valor do seu benefício.

Capítulo 56
Provas do Novo Trabalho

Distinção entre os períodos

A desaposentação compreende dois períodos de trabalho e se assim entender duas filiações distintas. Ela implica em duas prestações que não se confundem.

Nestas condições é possível dizer que há um primeiro período de filiação, que gerou contribuições e a concessão do primeiro benefício.

Nova identidade

Após a aposentação, o trabalhador pode continuar na própria empresa, agora na condição de aposentado que trabalha ou prestar serviços para outra empresa e até mesmo ser contribuinte individual. Nos dois casos estará novamente contribuindo.

Quem se aposenta costuma aceitar novos empregos com salários menores e no comum dos casos permanecerem ele e o dador de serviços na informalidade.

Exemplos de reemprego

Muitos porteiros de prédios, pessoas simples, são aposentados e não fazem muita questão da filiação, da contribuição e ignoram a desaposentação mais tarde.

Registro na CTPS

Caso registrado na CTPS, esse documento oficial fará a prova do novo trabalho, se não foi, terá de reclamar o vínculo empregatício na Justiça do Trabalho.

Se houve o registro (ou não) as contribuições são importantes e necessárias. Se o empregador não aportou os valores devidos, logo eles não fazem parte do CNIS e caberá a esse aposentado fazer a prova de que voltou ao trabalho, e assim a desaposentação ser considerada.

Capítulo 57
Papel Científico da Desaposentação

O fenômeno jurídico da desaposentação nasceu como cogitação doutrinária; ele se transformou em tese científica, evoluiu ao longo do tempo e graças aos especialistas em Direito Previdenciário; hoje é reconhecido como um instituto técnico.

Com isso ele suscitou aos operadores do direito estudarem alguns conceitos não tão afeitos ao Direito Previdenciário e outros mais que passaram despercebidos ou até ignorados (até porque, então, não eram úteis à proposição).

Instituto técnico

A possibilidade do desfazimento de um ato administrativo perfeito exigiu uma construção doutrinária, erigindo a desaposentação como um instituto técnico.

Nessas condições, poderia e merecia ser considerado diante de um pedido inusitado. Prova convincente disso são cerca de 100 mil ações que tramitam na Justiça Federal (num universo potencial de cerca de 480 mil aposentados trabalhando), as dúvidas que angustiaram os magistrados, as variadas posições assumidas em relação à necessidade de restituição ou não das contribuições e das simulações.

Em 9.12.11, quando o Plenário Virtual do STJ declarou Repercussão Geral, uma espécie de simulação da matéria, a Mais Alta Corte deu a entender que a questão precisava ser disciplinada pelo Congresso Nacional (RE n. 661.256).

A presença de suas características e pressupostos pôs fim às incertezas de poder ser uma mera elucubração doutrinária, como muitas vezes se veem alhures.

Estudo da renúncia

Grosso modo, na previdência social, até então, em matéria de prestações as divergências doutrinárias e jurisprudenciais se sediavam na comprovação de convencimento de fatos materiais. Poucas ações tratavam do direito em tese.

Tinha-se assentada uma posição aparentemente insofismável: que um dia todos os segurados queriam a concessão de um benefício.

Obviamente, poucos pensaram na possibilidade contrária. Como também, por sinal, também poucos estudiosos expressaram a sua preocupação com a transformação de uma prestação em outra. Os vários institutos utilizados do dia a dia, verdadeiramente estariam consolidados.

A desaposentação ensejou aos estudiosos meditarem juridicamente na figura da renúncia, que parecia sediar-se apenas no Direito do Trabalho ou no Direito Civil.

Ela não teria cabimento no Direito Previdenciário; não passava pela ideia das pessoas que alguém quisesse abdicar de um bem tão significativo e buscado (ainda que fosse para trocá-lo por outro de maior valor).

Subjetividade do direito

Quando o Decreto Legislativo n. 4.682/1923 (Lei Eloy Marcondes de Miranda Chaves) criou a contribuição em correspondência com a prestação, o direito subjetivo previdenciário se tornou uma realidade jurídica.

O benefício previdenciário nasceu como direito subjetivo dos segurados, é impenhorável e intransferível. Não sendo um prêmio (como fora para as prestações dos servidores públicos até 1993), e por isso, jamais o INSS cogitou de pôr fim ao benefício desmotivadamente.

Caráter patrimonial

Nestas condições esse direito assume natureza patrimonial. Principalmente o tempo de contribuição, que é intocável e, preenchidos os requisitos legais se torna direito e direito adquirido. Claro, por convenção, um bem intransferível para terceiros.

Disponibilidade de bens

Sendo patrimonial, se fosse disponível — e é —, nada impediria, por parte do aposentado desistir de uma prestação menor para possuir uma maior.

Ato jurídico perfeito

A concessão de um benefício por parte do órgão gestor da previdência social é ato administrativo cercado de cuidados, técnicas, condições, pressupostos e presunções, consistindo num ato jurídico perfeito (obviamente quando a instrução do pedido atender à lei).

Historicamente, diante do espanto da novidade que apresentou no seu dealbar da desaposentação, ela foi tida como contrária ao ato jurídico perfeito, equivocadamente, invocando-se o art. 5º, XXXVI, da Carta Magna. Foi talvez o maior equívoco científico praticado e que agora, em 2013, raramente comparece numa sentença.

Argumentam alguns autores, como um segurado poderia desfazer por vontade própria um ato administrativo regular, legal e legitimamente consumado?

O ato jurídico perfeito não é garantia constitucional da Previdência Social em face do segurado, mas ao contrário; do titular do direito em face da Administração Pública.

Em sã consciência, se esse titular pretender desfazer o que foi legitimamente deferido, convindo apenas examinar tal atitude em face da norma pública, saber o *animus* do legislador quando criou a previdência social.

Sem ofensa a vários princípios, objetivando a desaposentação, otimizar a situação dos beneficiários não vai de encontro à norma pública; é o que deseja o legislador.

benefícios) porque elas têm caráter nacional e social enquanto que as do prefalado art. 18, § 2º, do PBPS destinam-se apenas a uma parcela de protegidos, os aposentados que voltaram ao trabalho. O que, *per se*, já as põem em dúvida.

Se, nos termos da Carta Magna não é possível criar benefícios sem fontes de custeio, em contrapartida lógica não poderia ser instituído um financiamento sem prestações.

Silêncio normativo

A inexistência de um permissivo constitucional ou legal para a desaposentação é raciocínio jurídico e este deve servir à causa e não ao contrário.

É consagrado na doutrina que, de modo geral, se a lei não veda e não existirem princípios ofendidos, e não os há, sobrevém a permissão. Até que fosse acrescentado o novo art. 181-B do RPS, a lei nunca quis consagrar a definitividade da proteção como sendo uma estrada de via dupla.

Assim não pensa o desembargador *Paulo Fontes*, que reclamou autorização legislativa (AC n. 000989-57-2011.4.03.6183/SP, da 8ª Turma do TRF da 3ª Região, *in* RPS n. 387/129).

Desde 1993, cerca de 20 anos depois das primeiras ações, o MPS teve o poder de encaminhar ao Congresso Nacional uma lei nesse sentido que seria aprovada, pois detinha e detém até hoje a maioria nas duas casas legislativas.

Natureza alimentar da prestação

Não pairam dúvidas sobre a natureza alimentar das prestações previdenciárias máxime quando se lembra que a média nacional das aposentadorias gira em torno de R$ 900,00. Essa alimentaridade terá de ser sopesada pelos advogados especializados e invocada nas ações quando da questão da restituição.

Há quem sustente o dever de uma restituição atuarial e quem pense diferente. Crê-se que a questão mereça aprofundamento científico, sob o prisma de que não houve má-fé (o que imporia a devolução).

Desconstituição de ato administrativo

É consabido que a Administração Pública pode rever os seus atos, à evidência quando justificada para isso e observado o devido processo legal.

Descobrir que os maiores interessados na previdência social (o Estado reduz-se ao papel de gestor de recursos de terceiros, ou seja, dos trabalhadores), que os titulares do direito previdenciário também desfrutam desse poder de desfazimento do ato da Administração Pública.

Regra de interpretação

A exegese no Direito Previdenciário esteve presente nos casos de expectativa de direito, direito e direito adquirido, e um pouco em torno da prescrição, que não foram tantos assim. Eram poucas as discussões meramente jurídicas.

Amplitude da abdicação

Renúncia a uma das três aposentadorias comuns (AE, AI e ATC) é uma coisa, mas a abdicação de quaisquer outros benefícios entre os quais a aposentadoria por invalidez, é outra coisa.

Todavia, os postulados que escoram a renúncia dos benefícios citados claramente são os mesmos dos demais e podem ser praticados sempre que tomados os devidos cuidados necessários ao ato jurídico perfeito (sujeito capaz, objeto lícito etc.).

Imagine-se que alguém seja convidado parar aceitar um cargo relevante cuja condição mínima seja a de não aposentado...

Resta à doutrina desfazer uma dúvida: poderia o aposentado alimentante apenas e tão somente desaposentar-se para não ter de pagar a pensão alimentícia para o alimentando?

Definitividade da prestação

Com efeito, para que a proteção social se consume no bojo da previdência social, como a prestação é substitutiva dos salários (tradicionalmente uma renda mensal) é o meio de subsistência do ser humano, então, em determinadas condições essa prestação tem de ser definitiva.

Exceto quem dispuser de outros meios de subsistência ou for um estroina, ninguém quer desfazer a primeira aposentação para ficar sem receber; ao contrário, quer manter-se em melhores condições com a nova aposentação. Claro, se isso não contrariar o equilíbrio atuarial e financeiro ou se puser acima do interesse público.

Ora, até mesmo esse estroina poderia abdicar do direito, porque nada impede que ele receba do órgão gestor e doe os valores mensais.

A definitividade é uma garantia do aposentado, não ofendida pela desaposentação; ao contrário, ela é reafirmada. A Previdência Social não pode tocá-la fora dos cenários em que a lei permite e estes casos são pouquíssimos.

Função da contribuição

Tendo em vista que o art. 18, § 2º, do PBPS somente prevê dois benefícios de pequeno porte (enquanto as contribuições até a aposentação se destinam a custear todas as prestações relacionadas no art. 18, I/II, restaria entender que tais contribuições fariam parte da solidariedade do sistema). Receia-se que não seja assim. O legislador pensou um aporte para melhorar o orçamento geral da seguridade social, mas sem um benefício à vista.

Institucional, histórica e tecnicamente, à evidência a contribuição financeira destina-se aos cofres do FPAS para custear as prestações securitárias previstas na lei. Se, quando concebido o art. 18, § 2º, a receita não comportava essas, as alíquotas previstas nos art. 22 e seguintes do PCSS é que deveriam ser aumentadas (ou diminuídos os

Em face da omissão legislativa, com a desaposentação relevou-se o papel da interpretação da matéria, em particular sobre a desconstituição do ato administrativo válido, da distinção entre os dois benefícios considerados, o dever de restituir ou não as parcelas já recebidas, o eventual enriquecimento sem causa etc.

Fenômenos da manutenção

Até então não estavam claras as figuras da cessação, suspensão e do cancelamento de um benefício em manutenção.

Qual seria o papel da revisão de cálculo, o que significava a conversão do auxílio-doença em aposentadoria por invalidez.

As características da transformação de um benefício em outro.

O que é uma cessação natural.

E, por último, a desaposentação.

Adriane Bramante de Castro Ladenthin defende o efeito *ex-tunc* em razão do RESP n. 692.628/DF (Desaposentação, Aspectos Jurídicos, Econômicos e Sociais, *in* RPS n. 351/132).

Papel do INSS

Nestas questões o próprio INSS se viu obrigado a descobrir qual era a sua função, que em última análise reside em observância do princípio do equilíbrio atuarial e financeiro como um todo e, em particular, a contrapartida entre as contribuições anteriores à primeira aposentação e as posteriores e o resultado da nova mensalidade.

Responder a indagação: favorecer uma minoria não prejudicaria os outros?

Por ora abstraindo a questão da restituição, daqui a proposta: se o segurado aposentou-se com 30 anos de serviço (aposentadoria proporcional), continuou pagando por mais cinco anos (aposentadoria integral), atuária e financeiramente o plano de benefício não estaria preparado para pagar-lhe os 100%. Cálculos mostram que nesse caso ele consumira menos recursos.

Raciocinemos abstraindo a inflação e sem importar qual foi o capital acumulado:

Supondo-se segurado com 55 anos de idade e R$ 2.000,00 como salário de benefício, deferindo-se uma RMI de R$ 1.400,00.

Teríamos: 25 x 13 = 325m x R$ 1.400,00 = R$ 455.000,00.

Esse último montante seria o necessário, mas atuarialmente será menor, pois a cada mês ele ser subtraído de R$ 1.400,00 e o restante teoricamente gerando juros.

Aposentando-se com 60 anos e R$ 2.000,00, teríamos:

20 x 13 = 260 x R$ 2.000,00 = R$ 520.000,00.

Caso o segurado tenha usufruído por 10 anos (10 x 13 = 130) de aposentadoria proporcional, agora, com 65 anos de idade, num total de R$ 192.000,00 e uma desaposentação de 15 anos (15 x 13 = 195) de aposentadoria integral (além de ter pago por 65 meses), receberia R$ 260.000,00. A serem comparados com os R$ 455.000,00 sem desaposentação.

Volta ao trabalho

Está assentado na doutrina nacional o princípio da volta ao trabalho do aposentado (são cerca de 500 mil brasileiros tomando o emprego de terceiros). Ou o sistema previdenciário está equivocado aposentando precocemente as pessoas ou elas estão querendo melhorar da vida em seus rendimentos.

Norma mais benéfica

O estudo da norma mais benéfica reacendeu-se e evidenciou-se com a desaposentação uma vez que se apresentam legitimamente duas situações a serem consideradas. Não havendo prejuízo atuarial ou financeiro para ninguém, a ideia é deferir a melhor das duas prestações.

Moralidade da pretensão

Observados os preceitos e pressupostos da desaposentação alguém aumentar o *quantum* da sua aposentadoria é levar vantagem? É, até porque nem todos sabem disso, mas é melhoria institucional jurídica, que nada tem a ver com a moralidade. Afrontraria a ética alguém deixar para se aposentar com 35 anos em vez de fazê-lo aos 30 anos?

Poderia ser incorreto, bastando para isso, dentro do prazo decadencial legal, alguém pretender uma revisão de cálculo?

Qual é o problema, em face da legislação vigente, que é anacrônica e inadequada, de uma pensionista se casar com um homem rico e continuar recebendo uma pequena pensão por morte outorgada pelo primeiro marido ou é um direito subjetivo (possivelmente mal disciplinado, aliás, em vias de mudança).

Da mesma forma, ainda mal disciplinado na lei, uma moça de 20 anos se unir com um ancião de 80 anos? Se isso se tornar um mau risco, que o plano de benefícios seja refeito.

Titularidade do direito

Até que o Prof. *Marcus Orione Gonçalves Correia* criasse a expressão "despensão" nunca ninguém duvidou que o titular de um benefício é o segurado, ou o pensionista no caso da pensão por morte. Mas nessa despensão emergiu a dúvida de saber se a pensionista era titular do direito de rever a pensão por morte por conta de uma desaposentação não operada pela aposentadoria do segurado falecido.

A Justiça Federal vem se manifestando favorável à revisão de cálculo da pensão por morte quando da revisão da aposentadoria, mas a mesma pensionista não teria titularidade no caso da desaposentação.

Cálculos da devolução

Diante das várias soluções do JEF e das Varas Previdenciárias, abstraindo as hipóteses extremas de não restituição e restituição, qual deve ser o valor a ser devolvido? Com juros de mora ou sem eles?

Equilíbrio atuarial e financeiro

A nosso ver o princípio do equilíbrio atuarial e financeiro é uma instituição jurídica, uma técnica previdenciária, um postulado prático, um pressuposto lógico e uma determinação constitucional a ser respeitada em todos os casos.

Se a desaposentação sem restituição puser em risco a estabilidade do plano de benefícios, que sejam revistas as relações de custeio e benefícios para não prejudicar a clientela protegida.

Caso o fator previdenciário aplicado na desaposentação aumentasse significativamente a RMI, o tema deveria ser considerado pelo matemático e ele se preocuparia atuarialmente apenas com a contrapartida entre contrição e benefício.

Proporcional para integral

A definitividade de um benefício justificou a necessidade de estudos. A Justiça Federal é quase unânime em desfazer a aposentadoria proporcional para a concessão da aposentadoria integral (Desembargador *José Maria Lucerna,* da 1ª Turma da 5ª Região em 18.8.11, *in RPS* n. 372/1027).

Ora, se o segurado não tivesse solicitado o benefício de 70% e esperado para solicitar o de 100%, atuarialmente a Previdência Social deveria estar preparada. Lembrando-se que cinco anos depois do primeiro benefício o segurado tem cinco anos menos de esperança de vida.

Enriquecimento ilícito

Como não é empresa e sim intermediária ou gestora de recurso de terceiros, o INSS não empobrece nem enriquece, e muito menos busca superávit exceto reservas matemáticas. Seu escopo principal é o equilíbrio do plano de benefícios.

Valores que recupera quando de pagamentos indevidos voltam ao patrimônio geral de toda a clientela protegida.

Deixar de cobrar as mensalidades já pagas pode ter outra natureza, mas não pode ser invocado direito adquirido nem enriquecimento ilícito.

Segundo o jornal *"Agora"*, de São Paulo, de 14.3.13, o orçamento da seguridade social, aprovado em 13.1.13 pelo Senado Federal prevê 49,1 bilhões "caso o STF (Supremo Tribunal Federal) defina que aposentado que trabalha tem o direito de trocar o benefício" e que nos próximos 18 anos, mais ou menos, seriam 2,8 bilhões de reais anuais (dados apurados pela SSPS).

Capítulo 58
À Guisa de Conclusão

Compreendida como a abdicação das mensalidades de um benefício previdenciário regular, legal e legitimamente constituído, renúncia jurídica seguida imediatamente ou não de nova aposentação, tem-se que a desaposentação é um direito subjetivo dos segurados da previdência social.

Origem histórica

Surgiu em 1987 como uma idealização doutrinária possível em face de distorções da legislação e vem sendo erigida com as decisões judiciárias, principalmente da Justiça Federal, e as magníficas contribuições da doutrina nacional.

Participação do Judiciário

A participação desse Poder Judiciário representou enfrentamento por causa da resistência técnica esgrimida pelos órgãos gestores, embora, no passado, a Administração Pública experimentara e aprovara decisões semelhantes. Em alguns casos, ocorrendo identificação imprópria da desaposentação com outras fórmulas de encerramento ou substituição de benefícios (soluções que são inconfundíveis).

Oposição oficial

Em parte a oposição oficial deveu-se ao ineditismo da ideia, em virtude de ela não ter nascido das mãos do legislador. Para isso, concorreu também o pouco domínio do cálculo matemático e financeiro, além das premissas atuariais, presentes na providência, que torna possível recompor o equilíbrio financeiro dos regimes envolvidos.

Regimes envolvidos

O fato de o RGPS e o RPPS não conhecerem estrutura técnica, praticando tipos de planos impróprios e regimes financeiros inadequados, aumentou as dificuldades de apreensão do fenômeno. Porém, fundamentalmente, a exata incompreensão do significado desses três postulados sacramentais: coisa julgada, direito adquirido e ato jurídico perfeito, inicialmente foi o maior óbice no meio do caminho.

Disposição de indeferir

Presente uma prévia disposição de negar a pretensão (é assim que todos costumam agir diante do desconhecido), era minimamente necessário perquirir os fundamentos para essa postura, mas na sofreguidão da técnica interpretativa (e claro, a falta de estrutura burocrática para aprofundar a questão), os argumentos suscitados não aumentaram o brilho dos aplicadores da lei.

Dúvida dos estudiosos

Até hoje intriga por que alguns estudiosos se posicionaram contrários e definiram o resultado antes da análise; foi um buscar impetuoso, perdendo a disposição científica que antes eles testemunharam. O que, aliás, é próprio do debate jurídico de institutos técnicos no seu nascedouro.

Alcance da novação

O alcance do instituto é, ainda, questão aberta à discussão e será preciso refletir sobre isso adiante, como também releva decantar as obrigações do desaposentante em relação ao regime de origem.

Restituição do devido

Ex vi legis carece ser definido em lei o dever de restituir e o seu montante.

Projetos de regulamentação

Nota-se que, aplaudindo-a, os projetos de regulamentação da desaposentação baseiam seus estudos e suas razões em considerações singelas, mas se ela atende ao interesse público e não prejudica terceiros. Não admiti-la, representará um retrocesso como técnica de proteção social.

Dificuldades de interpretação

Boa parte da incompreensão deste fenômeno jurídico se deve a não organicidade do modelo previdenciário nacional, construído ao logo do tempo sem codificação nem ordem técnica ou científica. Qualquer raciocínio lógico que se empreenda choca-se com pontualidades ocasionais geradas por motivos partidários, políticos, pessoais e de toda ordem em algum momento da história.

Desde a LOPS a nossa legislação não é sistematizada e vem sendo reformada a partir de problemas localizados sem preocupação com o ordenamento técnico e nem sempre jurídico.

As primeiras vítimas têm sido os princípios e sem eles é muito difícil sustentar qualquer coisa plausível. Aí, o pensador comete um equivoco terrível: apaixonadamente adota uma tese e depois busca os fundamentos para apoiá-la.

Obras do Autor

O empresário e a previdência social. São Paulo: LTr, 1978.
Rubricas integrantes e não integrantes do salário-de-contribuição. São Paulo: LTr, 1978.
Benefícios previdenciários do trabalhador rural. São Paulo: LTr, 1984.
O contribuinte em dobro e a previdência social. São Paulo: LTr, 1984.
O trabalhador rural e a previdência social. 2. ed. São Paulo: LTr, 1985.
Legislação da previdência social rural. 2. ed. São Paulo: LTr, 1986.
O salário-base na previdência social. São Paulo: LTr, 1986.
Legislação da previdência social. 5. ed. São Paulo: LTr, 1988.
A seguridade social na Constituição Federal. 2. ed. São Paulo: LTr, 1992.
O salário de contribuição na Lei Básica da Previdência Social. São Paulo: LTr, 1993.
Legislação da seguridade social. 7. ed. São Paulo: LTr, 1996.
Obrigações previdenciárias na construção civil. São Paulo: LTr, 1996.
Primeiras lições de previdência complementar. São Paulo: LTr, 1996.
Propostas de mudanças na seguridade social. São Paulo: LTr, 1996.
Direito dos idosos. São Paulo: LTr, 1997.
Novas contribuições nu seguridade social. Sao Paulo: LTr, 1997.
Curso de Direito Previdenciário. Tomo III. São Paulo: LTr, 1998.
O salário-base dos contribuintes individuais. São Paulo: LTr, 1999.
Reforma da previdência social. São Paulo: LTr, 1999.
Estatuto dos Servidores Públicos Civis da União. 2. ed. São Paulo: LTr, 2000.
Fator Previdenciário em 420 perguntas e respostas. 2. ed. São Paulo: LTr, 2001.
Pareceres selecionados de previdência complementar. São Paulo: LTr, 2001.
Curso de direito previdenciário. tomo IV, 2. ed. São Paulo: LTr, 2002.
Prova de tempo de serviço. 3. ed. São Paulo: LTr, 2002.
Seguro-desemprego em 620perguntas e respostas. 3. ed. São Paulo: LTr, 2002.
Comentários à Lei Básica da Previdência Complementar. São Paulo: LTr, 2003.
Curso de direito previdenciário. Tomo II, 2. ed. São Paulo: LTr, 2003.
Parecer jurídico: como solicitá-lo e elaborá-lo. São Paulo: LTr, 2003.
PPP na aposentadoria especial. 2. ed. São Paulo: LTr, 2003.

Retenção previdenciária do contribuinte individual. São Paulo: LTr, 2003.

Reforma da previdência dos servidores. São Paulo: LTr, 2004.

Curso de direito previdenciário. Tomo I, 3. ed. São Paulo: LTr, 2005.

Lei Básica da Previdência Social. 7. ed. São Paulo: LTr, 2005.

Portabilidade na previdência complementar. 2. ed. São Paulo: LTr, 2005.

Previdência social para principiantes — cartilha. São Paulo: LTr, 2005.

Auxílio-acidente. São Paulo: LTr, 2006.

Legislação previdenciária procedimental. São Paulo: LTr, 2006.

Manual prático do segurado facultativo. São Paulo: LTr, 2006.

Aposentadoria especial em 920 perguntas e respostas. 5. ed. São Paulo: LTr, 2007.

Curso de direito previdenciário. Tomo III, 2. ed. São Paulo: LTr, 2007.

Direito previdenciário procedimental. São Paulo: LTr, 2007.

Os crimes previdenciários no Código Penal. 2. ed. São Paulo: LTr, 2007.

Retirada de patrocinadora. São Paulo: LTr, 2007.

Prova e contraprova do nexo epidemiológico. São Paulo: LTr, 2008.

Subsídio para um modelo de previdência social para o Brasil. São Paulo: LTr, 2008.

A união homoafetiva no direito previdenciário. São Paulo: LTr, 2008.

Dano moral no direito previdenciário. 2. ed. São Paulo: LTr, 2009.

Comentários à Lei Básica da Previdência Social. Tomo II, 8. ed. São Paulo: LTr, 2009.

Comentários ao regulamento básico da OAB Prev. São Paulo: LTr, 2009.

Curso de direito previdenciário. Tomo IV, 3. ed. São Paulo: LTr, 2009.

Estágio profissional em 1420 perguntas e respostas. São Paulo: LTr, 2009.

Os deficientes no direito previdenciário. São Paulo: LTr, 2009.

Prova e contraprova do nexo epidemiológico. 2. ed. São Paulo: LTr, 2009.

Direito adquirido na previdência social. 3. ed. São Paulo: LTr, 2010.

Obrigações previdenciárias do contribuinte individual. 2 ed. São Paulo: LTr, 2010.

Curso de direito previdenciário. 3. ed. São Paulo: LTr, 2010.

Aposentadoria especial. 5. ed. São Paulo: LTr, 2010.

Direito elementar dos presos. São Paulo: LTr, 2010.

Obrigações previdenciárias do contribuinte individual. 2. ed São Paulo: LTr, 2010.

Comentários às Súmulas Previdenciárias. São Paulo: LTr, 2011.

Princípios de Direito Previdenciário. 5. ed. São Paulo: LTr, 2011.

Aposentadoria especial do servidor. São Paulo: LTr, 2011.

A arte de aposentar-se. São Paulo: LTr, 2011.

Comentários ao estatuto do idoso. 3. ed. São Paulo: LTr, 2012.

A prova no direito previdenciário. 3. ed. São Paulo: LTr, 2012.

Tratado prático da pensão por morte. São Paulo: LTr, 2012.

Comentários ao acordo de previdência social Brasil-Japão. São Paulo: LTr, 2012.

Previdência social para principiantes — Cartilha. 4. ed. São Paulo: LTr, 2013.

Dicionário Novaes de direito previdenciário. São Paulo: LTr, 2013.

Curso de direito previdenciário. 6. ed. São Paulo: LTr, 2014.

Aposentadoria especial. 6. ed. São Paulo: LTr, 2014.

Benefícios previdenciários das pessoas com deficiência. São Paulo: LTr, 2014.

Desaposentação. 6. ed. São Paulo: LTr, 2014.

Aposentadoria especial do servidor público. 3. ed. São Paulo: LTr, 2014.

Previdência social ao alcance de todos. São Paulo: LTr, 2014.

Previdência complementar associativa. São Paulo: LTr, 2014.

Princípios de direito previdenciário. 6. ed. São Paulo: LTr, 2015.

Em coautoria:

Temas — Administrativo Social. 1988.

Contribuições sociais — Questões polêmicas. Dialética, 1995.

Noções atuais de direito do trabalho. São Paulo: LTr, 1995.

Contribuições sociais — Questões atuais. São Paulo: Dialética, 1996.

Manual dos direitos do trabalhador. 3. ed. São Paulo: Editora do Autor, 1996.

Legislação da previdência social. Rede Brasil, 1997.

Processo Administrativo Fiscal. 2. v. São Paulo: Dialética, 1997.

Dez anos de contribuição. São Paulo: Editora Celso Bastos, 1998.

Estudos ao direito. Homenagem a Washington Luiz da Trindade. São Paulo: LTr, 1998.

Introdução ao direito previdenciário. LTr-ANPREV, 1998.

Perspectivas atuais do direito, 1998.

Processo administrativo fiscal. 3. v., 1998.

Temas administrativo social. 1988.

Temas atuais de previdência social — Homenagem a Celso Barroso Leite. São Paulo: LTr, 1998.

Contribuição previdenciária. São Paulo: Dialética, 1999.

A previdência social hoje. LTr, 2005.

Temas atuais de direito do trabalho e direito previdenciário rural — Homenagem a Antenor Pelegrino. São Paulo: LTr, 2006.

Curso de Direito Complementar, São Paulo, LTr, 2014

Não jurídicos:

O tesouro da Ilha Jacaré. São Paulo: CEJA, 2001.

Manual do Pseudo-intelectual. São Paulo: Apanova, 2002.

Contando com o vento. São Paulo: Apanova, 2003.

Estórias do Zé Novaes. São Paulo, edição do autor, 2008.

O milagre de Anna Roza. Vinhedo, edição do autor, 2011.

Perambulanças de Juca Raposa. Vinhedo, edição do autor, 2013.

Mulheres sensíveis amam homens inteligentes. Vinhedo, edição do autor, 2013.

Navegando a barlavento. Vinhedo, edição do autor, 2013.

O Reino das Hortaliças. Vinhedo, edição do autor, 2013

Homem do Poço, Vinhedo, Edição do autor, 2015

Navegando a Sotavento. Vinhedo. (no prelo)

Anexo
Cartilha Prática – 304 Perguntas e Respostas

INTRODUÇÃO DO TEMA

Para a compreensão do fenômeno jurídico que se examinou na forma de exposição, importará historiar a origem deste instituto técnico e apreciar as questões que o envolvem desde o seu surgimento. Para se ter uma ideia das consequências de um neologismo, *Armelino Girardi* criou um *site* denominado <http://www.desaposentado.com.br> e um Clube dos Desaposentados (*sic*).

1. Qual é a origem histórica da desaposentação?

Com a configuração hoje experimentada, historicamente a desaposentação apresentou-se ao mundo jurídico pela primeira vez com a publicação do nosso artigo "Renúncia e irreversibilidade dos benefícios previdenciários" (São Paulo: LTr, *Suplemento Trabalhista LTr* n. 4, 1987).

No ano seguinte voltamos ao tema com o artigo "Reversibilidade da prestação previdenciária" (São Paulo: IOB, *Repertório de Jurisprudência IOB* da 2ª quinzena de julho de 1988, p. 187-88).

2. Houve algum estudo anterior?

Fora das espécies autorizadas legalmente, antes disso ninguém havia cogitado da hipótese de um aposentado renunciar às mensalidades de uma aposentadoria em manutenção para obter outra prestação sem causar qualquer prejuízo a terceiros ou ao plano de benefícios.

3. Quando a ideia começou a repercutir no mundo jurídico?

Somente com a publicação do artigo "A desaposentação é possível?", de André Santos Novaes (São Paulo: *Tribuna do Direito* n. 346, de fevereiro de 1997). Principalmente porque à época, com índices mensais elevados de inflação, existiam os tais melhores e piores meses para a aposentação (*sic*).

4. O fim do pecúlio teve algum papel relevante?

Sem dúvida. A partir de 15.4.1994, *ex vi* da Lei n. 8.870/1994, os estudiosos se deram conta da necessidade de refletir sobre o destino das cotizações vertidas por quem se jubilou, continuou trabalhando e aportando. Inicialmente, pelo visto, apenas no RGPS.

De certa forma a extinção do abono de permanência em serviço também estimulou muitas reflexões.

5. Houve alguma experiência semelhante anterior?

O art. 9º da Lei n. 6.903/1981, até que fosse revogado pela Lei n. 9.528/1997, permitia aos juízes temporários renunciarem à aposentadoria do INSS ou de um RPPS para se jubilarem melhor no Poder Judiciário.

6. Algum parecer administrativo apreciou o assunto?

Sim. Os Pareceres CJ/MPAS ns. 70/1985 e 17/1986 admitiram o desfazimento do ato administrativo da aposentadoria, embora sem a modelagem atual.

7. Hodiernamente, a AGU e a CONJUR do MPS se manifestaram?

Não temos conhecimento de manifestações dessas divisões do MPS sobre a matéria, possivelmente em razão da edição do art. 181-B do RPS em que a posição do INSS ficou bastante clara.

A Procuradoria do Tribunal de Contas da Paraíba emitiu o Parecer PN TC n. 3/2000 assinado por *Elvira Sâmara Pereira de Oliveira*, citada por *Bruna Motta Piazera* ("A possibilidade da desaposentação", *in site* do Escritório Piazera, Hertel, Manske & Pacher, na *internet*).

8. Qual é a natureza jurídica da aposentação?

Ato administrativo vinculado deflagrado após o preenchimento dos requisitos legais que expressem um direito previdenciário subjetivo dos protegidos pela previdência social, que constitui o segurado na condição, juridicamente, de aposentado.

9. O ato de concessão é constitutivo ou declaratório?

As duas coisas. Reclamando uma providência administrativa do órgão gestor (sem a qual não se opera a transformação jurídica) constitui e declara um novo estado jurídico para o segurado. Um ato administrativo formalíssimo e definitivo, irreversível para a instituição, mas perfeitamente abdicável pelo titular.

10. Como funciona nos outros países?

Rigorosamente, não existe esta figura. Segundo *Fábio Zambitte Ibrahim*, Portugal, Estados Unidos e Canadá praticam a ideia do Deputado Federal *Luiz Carlos Hauly:* incorporar as novas contribuições ao benefício mantido (ob. cit., p. 88).

FONTES FORMAIS

Quase todos os autores que apreciaram este instituto técnico registraram a ausência normativa, por sinal tendo de enfrentar a questão de saber se esse silêncio era impeditivo. De modo geral, está assente na doutrina que essa omissão legislativa autoriza e não veda.

11. Quais são as fontes formais invocáveis?

Excetuando-se o que diz o art. 181-B do RPS, propriamente não se pode falar em fontes formais positivadas vigentes a respeito desta solução do fim a ser dado às contribuições vertidas após a aposentação. Isto é, subsiste um vazio normativo, sem quaisquer vedações ou permissões expressas em termos federais.

À vista do art. 18, § 2º, do PBPS, que se aproximaria do assunto, a juíza *Therezinha Cazerta* entendeu que o art. 181-B do RPS não é ilegal (AC n. 2008.61.27.00l.484-1/SP, de 2.8.2010, da 8ª Turma do TRF da 3ª Região, *in RPS* n. 358/826).

Adriane Bramante e *Viviane Masotti* oferecem um rol de apoios constitucionais doutrinários à concepção, tendo-os como fundamentos jurídicos (ob. cit., p. 92).

12. O art. 181-B do RPS teria extrapolado a lei?

Não se pode dizer que extrapolou porque não havia norma legal positivada sobre o assunto. Simplesmente inovou; é um decreto com caráter interpretativo e inteiramente válido para o administrador.

13. Há um dispositivo desse naipe para o servidor?

A Administração Pública federal não teve a preocupação em estabelecer uma regra claramente impeditiva do desfazimento do benefício deferido pelo órgão público.

Entretanto, a legislação do servidor público admite figuras bastante semelhantes, como a renúncia em face da cumulação de cargos, a reversão, o reaproveitamento do servidor em disponibilidade etc.

14. O que diz a Lei do Rio de Janeiro n. 3.189/99?

Seu art. 51 pontua claramente: "Fica o Estado do Rio de Janeiro autorizado a aquiescer com os pedidos de renúncia de aposentadoria de seus servidores e proceder aos registros pertinentes junto aos órgãos competentes".

A "aquiescência" do administrador desse texto revela a timidez do elaborador da norma; entenda-se, porém, que quis dizer aceitação do protocolo, dos registros e de uma renúncia propriamente dita.

E também não falou em nova aposentação.

15. O que pensa o Poder Legislativo?

O CN votou o Projeto de Lei n. 78/06, mas o Presidente da República o vetou em 14.1.08 (Mensagem da Presidência da República n. 16/08).

Outros projetos de lei estão em encaminhamento e julga-se que após a decisão do STF, o MPS proporá a regulamentação da matéria, que é o mais correto. Ela não é uma revisão de cálculo nem visa corrigir eventuais equívocos ocorridos na concessão.

16. Há alguma previsão constitucional?

Nenhuma. Não há nem seria lícito esperar que houvesse. A desaposentação não é matéria constitucional.

17. Subsiste previsão legal?

Exceto as aqui mencionadas, nenhuma previsão legal trata do assunto.

REQUISITOS BÁSICOS

Como é usual, em termos de concessão e de manutenção de benefícios, alguns pressupostos técnicos são exigidos de quem pretende a desaposentação. Sem prejuízo do tempo de contribuição reconhecido, ninguém que tem ou teve o benefício cancelado por ilegalidade pode pretender se desaposentar (porque não estava aposentado) e se, mais tarde, ainda assim esse processo prosperou e se descobriu a destempo, a irregularidade dos atos e das suas subsequências tem de ser desfeito.

Os requisitos básicos da desaposentação são os necessários para que a pretensão possa ser reconhecida pelo órgão gestor da prestação.

Um primeiro deles é a existência de um benefício legitimamente concedido. Não se pode renunciar ao que não existe nem seria razoável caso esteja sendo contestado.

18. O que sucederá se o INSS apurar que a prestação era indevida?

Os desdobramentos procedimentais, ainda que tenham sido suscitados por um pedido de desaposentação, nada têm a ver com ela. O dever do administrador é de suspender a manutenção do benefício e ao final da instrução, se apurar pela improcedência da concessão, deverá iniciar a correspondente cobrança à luz da IN INSS n. 49/2010.

19. É obrigatória a manifestação escrita do titular com desistência formal ou mediante representação válida?

A relação jurídica da desaposentação é *intuitu personae* e diz respeito ao titular do benefício. Ainda que possa melhorar a situação do interessado, a Administração Pública não pode promovê-la *sponte propria*.

Mesmo nos casos de aplicação da norma mais benéfica ela precisa consultar o interessado.

20. Para o aperfeiçoamento do pedido importa existir motivação específica do aposentado, objetivando melhorar?

Sim. Diante dos princípios do Direito Social exige-se que subsista a motivação pessoal para a solicitação e que, ademais, seja para melhorar a condição. Melhorar no sentido mais amplo da palavra e não apenas pecuniariamente. Mas claro está que na figura excepcional da renúncia simples existe motivação, que é a busca de um novo estado jurídico.

21. A desaposentação tem algo a ver com o equilíbrio atuarial e financeiro do plano de benefícios?

Não se pode imaginar um indivíduo ser beneficiado com o prejuízo de massa dos demais segurados, aposentados ou não, daí a observância desse princípio constitucional. O interesse pessoal não pode sobrepor-se ao coletivo. Daí a afirmação de que tem de ser estabelecido o *status quo ante*.

22. É possível incorporar as novas contribuições ao benefício anteriormente deferido?

Não; inexiste previsão legal para isso no Brasil, como acontece em Portugal.

23. Considera-se a ocorrência de prejuízos a terceiros?

Terceiras pessoas não podem ser prejudicadas com a desaposentação; em cada caso terão de ser ressarcidas.

24. Tem de haver a cessação do benefício e, se for o caso, a restituição das mensalidades auferidas?

Com efeito, encerra-se o benefício mantido e caso subsistam algumas ações em andamento ele será reaberto para que se proceda ao devido acerto de contas.

25. Haverá acerto de contas entre os regimes?

Sim, a desaposentação tem certa semelhança com a contagem recíproca. Como a emissão da CTC os dois regimes terão de promover um acerto de contas da Lei n. 9.676/99.

26. Impõem-se a volta ao trabalho e novas contribuições?

Sim. Essa é uma exigência da desaposentação. Quem não voltou ao trabalho pode pensar em transformação, mas não em desaposentação.

27. Em suma, quais são os requisitos básicos?

Nos "Pressupostos Lógicos da Desaposentação" (*in* RPS n. 296/434), desenvolvemos os seguintes itens:

a) um benefício legitimamente deferido e sendo mantido;

b) a vontade do titular expressamente manifestada;

c) a natureza da prestação considerada;

d) a renúncia formalizada por escrito;

e) a restituição, quando for a hipótese;

f) volta ao trabalho com novas contribuições;

g) observância do equilíbrio atuarial e financeiro;

h) motivação declarada pelo interessado;

i) ausência de prejuízo visível ao titular ou a terceiros;

j) cômputo do tempo de serviço;

k) o restabelecimento do *status quo ante* jurídico;

l) acerto de contas entre os regimes;

m) uma sentença clara transitada em julgado.

28. Se a desaposentação deixar de existir quais seriam os cenários?

São três possibilidades reais:

a) Emissão de uma súmula pelo STF, regulando a matéria.

b) Uma lei federal extinguindo a possibilidade e nessa hipótese a doutrina vacilará, a jurisprudência será afetada e os processos em andamento serão influenciados.

c) O Governo Federal resgatará o pecúlio extinto com a Lei n. 8.870/94 ou, o que parece remoto, adotar o sistema português de revisão periódica das mensalidades.

PRESTAÇÕES ALCANÇADAS

As prestações que podem ser abdicadas não encontram consenso na doutrina. Desse modo a desaposentação pode ser vista num sentido lato e num sentido estrito. *Fábio Zambitte Ibrahim* se posiciona com esta segunda abrangência (ob. cit., p. 92).

29. Todos os benefícios são alcançados?

De regra e no comum dos casos as prestações de pagamento continuado: aposentadoria especial, por idade, professor, anistiado e, principalmente, a aposentadoria por tempo de contribuição, em particular as de legislação específica (ferroviário, jornalista, ex-combatente, jogador de futebol etc.).

30. É válida mesmo na aposentadoria compulsória?

A aposentadoria por idade compulsória não é requerida pelo empregado e sim pelo empregador, quase sempre sem a anuência do interessado, o que leva à ideia de que *a fortiori* pode ser objeto da desaposentação.

31. Existe desaposentação na pensão por morte?

Rigorosamente não, porque é outro beneficiário e outro benefício. Quando a viúva renuncia à pensão por morte outorgada pelo primeiro marido e prefere receber a pensão por morte deixada pelo segundo segurado, trata-se apenas da abdicação de uma em favor de outra prestação, ou seja, a aplicação do princípio da norma mais benéfica.

32. E do auxílio-reclusão?

A hipótese é remota, mas poderá a esposa ou a companheira de um segurado recluso, outorgante desse benefício dos dependentes se unir a um novo segurado, que for igualmente preso, e que propicie um melhor auxílio-reclusão. Ainda uma vez, seria apenas a opção pela norma mais benéfica.

33. Há desistência do salário-família?

Não tem muito sentido pensar-se abdicar do salário-família, direito gerado pelos filhos do segurado e possivelmente indisponível porque destinado a terceiros. Exceto na cabeça de um cidadão que não quer depender do Estado.

34. E do salário-maternidade?

É perfeitamente admissível uma mulher deixar de receber o salário-maternidade em manutenção para voltar ao trabalho antes de esgotados os 120 dias, especialmente quando da perda do filho e se o labor se constituir em uma modalidade de terapia ocupacional, máxime recomendado por um médico especialista em psicanálise.

35. Haveria renúncia à aposentadoria por invalidez?

Tranquilamente. O mesmo se passa com o auxílio-doença. Muitos empresários ou executivos incapazes para o trabalho não requerem benefícios por incapacidade por julgarem que isso maculará o seu currículo. Nem costumam procurar o SUS. Com essa renúncia não concorda *Hugo Frederico Vieira Neves* (tese de dissertação apresentada à Universidade do Vale do Itajaí sob o título de "Aspectos Controvertidos do Instituto da Desaposentação no Regime Geral de Previdência Social", São José, 2008).

Ainda que a cessação desse benefício dependa de um ato médico, ela é abrigada pelo direito maior da desistência e neste caso a motivação há de ser exaustivamente considerada.

Precila Andrade Tadioto Vilar identificou a alta médica da cessação da aposentadoria por invalidez com a desaposentação, mas são entidades distintas ("Desaposentação: o direito de segurado em renunciar à aposentadoria com vistas à obtenção de um benefício mais vantajoso", dissertação para Univali, apresentada em dezembro de 2009 e colhida na *internet*).

Numa primeira hipótese, ainda que rara, será a de se desaposentar apenas para deixar de ser percipiente de um benefício por incapacidade, que subjetivamente possa ser constrangedor.

Sabrina Coppi Carvalho lembra "que existe a possibilidade de o aposentado desejar renunciar a sua aposentadoria por motivos pessoais, que talvez não queira revelar" ("A possibilidade da desaposentação no Regime Geral de Previdência Social", apreendido no *Jus Navigandi* em agosto de 2009).

36. E se subsistir resistência do INSS à alta médica?

Numa segunda hipótese, se a perícia médica do órgão gestor não entender de deferir a alta médica porque não reconhece a aptidão para o trabalho, a simples volta ao serviço fará com que seja suspenso o pagamento das mensalidades do benefício.

Note-se que os salários de contribuição desse novo período de trabalho ou de contribuição somente serão validados numa segunda aposentadoria, se nesse interregno não houve incapacidade para o trabalho, no máximo aceitando-se a figura do agravamento.

37. Um rurícola que se aposentou antes de 24.7.91 poderia renunciar ao benefício rural?

Crê-se que sim e que poderia se aposentar novamente, com fulcro na Lei n. 8.213/91, se ele sofreu retenções nas remunerações auferidas a partir do PBPS.

SERVIDOR PÚBLICO

Entre outros fundamentos do Direito Administrativo, em razão da figura do cargo, diferentemente do trabalhador é a situação do servidor, cujo vínculo com o órgão público é distinto daquele regido pelo Código Civil (contribuintes individuais) ou do Direito do Trabalho (empregado, avulso).

Vale recordar que a Lei n. 8.112/90 tem norma sobre a devolução de vencimentos, cuja "reposição será feita imediatamente, em uma única parcela" (ESPCU, art. 46, § 2º).

38. O que é desaposentação do servidor?

Por ora, abstraindo as particularidades do vínculo jurídico laboral do servidor com o serviço público, ela é exatamente igual à do trabalhador filiado ao RGPS (renúncia simples ou renúncia visando a uma nova e mais vantajosa aposentação no próprio RPPS ou em outro).

Entretanto, o tema é ainda mais polêmico e o consenso sobre a possibilidade é bem menor por variados motivos, um deles a conveniência da Administração Pública (dada a semelhança com a reversão) e outro é a existência do cargo eventualmente extinto ou ocupado após a aposentação.

Imagine-se alguém aposentado num RPPS e autorizado constitucionalmente a fazer concurso público em que foi aprovado, tomou posse e cumpriu os requisitos da EC n. 41/03 noutro RPPS. Sua intenção é se desaposentar e aposentar-se novamente.

O desembargador Antonio Cesar Siqueira, da 5ª Câmara Cível do Rio de Janeiro não aceitou a desaposentação do servidor (AC no Proc. n. 2002.001.23.166, de 17.12.02).

Note-se que, como lembrado por *Rodrigo Felix Sarruf Cardoso* ("A Desaposentação do servidor público", *in Jus Navigandi* de 2/07), a Lei Estadual n. 3.189/99 diz: "Fica o Estado do Rio de Janeiro autorizado a aquiescer com os pedidos de renúncia de aposentadoria de seus servidores e proceder aos registros pertinentes junto aos órgãos competentes" (art. 51), chegando o parágrafo a afirmar que essa decisão é "definitiva e irretratável" (*sic*).

O próprio *Rodrigo Felix Sarruf Cardoso* se opõe a essa renúncia, mas assim não pensa *Clarissa Duarte Martins* ("A desaposentação do direito do servidor a uma nova aposentadoria mais vantajosa", *in Conteúdo Jurídico* de 15.10.02).

39. Um aposentado pelo RGPS pode se aposentar no serviço público e obter a desaposentação?

Perfeitamente. Não há impedimento à percepção de dois benefícios se as pessoas obrigatoriamente forem filiadas aos dois regimes.

Silvio Wanderley do Nascimento Lima estudou esse direito ("Comentários sobre a possibilidade de acumulação de aposentado concedida pelo Regime Geral de Previdência Social, fruída por ex-empregado público, com remuneração decorrente de cargo ou emprego público em hipóteses não previstas na Constituição da República", *in RPS* n. 352/202).

40. A renúncia do servidor do Decreto n. 2.027/96 é uma forma de desaposentação?

Embora forçada, não deixa de ser. Uma renúncia apenas para tomar posse num cargo efetivo não seria desaposentação, mas tao somente uma exigência legal, mas sobrevindo a nova aposentação todo o processo pode ser chamado de desaposentação.

41. Um período de trabalho não consumido quando da aposentação no RGPS pode ser aproveitado no serviço público?

O tempo de serviço ou de contribuição que se prestou para uma aposentadoria no INSS é absorvido por esse benefício e não mais será aproveitado, exceto na figura da desaposentação, em outro regime. Mas o período que não foi utilizado, após a emissão da CTC, será computado mediante a contagem recíproca do tempo de serviço.

42. Há prazo decadencial para se pedir a desaposentação?

Não. Alguns autores invocam o art. 1º do Decreto-lei n. 20.910/32, segundo o qual "todo e qualquer direito ou ação contra a fazenda" somente poderia ser intentando até cinco anos, disposição que foi revogada pela imprescritibilidade do direito aos benefícios.

O juiz relator da 5ª Turma do TFR da 4ª Região *Hermes Siedler da Conceição Júnior,* em 16.12.11 sopesou o prazo da decadência, entendendo não caber a aplicação do art. 103 do PBPS, na ARN n. 0015900-11.2009.404.700/PR (in *Revista Magister de Direito Trabalhista e Previdenciário,* de nov./dez. 2010, p. 144).

43. A reversão é uma modalidade de desaposentação?

No sentido mais largo da concepção, com a particularidade que desse ato administrativo a Administração Pública participa intensamente e presente sua disposição, interesse e anuência, seria uma "desdisponibilização" que visa à volta ao trabalho do servidor (art. 25, I/II, §§ 2º/6º, do ESPCU, na redação dada pela Medida Provisória n. 2.225-45/01).

44. O que é a cassação de aposentadoria?

Não é desaposentação, mas um grande equívoco do art. 134 do ESPCU, que foi destacado por *Jair Teixeira dos Reis* ("A inconstitucionalidade da pena de cassação de aposentadoria após a Emenda Constitucional n. 3, de 17 de março de 1993", *in RPS* n. 352/11).

45. Recondução ao cargo é desaposentação?

Não. A figura jurídica é distinta. "O servidor estável investido em cargo público federal, em virtude de habilitação em concurso público, poderá desistir do estágio probatório a que é submetido com apoio no art. 20 da Lei n. 8.112, de 11 de dezembro de 1990, e ser reconduzido ao cargo inacumulável a que foi exonerado, a pedido" (Súmula AGU n. 16).

46. O servidor também precisaria devolver?

Tecnicamente, sob esse aspecto, não há diferença nenhuma entre trabalhador e servidor, mas "Não estão sujeitos à repetição os valores recebidos de boa-fé pelo servidor público, em decorrência de errônea ou inadequada interpretação da lei por parte da Administração Pública" (Súmula AGU n. 34).

47. A aposentadoria compulsória do juiz que cometeu ato ilícito pode ser renunciada?

Esse tipo de aposentadoria é uma excrescência do Direito Previdenciário; constitui-se de pena e nessa condição não pode o magistrado dela abrir mão.

48. Como está o não reconhecimento de um tempo especial no serviço público?

Tendo em vista que desde 5.10.88 até 28.2.11 o Governo Federal não propôs a lei complementar que regulamentará a aposentadoria especial dos servidores, obrigando estes a impetrarem o mandado de injunção, um tempo especial que determinou o deferimento da aposentadoria especial no RGPS terá de ser assim apreciado pela perícia médica do RPPS (IN SPPS n. 1/2010) e se for o caso assim considerado (*Aposentadoria Especial do Servidor,* 2. ed. São Paulo: LTr, 2012).

49. E o cenário sobre esse cômputo do tempo de serviço?

Helena Mizushima Wendhausem discorreu sobre esse tema e lembrou a decisão do STJ a favor do cômputo do tempo de serviço, constante do RESP n. 551.765/PB, relatado pela Ministra *Laurita Vaz* em 18.11.03 ("Tempo especial prestado pelo servidor do regime celetista", *in RPS* n. 310/623).

50. O que pensa a AGU?

Conforme o Parecer GQ n. 130 da AGU (Proc. n. 29.000.005168/91-095, da lavra de *Wilson Teles de Macedo*): "só com lei autorizativa haveria retorno do inativo ao cargo em que foi aposentado".

QUESTÕES VERNACULARES

Mais uma vez a linguística cria obstáculo para a análise das questões previdenciárias e é sempre bom lembrar as propriedades semânticas das palavras. As principais espécies são as seguintes:

a) renúncia simples;

b) renúncia objetivando nova aposentação;

c) desaposentadoria e reaposentadoria;

d) retratação;

e) reversão de servidor;

f) renúncia de servidor;

g) conversão;

h) desistência;

i) recondução;

j) transformação; e

k) suspensão e cancelamento.

51. Questões vernaculares

Hermes Arrais Alencar chama de "transformação" a renúncia da aposentadoria proporcional e a passagem para a integral. A questão é meio convencional, mas ele parece não ter razão porque a expressão "transformação" está consagrada na legislação previdenciária, com significado próprio, sem falar que ela não cogita de restituição (ob. cit., p. 74).

52. Doutrinariamente confundem-se as expressões "desaposentação" com "cancelamento de benefícios"?

Não, mas o mesmo *Hermes Arrais Alencar* discorda do uso do vocábulo desaposentação e entende que caberia quando se trata de cancelamento (ob. cit., p. 74).

O cancelamento, que não se confunde com a cessação da manutenção de um benefício representa a paralisação dos pagamentos das mensalidades em decorrência da constatação de uma ilegalidade na sua concessão ou em sua manutenção, advindo desdobramentos sancionatórios e por iniciativa do órgão gestor. Na desaposentação sobrevém a paralisação do pagamento sem qualquer ilegalidade e por iniciativa do titular do direito.

53. O que é desistência?

O art. 181-B, parágrafo único, I/II, do RPS prevê a figura da desistência de um benefício que foi concedido ao segurado, "desde que manifeste esta intenção e requeira o arquivamento definitivo do pedido antes da ocorrência" do "primeiro pagamento do benefício" e saque o FGTS ou o PIS-PASEP (redação do Decreto n. 6.208/07).

54. O neologismo "desaposentação" tem apenas um significado?

Não; ele pode ser empregado em sentido lato, sempre abrangendo uma prestação estatal previdenciária. No Direito do Trabalho, quem abdicou de um emprego é chamado de desempregado, normalmente pensando em outro emprego que lhe ofereça melhores condições. Mas, em princípio, o direito natural que o assiste é igual ao da desaposentação.

RENÚNCIA DA APOSENTADORIA

A par do estudo do papel do ato jurídico perfeito a contribuição que o instituto técnico da desaposentação mais propiciou foi a que trata da renúncia. Até que fosse publicado o primeiro artigo sobre a matéria, raramente algum especialista havia se detido sobre esse tema de Direito Civil e suas consequências. Praticamente todos tinham o benefício previdenciário como irrenunciável.

En passant, quando se analisava o direito à pensão por morte da viúva que dispensou a pensão alimentícia, chegou a se cogitar da renúncia civil a esse valor, e nada mais.

55. Em que consiste uma renúncia?

No Direito, é um ato jurídico válido quando decorrente da vontade livre e manifestada por pessoa para isso capacitada, de desistir de um bem próprio disponível. Diuturnamente o ser humano renuncia a alguma coisa.

Para *Gisele Lemos Kravchychyn* "é ato de caráter do possuidor do direito, eminentemente voluntário e unilateral, através do qual alguém abandona ou abre mão de um direito já incorporado ao seu patrimônio" ("Desaposentação. Fundamentos jurídicos, posição dos tribunais e análise das propostas legislativas", *in Jus Navigandi* de novembro de 2007).

Quem completa os requisitos legais e não requer o benefício correspondente no momento esperado pelo legislador está se abstendo de sua percepção (RPS, art. 181-B, parágrafo único, inciso I).

56. O que pensa a doutrina sobre a renúncia?

Não há, por assim dizer, um consenso doutrinário sobre a possibilidade de renunciar direitos sociais, mas a tendência é majoritária no sentido de sua validade sempre que significar uma melhoria de situação da pessoa humana.

57. Há diferença entre renúncia simples e renúncia com vistas à nova aposentação?

Perfeitamente. Várias. Na renúncia simples não há a necessidade da restituição, a prestação esgota-se em si mesma; a pessoa não está pensando em desaposentação, tão somente em não mais receber o benefício.

Um aposentado pode renunciar à aposentadoria pura e simplesmente para usufruir o *ocium cum dignitat* (não fazer absolutamente nada) e viver com outras fontes de manutenção. Outro aposentado utilizar-se-á da mesma renúncia para computar o tempo de serviço em outra aposentação.

Na renúncia visando à desaposentação, ou seja, uma nova aposentação, impõe-se a restituição (a ser examinada em cada caso), porque a desconstituição do ato administrativo é total e deve repor por inteiro o *status quo ante*.

Se um aposentado solicitar a renúncia simples, que implica em cessação do pagamento das mensalidades e ausência de qualquer restituição e, passado algum tempo, requerer uma nova aposentadoria ou CTC para computar o tempo de contribuição num RPPS, ele estará diante da desaposentação com as suas implicações.

58. Existe renúncia à disponibilidade?

Disponibilidade é um instituto técnico do Direito Administrativo, ato semelhante à aposentação e que ao seu tempo pode cessar. O servidor estatutário ocupante de cargo efetivo retorna ao posto de trabalho que antes ocupava ou em outro, reingresso designado por reversão.

A volta ao cargo do então disponível depende da conveniência da Administração Pública, portanto, não se trata de desistência de um estado.

59. A renúncia tem de ser convalidada pelo órgão gestor?

Não. Mas esse órgão gestor tem o dever de verificar com cuidados especiais a motivação da renúncia.

60. O que são direitos disponíveis?

A análise do instituto técnico da desaposentação implicou em convencionar o que sejam os direitos disponíveis dos segurados; somente as prestações disponíveis poderiam ser renunciadas.

Não há preceito expresso sobre isso e o conceito resulta do pensamento doutrinário. Seriam aqueles que uma vez abdicados não prejudicariam o titular nem a terceiros. Notadamente, os patrimoniais, aqueles incorporados à pessoa humana.

61. É possível disponibilizar o tempo de serviço?

Situado no passado da pessoa o tempo de serviço constitui um patrimônio individual do segurado. Ninguém pode logicamente renunciar a ele; faz parte da personalidade do ser humano, o que se pode é desistir da percepção das mensalidades de um benefício por ele gerado. O que é usual, quando alguém completa os requisitos legais e não requer a prestação.

62. Qual é o significado da renúncia?

A renúncia, quando possível, praticada por titular capaz é a abdicação de um direito pessoal disponível. Desistindo das mensalidades, se o interessado ainda não faz jus a um novo benefício, ele deixará de recebê-las nesse interregno e aguardará o momento da nova aposentação.

63. Ela depende do órgão gestor?

Não. A renúncia é ato unilateral, como lembrado por *Hugo Frederico Vieira Neves*, em sua tese de dissertação, citada anteriormente: "a renúncia à aposentadoria se traduz em um ato unilateral e independente da vontade ou deferimento do órgão gestor da Previdência — o INSS — que consiste no abandono voluntário de um direito ou de seu exercício".

64. Então o ente gestor não tem nenhuma participação?

À exceção da volição do titular e da unilateralidade do pedido, a participação da Administração Pública é enorme (maior ainda se for um órgão público). Tem de protocolar o pedido, examinar-lhe os pressupostos, desfazer formalmente a constituição do benefício mediante uma declaração, proceder aos devidos registros etc.

65. O que pensam os tribunais?

Não se esquecendo de que as prestações sociais se submetem às normas públicas, de modo geral os tribunais acolhem a renúncia porque subsiste a presunção de que visa a uma melhor prestação social. Quase todos os julgados reportam-se a ela como sendo possível, mas nem todos concordam com a desaposentação sem restituição.

66. Qual é a posição da Ministra do STJ *Laurita Vaz*?

Laurita Vaz chama a renúncia de ato desconstitutivo negativo, na medida em que a aposentação seria um ato constitutivo positivo (RE n. 310.884 – *in* Proc. n. 2001.00310563-2).

67. A renúncia é reversível?

Admitida a renúncia apenas e tão somente visando melhorar a situação da pessoa, por sua vez ela também pode ser abdicada, mas assim não pensa *Oswaldo Aranha Bandeira de Mello*

(*Princípios gerais de direito administrativo*. 3. ed. São Paulo: Malheiros, 2007. p. 573, citado por *Adriane Bramante* e *Viviane Masotti*).

68. Num processo de desaposentação, o aposentado renuncia ao benefício, ao tempo de contribuição ou às mensalidades do benefício mantido?

Como não pode renunciar ao tempo de contribuição (direito indisponível) e, afirma a doutrina seria impossível renunciar ao benefício, tem-se que ele renuncia apenas à percepção das mensalidades.

69. Há alguma distinção entre renunciar e deixar de receber o benefício?

Sim, notável. A renúncia é um ato unilateral formal expresso por escrito e deixar de receber é um ato informal.

70. Qual a diferença entre renúncia e desaposentação?

A desaposentação reclama um primeiro ato formal chamado de renúncia, mas não se confunde com ela. Abdicar a um benefício quer dizer desistir da percepção de suas mensalidades (com alguma finalidade mediata ou imediata). A desaposentação é a renúncia seguida de um novo jubilamento no mesmo ou em outro regime.

71. Haveria renúncia de um benefício do INSS em favor de um benefício da LOAS?

Embora raríssima, conforme as circunstâncias é bem possível. *Adriane Bramante* e *Viviane Masotti* configuram o direito de alguém que está recebendo um auxílio-acidente de valor menor que o salário mínimo e sem ter direito a qualquer outra prestação previdenciária, pretender o benefício da LOAS, claro, se preencher todos os requisitos legais desta prestação assistenciária (ob. cit., p. 70).

72. Prestações acidentárias podem ser renunciadas?

As prestações acidentárias constituem uma modalidade de proteção social geralmente superior às prestações previdenciárias comuns, mas presentes os requisitos da renúncia, não há por que obstá-las. Julga-se que substituir um benefício comum pelo acidentário seria uma conversão e não uma desaposentação.

73. O que pensam os Tribunais de Contas?

De modo geral são favoráveis. Para a 4ª Câmara do Tribunal de Contas de Minas Gerais a desconstituição da aposentação não é anulação nem revogação, mas sim apenas uma declaração (citado por *Lorena de Mello Rezende Colnago* no "Desaposentação", *in RPS* n. 301/784).

DATA-BASE DA MUDANÇA

Quando sobrevém a decisão definitiva sobre a desaposentação é preciso separar três períodos em relação ao segurado: a) período de contribuição que vai até a DIB da concessão; b) período da vigência da aposentação e novas contribuições até a data da renúncia; e c) data do início da nova aposentação. O que separa esses dois últimos períodos quando sequenciais é a data-base de todo o processo.

74. Qual é a data-base da mudança?

É a da petição inicial ao Poder Judiciário. Logo, com retroação a esse momento e implicando na devolução dos valores até então recebidos, o que não se confunde com a restituição das mensalidades quitadas desde a aposentação e até essa mesma data-base. Para alguns juízes é a data da citação do órgão gestor.

75. Poderia ser a Data de Entrada do Requerimento ao INSS?

Perfeitamente, se ele primeiro solicitou a desaposentação à Previdência Social, mas cada magistrado tem a sua opinião.

76 E a suspensão dos pagamentos?

Devidamente motivada, nesta figura suspende-se provisoriamente o pagamento das mensalidades de um benefício até que elas sejam restauradas ou então seja cancelado definitivamente o benefício.

77. O que é o cancelamento?

O cancelamento não se confunde com a suspensão (nem com a cessação). Presentes as razões fáticas e jurídicas para tanto, o benefício termina em caráter definitivo.

Quando um percipiente de aposentadoria por invalidez ou aposentadoria especial volta ao trabalho, as mensalidades são suspensas, mas não é cancelado o benefício. Basta ao titular deixar esse trabalho e as mensalidades serão restauradas.

78. Qual é a situação de alguém que se aposentou, voltou ao trabalho por algum tempo, contribuiu, deixou passar mais algum tempo e pediu a desaposentação?

Igual a quem não deixou decorrer esse período sem contribuição, mas a data-base seria a do último mês de pagamento.

79. E a situação de alguém que se aposentou antes de 1999, não voltou ao trabalho, mas diante da sua idade avançada, pretende se desaposentar porque o fator previdenciário agora lhe é favorável?

A desaposentação pressupõe a volta ao trabalho e as novas contribuições; sem essas medidas isso não será possível.

CONCEITO DE DESAPOSENTAÇÃO

O neologismo "desaposentação" provém da palavra aposentação. Quer dizer o ato de mudança do estado jurídico do trabalhador, que era segurado e se tornou aposentado. Essa pessoa mantém a qualidade de segurado, mas tecnicamente não é mais segurado; o sinistro coberto realizou-se.

80. O que é aposentação?

Solicitada a prestação pelo seu titular consiste na paralisação do trabalho e na percepção das mensalidades de uma aposentadoria. A aposentação é o fato de requerer e receber a aposentadoria; um ato adjetivo precedido do ato substantivo. Altera-se o *status* jurídico do segurado: de contribuinte passa a ser assistido.

81. Qual o conceito de desaposentação?

A desaposentação consiste numa renúncia ao pagamento das mensalidades de um benefício previdenciário legitimamente concedido e mantido, com vistas à desistência pura e simples ou ao cômputo do tempo de serviço e de contribuição no próprio ou em outro regime previdenciário.

Para *Fábio Zambitte Ibrahim* é a "Possibilidade de o segurado renunciar à aposentadoria com o propósito de obter benefício mais vantajoso, no RGPS ou em RPPS, mediante a utilização de seu tempo de contribuição, com objetivo de melhoria do *status* financeiro do aposentado" (ob. cit., p. 35).

Adriane Bramante e *Viviane Masotti* a têm como uma "renúncia ao benefício concedido para que o tempo de contribuição vinculado a este ato de concessão possa ser liberado, permitindo seu cômputo em novo benefício, mais vantajoso" (ob. cit., p. 60).

Lorena Colnago a tem como "tentativa do beneficiário desfazer o ato administrativo de aposentação, com fundamento exclusivo na sua manifestação volitiva, a fim de liberar o tempo de contribuição utilizado na concessão da aposentadoria para que o mesmo possa reutilizá-lo no requerimento e concessão de nova aposentadoria em um regime mais benéfico" (in *RPS* n. 301/784).

Alguns autores se referem à desaposentadoria, o que é destituído de sentido, pois é o ato de aposentação que se sujeita ou não a mudanças. A aposentadoria é substantiva e a aposentação (a ser desfeita) é adjetiva.

82. Qual é a distinção entre desaposentação e revisão de cálculo?

As principais são:

a) Restituição de mensalidades — Possivelmente presente na primeira hipótese e ausente na segunda.

b) Prazo decadencial — Não há termo para se solicitar a desaposentação, mas a revisão de cálculo experimenta um prazo de dez anos (PBPS, art. 103).

c) Tempo antes não reconhecido — Na revisão de cálculo, muitas vezes a pretensão é a aceitação de tempo de contribuição antes não averbado.

d) Novas contribuições — Não se cogita de contribuições vertidas após a aposentação numa revisão de cálculo, mas isso é um pressuposto para a aposentação.

e) Equívoco fático ou jurídico — A revisão pressupõe impropriedade na concessão do benefício e, ao contrário, na desaposentação o benefício é regular, legal e legitimamente deferido.

f) Pagamento de atrasados — Quando presente o direito, na revisão poderá haver o pagamento de atrasados, pelo menos de 60 mensalidades e, ao contrário, na desaposentação poderá sobrevir a devolução do recebido depois da aposentação.

83. O que significa a revisão de cálculo?

Dentro do prazo decadencial de dez anos o beneficiário que não se conformar com o valor da renda mensal inicial ou da renda mantida, juntando provas, argumentos e pedido final, propõe que o cálculo seja reexaminado pelo órgão gestor do benefício.

84. O que diz o art. 18, § 2º, do PBPS?

Que, além do mantido, nenhum outro benefício pode ser deferido, exceto o salário-família e a reabilitação profissional. Esta é uma razão muitas vezes alegada pelos magistrados para se oporem à desaposentação, quando equivocadamente julgam que o aposentado quer receber dois benefícios (*sic*).

85. Tecnicamente, alguém que trabalhou durante 30 + 30 anos poderia ter dois benefícios?

Ab initio, lembrando que essa pessoa teria no mínimo 76 anos e com pequena expectativa de vida em relação ao segundo benefício, a resposta é negativa; somente por conta de uma convenção histórica impede-se a possibilidade de uma nova aposentadoria no mesmo regime (mas note-se que seria perfeitamente possível noutro regime).

Nessa hipótese *ad argumentandum* não há qualquer ofensa ao equilíbrio atuarial e financeiro.

86. E a inclusão de novos valores?

É uma pretensão sem amparo legal dos aposentados que voltam ao trabalho, de que sejam os salários de contribuição dos valores aportados após a aposentação incluídos numa revisão de cálculo. Por conseguinte, a sua maior idade, com vistas ao fator previdenciário.

87. O que é abdicação do benefício da LOAS?

Uma desistência de um benefício assistenciário, possivelmente pensando num benefício previdenciário a que o titular faça jus e também na possibilidade de outorgar pensão por morte e de ter a décima terceira mensalidade.

88. O que é a opção pela melhor prestação?

Diante de dois ou mais benefícios, a possibilidade de optar pelo mais vantajoso, não necessariamente o de maior valor porque às vezes o que o segurado quer é receber o benefício e voltar ao trabalho (o que somente é permitido na aposentadoria por tempo de contribuição, por idade e em alguns casos da especial).

A esse respeito diz o Enunciado CRPS n. 5: "A Previdência Social deve conceder o melhor benefício a que o segurado fizer jus, cabendo ao servidor orientá-lo nesse sentido".

89. Qual seria um exemplo de norma mais benéfica?

Imagine-se um homem inválido com 35 anos de serviço: entre a aposentadoria por invalidez (que não permite a volta ao trabalho nem tem fator previdenciário) e a aposentadoria por tempo de contribuição, a segunda é preferível, máxime se ele tiver um fator previdenciário superior a 1 (um).

90. Pode-se contornar a decadência da revisão de cálculo?

Sim, do ponto de vista prático. Alguém que depois de dez anos descobriu erro de cálculo da renda mensal e continuou trabalhando, com o processo da desaposentação poderá corrigir o equívoco e ter benefício de maior valor.

91. O que significa titularidade da desaposentação?

Somente o aposentado ou o seu representante (procurador, curador etc.) pode expressar ao órgão gestor ou ao Poder Judiciário a sua renúncia.

É absolutamente imprescindível a expressão desse desejo, com a manifestação em relação à restituição.

92. Haveria renúncia de benefício previdenciário em favor de benefício assistenciário?

Adriane Bramante e *Viviane Masotti* configuram uma hipótese com essa possibilidade. Homem com 65 anos ou mulher com 60 anos de idade recebendo meio salário mínimo de auxílio-acidente e que preencha os requisitos legais do benefício de pagamento continuado da LOAS).

93. E no caso de divisão da pensão?

Os titulares serão os dependentes. Se apenas um dependente solicitar a revisão de cálculo, a decisão dirá respeito às duas famílias.

94. Qual é a situação jurídica do segurado?

Até que seja concedido um novo benefício será a de um não aposentado (um ativo), com todas as consequências disso. Em alguns casos, por não completar a carência, com certos prejuízos próprios da contingência protegida sinistrada.

95. Como fica a qualidade de segurado?

Como se manteve filiado recebendo benefício, até a data-base será regido pelo art. 16 do PBPS; após essa data, perderá a qualidade de segurado, mas a recuperará assim que for concedido o novo benefício.

96. Há solução de continuidade entre os dois benefícios?

Depende de cada caso. Exceto na figura da desistência pura e simples não ocorre interrupção do direito, cessa um benefício na data-base e começa o outro no dia seguinte.

97. Antes do pedido importa uma simulação do cálculo do novo benefício?

Sim, pelo menos por dois motivos: a) para saber o novo valor; e b) para saber o total da eventual restituição.

98. Qual é o papel do fator previdenciário nessa simulação?

Bastante significativo; ele afeta o novo cálculo. No caso de aposentados precoces poderá até diminuir a renda mensal mantida e tratando-se de aposentados com mais idade, *per se,* até se levar em conta as novas contribuições ele poderá aumentar a renda do benefício.

99. Há um objetivo personalíssimo na desaposentação?

Sim. A disposição de melhorar o valor da aposentadoria, de modo que ela corresponda o máximo possível às contribuições vertidas e aproveitar aquelas pagas após a aposentação.

100. Ocorreria desistência no Poder Judiciário?

O acórdão na AC n. 2001.61.02.00.5533-4/SP, relatado pela desembargadora *Eva Regina,* da 7ª Turma do TFR da 3ª Região, em 19.1.09 autorizou a "desaposentação" do benefício concedido pela Justiça Federal, uma vez que o INSS concedera outra prestação, de maior valor (in *RPS* n. 342/399).

101. Os ex-combatentes também podem se desaposentar?

Sim, quando movidos pela razão de melhorar. Tal posição foi assumida pelo juiz *Iran Velasco Nascimento* na AC n. 1998.01.00.067.866-0/MG, da 2ª Turma do TFR da 1ª Região, em 20.8.08 (in *RPS* n. 339/123).

102. Como os doutrinadores e os magistrados se posicionam?

Convencionadamente. Ausentes preceitos positivados relativos aos elementos da decisão (direitos disponíveis, possibilidade da renúncia, patrimonialidade do bem, repetição da prestação por se alimentar, desconstituição do ato administrativo, irreversibilidade da concessão, significado do respeito ao equilíbrio atuarial e financeiro) alguns magistrados entendem pessoalmente conforme cada caso. Para uns raros, o *magister dixit.*

103. Por que a desaposentação é condicionada à restituição?

Do ponto de vista puramente jurídico é porque ela pressupõe o desfazimento de um ato jurídico perfeito e se impõe o estabelecimento do *status quo ante.*

Tecnicamente é preciso observar o equilíbrio atuarial e financeiro dos regimes envolvidos.

Moralmente, para ser observada a equidade (em relação a quem não requereu esse pedido).

104. A não existência de um instituto técnico específico é obstáculo?

Realmente, a desaposentação está em substanciação e a partir do momento que a doutrina e a jurisprudência a apoiam, que ela já existe e deve cessar a preocupação de *Isabela Borges de Araujo* ("A Desaposentação no Direito Brasileiro", *in RPS* n. 317/341).

POSSIBILIDADE DA DESPENSÃO

A despensão é subproduto da desaposentação; aliás, o neologismo lembra a desaposentação, mas a ideia é outra, não se cogitando da figura ora estudada, mas com um dos seus efeitos.

105. O que é a despensão?

Expressão cunhada por *Marcus Orione Gonçalves Correia* que implica numa revisão de cálculo da renda mensal da pensão por morte decorrente da renúncia da aposentadoria que a deflagrou, promovida pelo titular do benefício dos dependentes ("Despensão. Mais que um neologismo. Uma realidade", *in RPS* n. 347/912).

106. O que seria uma despensão trabalhista?

Uma revisão *post mortem* concedida em relação àquele segurado que faleceu sem estar aposentado e que outorgou pensão por morte. O dependente pretende o reexame dos salários de contribuição até então considerados. Não passa de uma revisão de cálculo da pensão por morte com a modificação do cálculo da possível aposentadoria que se prestou para a fixação da renda mensal inicial.

107. Há resistência jurisprudencial e doutrinária à despensão?

Sim, no campo doutrinário e judiciário, mas descabida quando se apoia na questão da titularidade. *Adriane Bramante* e *Viviane Masotti* se opõem à ideia e afirmam que ela encerra a aposentadoria do *de cujus*. A duração da aposentadoria é intocável, já aconteceu; o seu valor é que pode ser revisto ou não e, então, influenciar a pensão por morte já deferida.

108. O que são revisões de cálculo da pensão por morte?

Direito sucessório dos dependentes quando se dão conta de que a renda mensal desse benefício não corresponda às contribuições vertidas pelo segurado quando da atividade. Processos de revisão de cálculo da aposentadoria em andamento, resolvidos favoravelmente ao segurado, afetam o montante da pensão por morte. Esse procedimento não se confunde com a despensão que consiste na desaposentação da aposentadoria que gerou o benefício dos dependentes.

TRANSFORMAÇÃO DE BENEFÍCIOS

Na legislação previdenciária subsiste uma longeva técnica, não confundível com a conversão nem com a desaposentação, com efeitos análogos que merecem atenção.

Quando da próxima revisão do PBPS andaria bem o legislador se deixasse todas essas figuras bem distintas.

109. Existem problemas vernaculares na transformação?

Mais do que em outras áreas da desaposentação, geralmente convencionada e consagrada, cada autor adota sua própria linguagem, gerando um pouco de confusão.

110. O que é transformação de benefícios?

Consiste na cessação de um benefício para, ato contínuo, a concessão de outro dentro do próprio regime de previdência social.

111. Subsiste previsão legal?

Expressamente não há norma que regule as principais figuras de transformação.

112. Quais as diferenças e semelhanças entre transformação e desaposentação?

São as seguintes:

a) não haver permissão legal expressa;

b) envolver dois benefícios distintos;

c) não existir a figura da restituição;

d) devem estar presentes os requisitos legais do novo benefício;

e) novo cálculo da renda mensal;

f) não se consideram contribuições eventualmente vertidas após a primeira aposentação;

g) não se confundir com conversão, cessação nem cancelamento;

h) a cessão de um e a concessão de outro sucedem no mesmo regime de previdência social;

i) não se tratando de revisão de cálculo, não há prazo para a transformação ou a desaposentação;

j) desdobramentos: conforme o caso a transformação permitirá a volta ao trabalho.

Na AC n. 2004.84.00.009322-8/RB, em 10.4.07 o acórdão da 4ª Turma da 5ª Região confundiu transformação da aposentadoria por tempo de contribuição em aposentadoria por idade com a desaposentação; na transformação não há inclusão de novas contribuições nem restituição (in *RPS* n. 331/489).

113. O que é transformação de auxílio-doença em aposentadoria por invalidez?

Por solicitação do interessado ou conclusão da perícia médica, presente a incapacidade própria da invalidez, cessa o auxílio-doença e no dia seguinte começa a aposentadoria por invalidez, com novo valor.

114. O que era a transformação de aposentadoria comum em acidentária?

O art. 122 do PBPS, em sua redação original e até que fosse revogado pela Lei n. 9.528/97, admitia uma mudança da aposentadoria comum em acidentária, caso o aposentado que voltou ao trabalho sofresse um infortúnio laboral.

Diante do que dispõe o atual art. 18, § 2º, parece difícil sustentar-se esse direito, logo a revogação contraria a protetividade da previdência social e, em particular, a infortunística.

115. É possível o auxílio-doença ou a aposentadoria por invalidez se tornar uma aposentadoria por idade?

Até que fossem revogadas, a 1ª CLPS (art. 37, § 2º) e a 2ª CLPS (art. 32, § 2º), admitiam claramente as hipóteses.

O art. 8º, § 2º, da Lei n. 5.890/73 também previa essa circunstância.

Havia previsão regulamentar no art. 55 do RPS, mas ele foi revogado pelo Decreto n. 6.722/08. Entretanto, vale desde que preenchidos os requisitos legais do segundo benefício não há por que indeferi-lo. O fato de, então, o fator previdenciário poder ser favorável ao aposentado, é uma condição da legislação e não motivo para o impedimento.

Atualmente o art. 212 da IN INSS n. 45/10 diz: "É vedada a transformação de aposentadoria por invalidez ou auxílio-doença em aposentadoria por idade para requerimentos efetivados a partir de 31 de dezembro de 2008, data da publicação do Decreto n. 6.722, de 08, haja vista a revogação do art. 55 do RPS".

116. O que é transformação automática de benefícios?

Até 24.7.91 era um instituto técnico da previdência social que operava automaticamente mudanças no benefício mantido.

117. Há transformação das aposentadorias em aposentadoria por invalidez?

A despeito do que reza o art. 660 da IN INSS n. 45/10, a concessão da aposentadoria por invalidez depende de três requisitos: a) qualidade de segurado (que o aposentado detém); b) período de carência (se ele restava aposentado é porque tinha mais do que 12 contribuições mensais); e c) evento determinante.

Da mesma forma, eventual aumento na renda mensal (fator positivo) e estar impedido de retornar ao trabalho (fator negativo) não devem interferir nesse raciocínio.

Nestas condições não há óbice legal para a cessação de uma aposentadoria por idade, tempo de contribuição ou especial, para a concessão de uma aposentadoria por invalidez.

O desembargador *João Batista Pinto Silveira*, da 6ª Turma do TRF da 4ª Região, não admite essa possibilidade (AC n. 2006.71.00.034213-6/RS, *in DJe* de 4.4.09).

118. Transformações podem ocorrer no serviço público?

Observada a legislação específica nada impede que sobrevenham essas mudanças em cada regime próprio de previdência social.

119. A cessação da aposentadoria e a concessão de pensão por morte é uma transformação?

Não. São dois benefícios distintos a que fazem jus pessoas diferenciadas: um segurado aposentado e um ou mais dependentes.

120. É possível a transformação do benefício da LOAS em aposentadoria por idade?

Aquele que preencheu os requisitos legais da aposentadoria por idade, mas encontrando dificuldades em fazer alguma prova preferiu solicitar o benefício de pagamento continuado da LOAS, uma vez obtida a mencionada prova, tem permissão para transformar o benefício assistenciário em previdenciário.

121. O fim de auxílio doença e concessão de auxílio-acidente é transformação?

São dois benefícios distintos, com causas determinantes distintas, mas pode ser considerada uma transformação.

DESDOBRAMENTOS DA DESAPOSENTAÇÃO

Evidentemente, a desconstituição formal de um ato jurídico importante para a vida dos aposentados e das empresas deve produzir consectários jurídicos que têm de ser sopesados em cada caso.

122. Quais os efeitos da desaposentação?

Enquanto percipiente de um benefício o segurado é regido pelo regime jurídico da condição de aposentado, que se reflete em vários segmentos da legislação (civil, trabalhista, previdenciária, fundiária, tributária etc.).

Cessando o benefício mantido por via da desaposentação alguns desdobramentos se apresentam; ele retornará à condição de segurado não aposentado enquanto não fizer jus e obtiver a nova aposentadoria.

São consectários práticos e jurídicos que sobrevêm com a desaposentação, depois do pedido, antes da decisão final e após o reconhecimento oficial.

123. Durante o questionamento judicial o INSS paga as mensalidades do benefício mantido?

Até que sobrevenha a coisa julgada judicial não aconteceu nada que afete a manutenção do benefício; esse direito se mantém íntegro.

124. O que são os efeitos *ex tunc* e *ex nunc* da desaposentação?

Segundo os posicionamentos doutrinários e jurisprudenciais, presente um efeito *ex tunc*, o aposentado teria de devolver o que recebeu e conforme o efeito *ex nunc* não haveria necessidade dessa devolução.

125. Quando cessa o benefício renunciado?

O benefício até então mantido cessa em certa data-base, que deve ser a do pedido inicial.

126. O desaposentado poderia se desaposentar novamente?

Rigorosamente sim, mas isso tem um custo administrativo alto e a reedição deveria ser regulamentada, estabelecendo-se um interregno entre dois pedidos.

127. Como fica o FGTS recebido?

Quando da aposentação, de acordo com a lei, o aposentado levantou o FGTS e esse é um fato irreversível. Ele não tem de devolver à Caixa Econômica Federal o montante do seu saldo.

128. O PIS-PASEP?

O PIS-PASEP foi regularmente auferido e não tem de ser devolvido.

129. E o empréstimo bancário consignado?

Quem desistiu da aposentadoria retirou a garantia do empréstimo bancário e se ele está em andamento terá de se haver com a rede bancária para oferecer uma nova garantia.

130. Mantém-se o dever de pagar a pensão alimentícia?

Sim. Sem o pagamento das mensalidades previdenciárias cessa a possibilidade de o órgão gestor do benefício deduzir o valor mensal da pensão alimentícia, convindo que os interessados entrem em negociação. Note-se que embora a necessidade do alimentado seja a mesma, a capacidade do alimentante será maior.

131. Sobrevém prejuízos a terceiros?

Rigorosamente, ninguém pode sofrer as consequências da decisão do desaposentante. Nem o RGPS, o RPPS, as pessoas físicas ou jurídicas.

132. E o processo de ação regressiva do INSS?

O art. 120 do PBPS dispõe que o INSS tente reaver despesas havidas com benefícios acidentários quando de negligência do empregador. Numa remota hipótese de renúncia à aposentadoria por invalidez acidentária, cessando os seus pagamentos, a ação regressiva teria de considerar tal fato.

133. A desaposentação implica na revisão da declaração do Imposto de Renda?

Se o aposentado desfrutou de uma situação jurídica distinta em razão da aposentadoria, a partir da data-base da desaposentação ele terá de revê-la. O tema não conhece regulamentação da Receita Federal do Brasil e deverá ser objeto de alguma norma administrativa.

134. Qual a regra regente da nova aposentadoria?

Tanto no RGPS quanto num RPPS será a da norma vigente na data do pedido do novo benefício (por exemplo, com ou sem fator previdenciário, e novo período básico de cálculo).

Não se alegue direito adquirido ao regime anterior que foi válido quando da aposentação. *Tempus regit actum*. Assim entendeu o desembargador Victor dos Santos Laus, da 6ª Turma do TFR da 4ª Região, na AC n. 2000.71.00.010141-6/RS, em 16.9.07 (in *RPS* n. 326/41).

135. Poderia haver desaposentação sem novas contribuições?

Sob esse título, não, embora se admita a transformação de benefícios.

Carla Mota Blanck Machado Neto vislumbrou vantagem de alterar a DIB para mais adiante, com a desaposentação, principalmente nos anos de 1993/94, tendo em vista a inclusão do IRSM de fevereiro de 2004, *ex vi* da Lei n. 10.999/2004, com a melhora do benefício (in *RPS* n. 320/615).

136. O INSS emite CTC para aposentados?

Não, possivelmente com receio de que o portador possa se utilizar desse documento para computar tempo de serviço em algum RPPS, o que é vedado, mas no bojo da desaposentação, depois do acerto de contas, isso é perfeitamente possível.

EFEITOS NO CONTRATO DE TRABALHO

Não são muitas as consequências da desaposentação no contrato de trabalho do empregado.

137. A volta ao trabalho é tecnicamente válida?

Do ponto de vista da filosofia do Direito Previdenciário o retorno do aposentado ao serviço é descabido. Essa é uma excrescência da nossa legislação historicamente gerada por benefícios precoces.

138. A desaposentação restauraria o contrato de trabalho?

Quem teve o contrato de trabalho rescindido por força do pedido da aposentadoria e desfez essa aposentadoria, só por isso e sem a anuência do empregador, não logra restabelecer o vínculo empregatício.

Observou um *factum principis*, a empresa agiu conforme a lei, o ato foi juridicamente perfeito no sentido de que o segurado livremente solicitou a rescisão contratual.

139. Renunciante da aposentadoria e pediu a nova aposentação *per se* romperia o contrato de trabalho?

Mais do que na primeira aposentação, se o segurado volta ao trabalho ele mantém um contato individual de trabalho. Uma vez cessado por solicitação da nova aposentação, observa-se a regra daquele que ainda não se aposentou, ou seja, não há rompimento do vínculo empregatício por força da nova aposentadoria.

Substituída a OJ n. 177 do TST, tem-se que sem a solicitação do trabalhador não há desfazimento do vínculo empregatício (ADI n. 1.721-3/DF, Min. *Ilmar Galvão* em 19.12.1997).

Fábio Zambitte Ibrahim reproduz palavras do Min. *Ilmar Galvão:* "A relação mantida pelo empregado com a instituição previdenciária não se confunde com a que o vincula ao empregador, razão pela qual o benefício previdenciário da aposentadoria, a princípio, não deve produzir efeito sobre o contrato de trabalho" (ob. cit., p. 873).

140. Se o aposentado rompeu o contrato individual do trabalho quando isso valia?

Ele restará desfeito e a desaposentação não alterará esse quadro jurídico.

TIPOS DE DESAPOSENTAÇÕES

Didaticamente é possível classificar as desaposentações em várias modalidades.

141. Quais os possíveis tipos de desaposentações?

Tomada a expressão em *lato sensu* são inúmeras as modalidades, principalmente conforme se situem no bojo de um regime ou entre dois deles.

142. No Regime Geral de Previdência Social?

Representa a abdicação de um benefício da Lei n. 8.213/91 em favor de outra modalidade (por exemplo, da proporcional por tempo de contribuição integral para a integral).

143. No Regime Próprio de Previdência Social?

É a substituição de uma aposentadoria do servidor público dentro do regime próprio de previdência social da Lei n. 9.717/98 por outra, somente possível se houver reaproveitamento do servidor após a aposentação.

144. Entre dois regimes próprios?

Cancelamento de uma aposentadoria de um RPPS para a obtenção de aposentação noutro RPPS, lembrando a contagem recíproca de tempo de serviço. Para que seja emitida uma CTC seria preciso haver um acerto de contas entre o RPPS e o servidor e, depois, entre os dois RPPS.

145. Do RGPS para um RPPS?

É uma das modalidades mais conhecidas. O juiz *Eduardo Tonetto Picarelli* entendeu que nesse caso não há devolução das mensalidades com base na Lei n. 9.676/98 (AC n. 2008.71.05.001952-4/RS, de 23.2.10, da Turma Suplementar da 4ª Região, *in RPS* n. 356/654).

146. Do RPPS para o RGPS?

A hipótese é menos comum, mas possível.

147. No plano de previdência social dos militares?

Possivelmente, sem que tenha sido ainda cogitado, o militar renunciaria à reforma para se aposentar como trabalhador, servidor ou parlamentar.

148. No regime dos parlamentares?

O parlamentar deixaria de receber o benefício do PCSS para auferir outro num RPPS ou no RGPS.

149. E das pensões especiais administradas pelo INSS?

Quando a percepção do benefício Síndrome da Talidomida, Césio 137, Hemodiálise de Caruaru ou Seringueiros do Amazonas, Pensão da Hanseníase representasse a possibilidade de obtenção de outra aposentadoria, ela seria possível.

150. E do extinto Regime dos Estudantes?

Sim, se é que alguém chegou a se beneficiar desse regime especial.

151. E em relação às prestações não securitárias?

As pensões não securitárias concedidas pela União ou pelos demais entes da República por motivo de júbilo, prêmio, homenagem, pagas pela Previdência Social ou não, também podem ser abdicadas.

152. Do mundo rural para urbano?

Não há nenhum obstáculo para isso.

153. Renunciar à percepção de benefício é desaposentação?

Como se entende que receber a primeira mensalidade é o aperfeiçoamento do ato administrativo da concessão, se o segurado não a aceitou não houve concessão, portanto, não há desaposentação.

154. Existe desaposentação, calculada a nova prestação com base na legislação vigente na data da concessão da primeira aposentação?

Não. O cálculo da nova renda mensal inicial será o vigente na data-base da desaposentação.

ESPÉCIES DE MUDANÇAS

A legislação previdenciária admite algumas formas de mudanças nos benefícios, algumas assemelhadas à desaposentação.

155. Quais são os tipos de modificações possíveis?

São vários. Entre os principais, a revisão de cálculo, a conversão, a transformação e a desaposentação.

156. Retroação de DIB é uma forma de desaposentação?

Não. Essa revisão da concessão não deve ser chamada de desaposentação, mas simplesmente representa um recuo da Data do Início do Benefício.

157. O que é revisão de cálculo?

Em um procedimento de ofício ou solicitado pelo titular é um ato que visa rever todos os cálculos da renda mensal inicial.

O resultado pode ser um de três:

a) manutenção do *status quo ante;*

b) majoração do valor; ou

c) redução do valor, sem haver *reformatio in pejus* no Direito Previdenciário.

158. O que é conversão de benefício?

É a mudança de um em outro benefício; a prestação previdenciária comum se tornar acidentária.

159. Mudança de aposentadoria proporcional em favor da integral é desaposentação?

É possível, mas ela tem provocado alguma celeuma doutrinária. A juíza *Marianina Galante*, que enfrentou a questão, confundiu-se pensando que os segurados querem os dois benefícios, o que é claramente impossível, acabou por negar o direito.

No acórdão ela cita *Daniel Machado da Rocha* e *José Paulo Baltazar Junior* (*Comentários à Lei de Benefícios da Previdência Social.* 7. ed. Porto Alegre: Livraria do Advogado, 2007. p. 229) que acabou por negar o direito (ARN n. 2010.03.99.012104-SP, da 8ª Turma do TFR da 3ª Região, decisão de 7.6.10, *in RPS* n. 359/909).

160. O que é a mudança de titularidade por morte do aposentado?

Ocorre em benefícios distintos: a) aposentadoria e b) pensão por morte.

161. Substituir o auxílio-reclusão pela pensão por morte é desaposentação ou despensão?

Nenhum dos dois; é uma simples substituição do outorgante. No primeiro caso um segurado preso e no segundo um evadido, desaparecido ou morto.

162. O que é opção pela melhor pensão?

Um direito assegurado à viúva pensionista, que se casou e novamente enviuvou, de desistir de uma delas em favor da melhor.

RESTITUIÇÃO DO RECEBIDO

A restituição ou não das mensalidades recebidas desde a DIB da aposentação até a data-base da desaposentação é um tema mal concebido, fragilmente idealizado e quase sempre amparo atuarial e financeiro, geralmente movido o estudioso por razões de ordem moral.

163. O que se entende por restituição?

A desconstituição jurídica do ato administrativo da concessão e da manutenção de um benefício previdenciário tem de se escudar no estabelecimento total do *status quo ante* (o que não será conveniente a todos os aposentados). Basicamente, quando for o caso, quer dizer a devolução das mensalidades recebidas até então.

Note-se que serão as mensalidades pagas desde a aposentação até a data-base da renúncia e também as que seguiram após essa data-base em razão da demora na solução da pendência administrativa ou judicial.

Já salientamos a necessidade de o tema ser regulamentado por lei ("Restituição do recebido na desaposentação", *in RPS* n. 333/621).

164. Há possibilidade de um cálculo justo do valor recolhido pelo segurado até a aposentação para se tentar apurar o restituível?

Diante da história da previdência social dos últimos 60 anos, sob o ponto de vista prático e do custo operacional, é matematicamente impossível determinar-se o que cada segurado aposentado contribuiu até a aposentação.

Literalmente, diante da multiplicidade dos regimes contributivos e de situações particulares, cada caso é um caso e com isso não se tem uma relação entre a contribuição e o benefício recebido.

De modo geral, os servidores passaram a contribuir apenas em 1993. A sua aposentadoria tinha um caráter de prêmio que desapareceu em 1988 com a Carta Magna.

165. Um eventual montante poderia ser tarifado por uma lei?

Ouvida uma plêiade de atuários, isso seria possível uma vez fixado um percentual da última mensalidade. Para se respeitar o equilíbrio atuarial e financeiro é preciso pensar na nova esperança média de vida e no valor da aposentadoria do segurado.

166. O que é restituição do período que vai entre a data-base da desaposentação e data da execução da decisão judicial?

O período que se refere às mensalidades posteriores à data-base invadiu o novo regime jurídico (e as mensalidades da possível nova aposentadoria), por isso, tem de haver um acerto de contas.

167. O que significa restituição total?

Devolver todas as 13 mensalidades de cada ano de duração do benefício desde a DIB. Aparentemente, do ponto de vista prático, na maior parte dos casos, é uma forma oblíqua de obstar a desaposentação.

168. Poderia haver retenção no novo benefício do mesmo regime?

Ou o regime inicia uma cobrança administrativa ou, o que é mais viável, desconta das mensalidades do novo benefício, mas assim não pensa o juiz *Eduardo Vandré O. L. Garcia* (AC n. 2009.71.00.017.241-4/RS da 6ª Turma do TRF da 4ª Região, em 17.1.10, *in* RPS n. 355/319).

169. O que significa nenhuma restituição?

Nada ter de devolver. Desde que a concessão tenha sido regular e por serem alimentares os valores nada há que se restituir, assim entendeu o juiz *Aluisio Gonçalves de Castro Mendes*, da 1ª Turma do TRF da 2ª Região, em 25.11.09, na AC n. 2008.51.01.804.432-0/RJ, *in RPS* n. 359/905.

De modo geral, essa posição jurisprudencial está perdendo força em favor da restituição, parcelada ou não.

Silmara Londucci fez cálculos demonstrando que o valor aportado pelo segurado durante 42 anos era suficiente para a desaposentação ("Da desnecessidade de restituição dos valores ao INSS, em caso de desaposentação", *et alii*, disponível na *internet*).

170. O que é restituição percentualizada?

Uma possibilidade que leva em conta a situação de todos os aposentados (cuja renda nacional média é de cerca de R$ 950,00). Significa devolver 30% do valor mensal das mensalidades ou outro percentual fixado pelo magistrado à luz do disposto no RPS.

Adriane Bramante tendo em vista que o art. 154, § 3º, do RPS fala em "no máximo, a trinta por cento", que se poderia pedir outro percentual ("Desaposentação. Aspectos jurídicos, econômicos e sociais", *in RPS* n. 351/132).

Vale lembrar que o § 3º do art. 154 do RPS autoriza o parcelamento do débito do segurado "caso o débito seja originário de erro da previdência social".

171. Quanto tempo duraria o parcelamento da dívida?

Em cada hipótese até sua extinção, mas para quem se aposentou há bastante tempo poderá chegar até o fim da aposentadoria.

172. Qual o responsável pela dívida, no caso de a restituição parcelada não se esgotar até a data do óbito do aposentado?

Os seus sucessores civis e previdenciários. Normalmente, os dependentes, que a pagariam com a pensão por morte, mas assim não pensa o Parecer CONJUR/MPS n. 616/10 (item 16).

173. A restituição deve ser feita com atualização monetária e juros?

A restituição, em si mesma, é polêmica e mais ainda a será a atualização monetária. Julga-se que uma vez atualizado o valor não deveria haver incidência de juros.

174. Qual a situação do pecúlio levantado?

Devem ser considerados dois períodos de contribuições após a desaposentação: a) da DIB até 15.4.94 e b) de 16.4.94 até a cessação da atividade.

O primeiro período não poderá ser considerado no novo benefício, é como se ele não tivesse existido.

Para o desembargador *Sérgio Nascimento* tem de haver a devolução (AC n. 2005.61.04.008209-9/SP, da 10ª Turma do TFR da 3ª Região, em 17.1.09, *in RPS* n. 342/397).

175. Há restituição para quem apenas quer renunciar à aposentadoria sem obter outro benefício?

Caracterizada essa solução não há necessidade de restituição, a relação jurídica de previdência social esgotou-se com a desistência e o que o plano de benefícios consumiria é mutualisticamente encaminhado aos demais segurados.

176. Quais são as consequências da restituição num plano de benefícios de benefício definido (BD)?

São muitas, entre as quais o cálculo do valor, mas principalmente, levando-se em conta que em face da solidariedade do regime financeiro, o que deixar de ser exigido de um aposentado será pago pelos demais.

177. E num regime de contribuição definida?

Exceto para as prestações imprevisíveis, um regime CD é praticamente uma caderneta de poupança. Destarte, o que foi recebido diminuiu o capital acumulado do contribuinte. Ele não tem de devolver nada.

178. Na prática, o que significa a restituição?

Um obstáculo à desaposentação. Somente quem recebeu por pouco tempo e a dívida é pequena terá interesse. O advogado *Adauto Correa Martins* afirma que quem quer desfazer o ato da concessão terá de fazê-lo por inteiro, devolvendo tudo e restabelecendo o *status quo ante.*

A questão é complexa e vem sendo mal tratada na doutrina; não se trata de optar em nada devolver ou devolver tudo. Rigorosamente, se o sistema previdenciário fosse idealmente técnico (nem admitiria a volta ao trabalho), o desfazimento do ato de concessão de plano implicaria na devolução, mas como não é, isso pode ser injusto.

179. Qual seria o limite?

Há de se considerar, então, como limite o equilíbrio atuarial e financeiro. Em cada caso, conforme os dados biométricos do aposentado, consultar-se-á o cálculo matemático.

180. Qual é a natureza do valor?

Se o aposentado foi condenado a restituir o valor ele deve ser considerado um débito previdenciário, mas as mensalidades auferidas não podem ser tidas como indevidas. Há autores e magistrados que as designam como indenizações e isso não parece correto.

NATUREZA ALIMENTAR

A desaposentação fez emergir estudos sobre a natureza alimentar das prestações previdenciárias, a boa e a má-fé dos segurados e a necessidade ou não de restituir as mensalidades vencidas. A impressão que fica é que os defensores dessa alimentaridade são a favor da restituição, mas não a exigem dada a natureza do benefício previdenciário.

181. A prestação previdenciária tem natureza alimentar?

Tem sido usual atribuir-se a natureza alimentar a um determinado valor, normalmente referindo-se a uma quantia trabalhista ou securitária, em particular à prestação previdenciária e também para o Benefício de Pagamento Continuado da LOAS regido no art. 34 da Lei n. 10.741/03. E, de modo geral, para outras importâncias capazes de propiciar a subsistência das pessoas e até das famílias.

182. O que pensa a Justiça Federal?

É caudalosa, iterativa e torrencial a jurisprudência da Justiça Federal no sentido de que os valores alimentares, ainda que recebidos indevidamente, não têm de ser restituídos, máxime se ausente a má-fé do beneficiário e presente a culpa *in vigilando* do INSS.

183. Qual é a fonte formal básica da alimentaridade?

Ab initio convém reproduzir o art. 101, § 1º,-A, da Carta Magna: "Os débitos de natureza alimentícia compreendem aqueles decorrentes de salários, vencimentos, proventos, pensões e suas complementações, benefícios previdenciários e indenizações por morte ou por invalidez, fundadas em responsabilidade civil, em virtude de sentença judicial transitada em julgado e serão pagos com preferência sobre todos os demais débitos, exceto sobre aqueles referidos no § 2º deste artigo" (redação dada pela EC n. 62/09).

À exceção da clara descrição do dispositivo constitucional acima epigrafado, jamais regulamentado por norma legal geral positivada, não existe definição sistematizada do que seja o montante que detenha ou não tal essência técnica. Nem mesmo conceituações doutrinárias definitivas, a despeito do empenho de alguns estudiosos.

Geralmente, *magister dixit*, afirma-se que tais valores têm essa característica e ponto final. Por conseguinte, mesmo quando recebidos não teriam de ser devolvidos.

Em termos puramente pecuniários, não é possível tabelar-se um numerário único para todos os eventos que geram tais quitações, situações e destinatários, no bojo do qual os numerários aí contidos seriam alimentares.

Diante da multiplicidade de circunstâncias, além de declarar tal atributo jurídico, examinando o ambiente formal em que subsistem, os magistrados às vezes constituem a alimentaridade de determinado *quantum*. A tendência observada ao longo do tempo (perfilhando o pensamento constitucional) é de alargar a concepção original e se estabelecer um conceito específico para cada uma das hipóteses em que aplicável.

O PBPS apresenta algumas normas sobre devolução do recebido, caso do segurado que havia desaparecido e depois reapareceu (PBPS art. 78, § 2º), e os dependentes não têm de restituir. O art. 115, II, fala em benefício pago além do devido e a ser devolvido com parcelamento do débito (§ 1º). Até que fosse modificado pela Lei n. 9.528/97, o § 1º do art. 130 dizia que: "Ocorrendo a reforma da decisão, será suspenso o benefício e exonerado o beneficiário de restituir os valores recebidos por força da liquidação condicionada".

Por último é bom ler o art. 1.707 do CCb: "Pode o credor não exercer, porém lhe é vedado renunciar o direito a alimentos, sendo o respectivo crédito insuscetível de cessão, compensação ou penhora".

184. Qual o papel da alimentaridade?

À luz do art. 1º, III, da Carta Magna, doutrinariamente afirma-se que o pagamento alimentar destinar-se-ia, em princípio, à alimentação propriamente dita; numa segunda abrangência, ao vestuário, à moradia, ao transporte para o local de trabalho. Podendo-se, perfeitamente, incluir os gastos com a educação e a saúde.

Fora desse universo circunscrito subsistiriam outros desembolsos indispensáveis à existência digna sem o dito caráter alimentar. A rigor, nesse caso, seriam excluídas as despesas com o lazer, as viagens de recreio e os supérfluos de modo geral.

Orlando Gomes lecionava: "alimentos são prestações para satisfação de necessidades vitais de quem não pode provê-las" (*Direito de família*. 11. ed. Rio de Janeiro: Forense, 1998. p. 427).

A perquirição da alimentaridade de uma importância não desprezaria os conceitos de manutenção, subsistência e sobrevivência, condições mínimas garantidoras da dignidade humana. Abstraindo, por ora, a disposição constitucional antes mencionada, tem-se praticamente assente que todas as quitações responsáveis pela subsistência ou sobrevivência da pessoa humana são alimentares, mas igual concordância não favoreceria a manutenção de toda uma família.

185. Teria de devolver todo o valor de uma só vez?

A percepção de atrasados cuja soma reflita um período de mensalidades alimentares, em cada caso pode não ser alimentar. Teoricamente, o solicitante de um benefício que conseguiu sobreviver até o seu deferimento, teoricamente teria obtido os meios de manutenção mediante empréstimos com terceiros e necessita ressarci-los. O correto é que haja alteração na natureza, se os seus níveis pecuniários forem altíssimos, em seu total ultrapassando a soma mensal das necessidades de subsistência.

186. Haveria um princípio da irrepetibilidade?

Um princípio nasce da lei, da criação de um doutrinador ou da reedição da jurisprudência. Às vezes, movido pela melhor das intenções alguém introduz uma assertiva que encontra *habitat* natural para prosperar sem que esse observador se detenha em examinar sua procedência.

Em 1º.10.07, o TFR da 4ª Região fez alusão a um princípio da irrepetibilidade dos alimentos, sem deixar bem claro se estava mencionando os alimentos civis ou securitários (acórdão AC n. 13.034/SC, *in Proc.* n. 2003.72.04.013.034-0).

A despeito da posição majorante dos juízos favoráveis à não devolução de parcelas alimentares, crê-se que ainda não se pode falar em um princípio; ele reclamaria maior profundidade e capacidade de solucionar dúvidas internas. Uma delas é saber se o elemento moral envolvido nas relações jurídicas deve ser sopesado.

187. Qual tem sido a decisão dos magistrados?

Nos casos de desaposentação alguns magistrados vêm entendendo não haver a devolução do recebido desde a aposentação porque as mensalidades do benefício seriam alimentares, mas é bom lembrar outros aspectos envolvidos, inclusive o equilíbrio atuarial e financeiro do plano de benefícios do RGPS, submetido ao regime financeiro de repartição simples.

188. Como seria na previdência complementar?

Alguém filiado a um fundo de pensão que adote o plano de benefícios de contribuição definida se auferiu indevidamente um valor a maior não carece de devolver porque sacou de sua própria conta individual, quando ela estiver voltada apenas para as prestações programadas.

Igual raciocínio já não valeria para as complementações imprevisíveis, porque os capitais acumulados são mutualisticamente coletivos e solidários. Dar a quem não faz jus é subtrair dos que têm direito.

189. Importa saber que o RGPS é de repartição simples?

É preciso sopesar a resistência à caudalosa jurisprudência que indistintamente manda não devolver as mensalidades recebidas indevidamente do INSS, lembrando-se que o RGPS é um regime financeiro de repartição simples e não de capitalização.

Não se pode ignorar que a autarquia ao fazer um pagamento dessa natureza retiraria recursos da clientela protegida, diminuindo o patrimônio coletivo, e que precisa reavê-lo para manter equilibrado o regime financeiro. Tenta-se configurar que uma vez fixado um pagamento, ele deteria o caráter da alimentaridade até determinado nível e sem possuí-lo acima desse patamar.

190. Interessa a situação particular do percipiente?

O *quantum* ora enfocado é personalíssimo; tem a ver com a condição econômica ou financeira do titular. Determinado numerário assumiria uma nuança distinta e outro não a deteria (aquele, por exemplo, que tenha rendas próprias). A aposentadoria do RGPS deveria ser considerada alimentar para quem ganha R$ 788,00, mas não para o abastado que tem muitos imóveis alugados ou outras rendas.

Uma concepção jurídica dessa natureza não pode olvidar o enfoque pessoal e familiar. Em média constituída de pai e mãe e dois filhos, de modo geral uma família carece de menos do que quatro valores individuais com essa mesma natureza para a sua subsistência. Existem despesas pessoais (chuveiro) e gerais (TV ligada), e que dependem da quantidade de indivíduos vivendo sob o mesmo teto.

Releva considerar a situação do percipiente do valor sopesado, se ele desfruta ou não de outras condições econômicas ou financeiras que lhe permitam obter os meios de manutenção.

Detentor de dois ou mais benefícios deveria ser avaliado em particular.

As pessoas beneficiadas pelas disposições de que o benefício correspondente deva ser deferido preferencialmente (nesse sentido, a pensão por morte e o auxílio-reclusão) e as pessoas idosas devem ser consideradas em particular. Da mesma forma, os deficientes.

Outro grupo de indivíduos é constituído daqueles que têm outros meios de subsistência ou são mantidos por terceiros, caso dos presidiários e dos eclesiásticos.

191. Tutela antecipada

O instituto técnico da tutela antecipada tem gerado polêmica considerável no que diz respeito à repetição das mensalidades recebidas na hipótese de o segurado restar sem ganho de causa.

Tal ação, disciplinada no CPC, impõe condições para a sua efetividade e uma delas é de que: "Não se concederá a antecipação da tutela quando houver perigo de irreversibilidade do provimento antecipado" (CPC, art. 273, § 2º).

As divergências doutrinárias são respeitáveis. *Camila Cibele Pereira Marchesi* entende que deva haver a devolução, mas *Lais Fraga Kauss* posiciona-se ao contrário, entendendo não haver a necessidade da devolução ("A efetividade da tutela antecipada nos benefícios de trato alimentar", São Paulo: IOB, *Revista Síntese* de jan. 2011).

O STJ não tem posição final sobre a devolução dos valores auferidos em razão da antecipação de tutela quando não foi reconhecido o direito do titular. A Ministra do STF *Carmem Lúcia* é do ponto de vista de que não deve ser devolvido, mas alguns magistrados do STJ, invocando o art. 273, § 2º, do CPC, ficam em sentido contrário.

192. Existe previsão normativa de não restituição?

Hermes Arrais Alencar lembra o art. 67 da IN INSS n. 45/10: "Não será efetuada cobrança administrativa referente ao período em que o beneficiário recebeu valores correspondentes a benefício que foi concedido ou reativado em grau de recurso, mas que, por força de revisão de acórdão foi cassado, exceto nos seguintes casos: I) se a decisão de renovação do acórdão de primeira instância se der em decorrência de fraude, dolo ou má-fé por parte do segurado com conivência ou não de servidor; e II) se, depois de notificado sobre a revogação da decisão de última e definitiva instância, o beneficiário continuar recebendo valores referentes ao benefício" (ob. cit., p. 104).

193. Fundamentos da irrepetibilidade

É notável observar como foi erigida a construção lógica de que se é alimentar o valor não deve ser restituído. Seria por que tais valores são destinados efetivamente à subsistência humana ou por que a clientela dos beneficiários é historicamente de hipossuficientes?

Esses autores teriam se dado conta de que na pensão alimentícia o alimentante é o proprietário dos recursos e o INSS não é dono do patrimônio da previdência social?

O patrimônio do seu plano de benefícios (que pertence à coletividade de protegidos) não se confunde com o patrimônio da autarquia. Se um servidor recebeu do Setor de Recursos

Humanos do INSS vencimentos alimentares indevidos ele talvez não devesse devolvê-los como também não teria de devolver o empregado de uma empresa que auferiu remuneração indevida, mas identificar esse cenário com o plano de benefícios gerido pelo INSS é indistinção tecnicamente reprovável.

194. Quais seriam as condições para não restituição?

Em face do processo de desaposentação a repetibilidade precisa ser amplamente regulamentada, uma vez que vigem distonias legais, doutrinárias e jurisprudenciais, o tema carecendo de disciplina específica.

a) Definição da dispensa da restituição — Estabelecimento das condições que a autorizam, com aclaramento da clientela protegida.

b) Decantação do patamar com natureza alimentar irrestituível — Que pode ser certo número de salários mínimos.

c) Pagamentos de longa duração—Fixação de um período de pagamentos indevidos, a partir do qual os valores incorporaram-se ao patrimônio do titular.

d) Natureza do direito — Se é individual ou familiar. Às vezes, o segurado vive com a família e tem os meios de subsistência garantidos pela renda familiar.

e) Possibilidade de parcelamento da dívida — Em todos os casos a legislação deve propiciar a possibilidade de parcelamento da dívida com autorização para a retenção no caso de benefício em manutenção.

f) Subjetividade do direito — O direito à não restituição deve enfocar o indivíduo familiarmente considerado e não isoladamente se ele vive com a família.

g) Fracionamento do valor — Definição na essência técnica do valor abaixo e acima de um eventual patamar estabelecido.

h) Atrasados — Solução para os pagamentos de atrasados.

195. Pode haver compensação?

Alguns julgados vêm entendendo que não se poderia compensar o débito com as mensalidades da nova aposentação num RPPS.

O desembargador *Celso Kipper* diz: "4. Impossibilidade de compensação dos valores a serem devolvidos ao INSS com os proventos do novo benefício a ser concedido, sob pena de burla ao § 2º do art. 18, uma vez que as partes já não mais seriam transportadas ao *status* jurídico anterior à inativação (por força da necessidade de integral recomposição dos fundos previdenciários usufruídos pelo aposentado" (acórdão da 6ª Turma do TFR da 6ª Região na AC n. 0003624-45.2009.404.7000/RS, *in DJe* de 16.9.10).

MOTIVAÇÃO PESSOAL

O papel da moralidade no Direito Previdenciário está a merecer estudos aprofundados. Estudando a figura ora sopesada alguns autores exageraram na dose e falaram em segurado querer levar vantagem. Ainda que seja fato concreto, inexistente presunção de que o aposentado pretende utilizar-se do tempo de contribuição e, para melhorar, o tema não foi objeto de muitas considerações.

196. O que é motivação pessoal?

É a razão de ordem pessoal, a maioria delas subjetivas, que impulsiona a pessoa à desaposentação.

197. O que seria passar da proporcional para a integral?

É o cenário do segurado que obteve a aposentadoria proporcional, principalmente até 15.12.98 — tentando fugir da idade mínima implantada pela EC n. 20/98 —, acabou complementando os 30 anos (mulher) ou 35 anos (homem) e deseja a aposentadoria integral.

198. É válido simplesmente voltar ao trabalho?

Perfeitamente. A pessoa simplesmente pensa voltar ao trabalho na mesma empresa ou em outra ou ainda como contribuinte individual, exercitando o direito de trabalhar dos aposentados.

199. E computar o tempo de serviço no serviço público?

Para quem fez um concurso público e vai se aposentar nos termos da EC n. 41/03 é computar o tempo de serviço do RGPS (e de outro tempo de serviço já averbado no RGPS), para se aposentar num RPPS.

200. O que é desistência pura?

Na renúncia simples o objetivo do aposentado, levado por razões meramente subjetivas, é apenas de não mais ser aposentado, assemelhando-se à figura do *vesting*. Não querer depender do Estado, quando possível, é uma possibilidade e se ele tem outros meios de subsistência tal decisão não atenta contra a norma pública previdenciária.

201. Pode haver desaposentação para piorar a situação do segurado?

Não. E se isso suceder contra a vontade do aposentado ele pode arrepender-se e retornar ao *status quo ante*.

202. O que se quer dizer com desaposentação para melhorar?

Subjetivamente o principal, mas não o único objetivo da desaposentação, é melhorar o valor da renda mensal de uma aposentadoria. Objetivamente quando isso for possível sem causar prejuízos a ninguém.

Entrementes, em face do equilíbrio atuarial e financeiro da previdência social não é possível pretender-se o desfazimento de um benefício apenas para que seja deferido outro de melhor valor.

QUESTÕES JURÍDICAS

À evidência, enfocado um instituto técnico previdenciário que são os atos de concessão e a manutenção de um benefício, num cenário em que a presença do Estado é leviatânica, a desaposentação teria de desaguar em respeitáveis questões jurídicas.

203. A desaposentação suscitou questões jurídicas?

Muitas. Na condição de instituto nascente, técnica em formulação, a desaposentação gerou alguns questionamentos na ordem jurídica. Não se pode ignorar que uma parte da rejeição à ideia se deu em razão do seu ineditismo.

204. A desaposentação é constitucional?

Desaposentação não é matéria constitucional, seus pressupostos e suas características revelam sua legitimidade jurídica. Alguns autores como *Fábio Zambitte Ibrahim, Adriane Bramante* e *Viviane Masotti* preocuparam-se em demonstrar que ela não é inconstitucional.

205. Qual o papel do ato jurídico perfeito?

Na condição de garantia do administrado em face do administrador, e não ser ao contrário, ele não pode ser invocado contra a desconstituição de uma aposentadoria para a obtenção de outra.

É um grande equívoco pensar-se que ato jurídico perfeito possa ser obstáculo para a desaposentação; não passou de um esforço infrutífero, precipitado e mal aprofundado de que, *a priori*, quis ficar contra uma ideia somente porque era inédita.

Na tentativa de defini-lo sinteticamente *Sabrina Coppi Carvalho*, citando *Di Pietro* (2006:234) diz que sobrevém "quando vencidas as fases necessárias a sua produção" ("A possibilidade da desaposentação no RGPS", *in Jus Navigandi*, colhido em 8/09).

206. O direito adquirido é ofendido com o desfazimento da aposentação?

Tanto quanto o ato jurídico perfeito e a coisa julgada, o direito adquirido é uma conquista do cidadão e não da Administração Pública. Sendo capaz jurídica e psicologicamente, livre constitucionalmente e manifestando sua volição pensando em melhorar, a pretensão é abdicar de um direito adquirido em favor de outro direito adquirido.

Fabio Zambitte Ibrahim cita decisão da OEA n. 30, de 1º de junho de 1977, em que a tese é defendida (ob cit., p. 40).

207. O que é disponibilidade do direito?

O conceito de disponibilidade é uma convenção jurídica adotada em cada esfera do conhecimento humano. No Direito Social subsiste um entendimento de que na busca da melhoria de situação a pessoa humana pode buscar a melhor proteção. Não prejudicando terceiros com essa atitude, o cidadão pode abdicar de certos direitos que adquiriu.

Citado por *Isabela Borges de Araujo* (ob. cit.), *Ilídio das Neves* diz que, em face da submissão da previdência às normas públicas, a prestação não seria disponível (*Direito da Segurança Social:* princípios fundamentais numa análise prospectiva. Coimbra: Coimbra Editora, 1996. p. 619). Crê-se que o mestre se equivocou, esquecendo-se que a norma pública protege a aposentação e só pode ficar a favor de uma desaposentação que melhore a situação da pessoa humana.

208. Qual é a participação do Ministério Público Federal?

Citando vários acórdãos, em nota de rodapé, *Hermes Arrais Alencar* sustenta que o Ministério Público Federal não possui legitimidade para propor ação civil pública visando à revisão da renda mensal inicial de benefício previdenciário (ob. cit., p. 106).

209. Há possibilidade de arrependimento da desaposentação?

Sim, principalmente quando o valor for menor do que a renda mensal, o esperado ou o *quantum* a ser restituído seja muito alto.

210. A desaposentação é ônus administrativo?

Na busca inútil de postar-se contra, em face do ineditismo da ideia, alhures afirmou-se que o processo da desaposentação oneraria a Administração Pública em todos os sentidos.

É verdade, sobrevém ônus, os mesmos da aposentação, e a Administração Pública está lá para isso.

211. O que é direito patrimonial previdenciário?

As pessoas são detentoras de bens que fazem parte do ser humano, o principal deles é a vida, a dignidade, a cidadania e muitas outras capacidades. Esses bens podem ser imateriais e materiais, entre eles o direito aos benefícios previdenciários.

Quando alguém preenche os requisitos legais detém o direito de patrimônio ao bem considerado, ainda que não o exercite (Súmula STF n. 359).

O direito a uma prestação é patrimonial, integra-se no conjunto de bens do segurado, da mesma forma a qualidade de segurado, o período de carência, o período básico de cálculo etc.

212. Qual é a natureza jurídica da medida administrativa?

É a desconstituição formal de um ato administrativo e a constituição de outro. Como alguns preferem, uma retratação, renúncia válida ou certa abstenção.

213. O pedido é prescritível?

Como o direito às prestações é tido como imprescritível, da mesma forma é imprescritível o direito à desaposentação. Enquanto for reconhecida pelo ordenamento jurídico, a qualquer tempo poderá ser solicitada.

Antonio Borges de Figueiredo e *Marcela Gallo de Oliveira* lembram que o pedido pode ser feito "a qualquer tempo" ("Renúncia à aposentadoria (desaposentação) no Projeto de Lei n. 7.154/2002", *in RPS* n. 314/25).

214. No processo subsistiria um dano moral a ser reparado?

Diferentemente do que pensam *Adriane Bramante* e *Viviane Masotti* a manutenção do primeiro benefício sem incorporação das novas contribuições e a não desaposentação dos aposentados não constituem prejuízos causados pela Administração Pública, que não está obrigada a desaposentar sem a solicitação do interessado.

215. Subsiste aspecto moral a ser considerado?

No afã (quase desesperado) de encontrar óbice contra uma concepção inusitada, alguns estudiosos julgaram que o aposentado deseja maliciosamente melhorar de vida; logo, que isso seria imoral. Rigorosamente e sem malícia, o que todos os aposentados e todas as pessoas querem, nos termos da lei, é melhorar de vida. Inexistente norma vedativa nem prejuízos a terceiros, a desaposentação é moralíssima.

216. A quem a definitividade da concessão favorece?

Somente ao interessado, o aposentado. Não é uma garantia do órgão gestor, que não pode desfazê-lo se não estiver coberto de razões para isso.

217. Há custo administrativo?

Não. Nos termos da Lei n. 9.784/99, a Administração Pública não pode cobrar os seus serviços.

218. Qual o significado do silêncio normativo?

Significa que é possível a desaposentação e nada mais do que isso.

219. É igual à interpretação da desaposentação do trabalhador e do servidor?

Fundamentalmente, sim, mas é preciso considerar as diferenças entre os dois regimes laborais e previdenciários.

220. O tema experimenta alguma previsão legal?

Parece que o princípio da legalidade foi esquecido por quem deveria tê-lo como pálio. Se não há vedação, entende-se implicitamente que subsiste liberdade de ação; quem tem de perfilhar apenas o que a lei dita é a Administração Pública e não o indivíduo, este não a pode ofender.

O administrador não tem permissão para *sponte propria* desaposentar alguém que obteve a aposentadoria legitimamente deferida, sem desfrutar também do poder de suspender ou cancelar as suas mensalidades.

221. Subsistem regras específicas de interpretação?

Não; não há nada em particular, devem ser utilizadas as compatíveis referentes aos benefícios.

222. Existem presunções acolhidas na desaposentação?

Sim, pelo menos três delas.

O ato de concessão da aposentadoria reveste-se da presunção de validade do ato administrativo e a providência da desaposentação não põe qualquer dúvida a essa afirmação.

Além da manifestação expressa do titular, pois se trata de uma relação *intuitu personae*, a desaposentação tem como pressuposto básico a manutenção de uma prestação regular, legal e legitimamente antes deferida.

Uma presunção social válida é a de que o segurado quer e vai melhorar o valor do seu benefício.

223. O Poder Judiciário desfaria um ato jurídico perfeito operado pela Administração Pública?

Sem qualquer dúvida e faz isso todos os dias, autorizado por mandamento constitucional. Na ordem das coisas alguém tem de ser a suprema autoridade, no regime democrático é o Poder Judiciário. Em seu art. 5º, XXXV, a Carta Magna diz que "a lei não excluirá da apreciação do Poder Judiciário lesão ou ameaça a direito".

224. Abrangeria os acordos internacionais?

Possivelmente os efeitos jurídicos se dariam apenas no Brasil, os países contratantes continuariam arcando com as responsabilidades que havia assumido.

225. Pode servir-se da norma mais benéfica sem ter contribuído?

Não. Não é o caso.

226. Está presente o interesse público?

O difuso conceito de interesse público é complexo, mal decantado e nebuloso. De modo geral, o legislador quer um aposentado vivendo em melhores condições possíveis que a lei autorizar.

JUSTIÇA COMPETENTE

A competência para apreciar feitos sobre a desaposentação não conhece dissídios consideráveis porque é a mesma dos benefícios da previdência social.

227. De modo geral qual é a justiça competente?

No que diz respeito ao RGPS as ações devem ser solucionadas no âmbito da Justiça Federal (art. 109, I, da Carta Magna).

228. E se o benefício for acidentário?

Na rara hipótese de desfazimento de um benefício acidentário, a despeito da opinião de muitos magistrados trabalhistas, a competência é da Justiça Estadual (art. 129 do PBPS).

229. O Juizado Especial Federal deve ser considerado?

Quando o valor da causa for de até 60 salários mínimos o Juizado Especial Federal é competente (art. 3º da Lei n. 10.259/01) e, na ausência de Vara Federal, Juizado Especial mais próximo do foro (art. 4º da Lei n. 9.099/95).

230. E para o servidor?

Dependerá do ente político.

Para os servidores municipais e estaduais é a Justiça Estadual.

Para os servidores federais, diante da presença da União, será a Justiça Estadual.

231. E se na comarca não tiver Justiça Federal?

Neste caso é competente a Justiça Estadual (CF, art. 109, § 3º).

232. Na previdência complementar?

Não são muitos os que acreditam que as questões da previdência complementar, em particular da EFPC, devam ser resolvidas pela Justiça do Trabalho, uma vez que os polos da relação jurídica são participantes de fundos de pensão e não empregados e empresa.

Assim, entende-se que a justiça comum dos Estados é que deva dirimir algum conflito resultante da aplicação da desaposentação na esfera dessas entidades.

PRINCÍPIOS INVOCÁVEIS

Os princípios de Direito Previdenciário são ferramentas de aplicação, integração e interpretação jurídica. Podem contribuir para o esclarecimento do direito presente e em razão disso são frequentemente invocados.

233. O que são princípios válidos?

São postulados jurídicos convencionados e aceitos que cooperam no deslinde das questões e que ultrapassam a aplicação, a integração e a interpretação da norma (*Princípios de direito previdenciário.* 5. ed. São Paulo: LTr, 2011).

234. Há liberdade de trabalhar no Brasil?

Sim. A Constituição Federal assegura o direito de trabalhar e de não fazê-lo, de fruir ou não a aposentadoria. Seja quem pretenda simplesmente voltar ao trabalho na iniciativa privada seja quem deseja voltar ao trabalho no serviço público, o certo é que o trabalhador tem o direito de trabalhar.

Fábio Rodrigo Victorino põe em dúvida a validade do instituto técnico, entre outros aspectos porque permite ao segurado com direito à aposentadoria por idade requerer o benefício da LOAS e, assim, torna possível aos demais membros da sua família auferir essa prestação assistenciária ("Os Desacertos da Desaposentação", *in RPS* n. 325/1.044).

Ora, agindo assim, o segurado exercita a liberdade de escolher o que é melhor para si e para a sua família.

235. Deve ser observada a legalidade?

Não há nenhuma norma jurídica válida que desaprove a desaposentação. Em vez de emitir o Decreto n. 6.722/08 e alterar o RPS, incluindo o art. 181-B, o MPS deveria ter proposto um Projeto de Lei com o mesmo texto. Sem norma legal impeditiva não há apoio para a negativa.

236. Tem importância o equilíbrio atuarial e financeiro?

Por ora abstraindo a polêmica da restituição dos valores recebidos, o certo é que o equilíbrio financeiro do plano não seria afetado em virtude das novas contribuições e do equilíbrio atuarial em razão da menor expectativa de vida do aposentado.

Renato Follador e *Elisangela Pereira* preocuparam-se com esse aspecto. Para eles, se as contribuições e cedentes à aposentação geram superávit a desaposentação se impõe ("Da Justificação Atuarial para Desaposentadoria", *in RPS* n. 349/1.108).

Luciano Martinez posiciona-se no sentido de que a restituição se insere na validade dos arts. 40 e 201 da Carta Magna ("A aposentadoria e volta ao trabalho — Extensão e limites dos direitos previdenciários do trabalhador aposentado", *in RPS* n. 335/765).

Mas segundo *Elsa Fernanda Reimbrecht Garcia*, em virtude das novas contribuições, não há necessidade da restituição ("Da Desconstituição do ato da Aposentadoria e a Viabilidade Atuarial a Desaposentação", *in RPS* n. 321/747).

237. A desaposentação ofende o princípio da equidade?

Não. Dois irmãos univitelinos aposentados com igual tempo de serviço, se um pede a desaposentação e o outro não, é uma decisão pessoal. O que se tem são duas situações jurídicas distintas e custos diferentes para o órgão gestor.

238. De alguma forma atinge o equilíbrio atuarial e financeiro?

Sim. Diante do fato de que o RGPS e os RPPS adotam o regime de repartição simples e de benefício definido, quando não há correlatividade entre a contribuição e o benefício, o plano de benefícios é ameaçado.

239. Existe diferença entre equilíbrio atuarial e financeiro?

Embora umbilicalmente unidos, os seus parâmetros são diferentes. Diferença que *André Luis Cazu* distinguiu ("Desaposentação", *in RPS* n. 324/986).

A razão atuarial tem a ver com os dados biométricos da massa protegida, tábua de mortalidade adotada, expectativa de vida real etc.

Uma razão financeira está intimamente ligada às contas entre as entradas e as saídas dos recursos, no presente e no futuro.

240. O que dizer da solidariedade social?

Quando da dispensa da restituição é preciso pensar no plano de benefício definido, em que a base atuarial e financeira é o mutualismo. Deixar de cobrar de alguns quer dizer diminuir dos outros.

241. Subsiste enriquecimento ilícito do INSS?

Crê-se que obrigado a cumprir a lei, seja impossível sobrevir enriquecimento ilícito do INSS. Se ele exige a restituição de um desaposentado, não se apropriará dos recursos; eles serão dirigidos para o regime de repartição simples.

242. Vale o princípio do *in dubio pro misero*?

É válido diante da hipossuficiência do trabalhador, conforme pensa José *Ricardo da Rocha Caccian* ("Aplicação do princípio *in dubio pro misero* ao segurado da previdência social e a possibilidade de existência de um *in dubio pro* segurado", *in RPS* n. 356/600).

Tem eficácia quando de laudos periciais contraditórios, conforme a AC n. 2005.50.01.002651-9/ES, de 16.1.10, da 1ª Turma da 2ª Região, relatada pelo desembargador *Abel Gomes, in RPS* n. 356/638.

243. Há ofensa ao princípio da segurança jurídica?

Não se julga que ocorra sistematicamente, embora apresente algum tumulto administrativo por falta de definição do MPS.

Roberto Luis Luchi Demo alerta: o interesse público repousa "na soma de todos os possíveis interesses individuais que, inexoravelmente, dirigem-se a consecução e preservação de um sistema previdenciário sustentável" ("A aposentadoria. Direito disponível. Direito à indenização ao sistema previdenciário", *in RPS* n. 163/887).

244. Tem sentido invocar-se a dignidade humana?

Oferecer, nos estritos termos da lei e sem causar prejuízo ao interesse público, melhorar a situação financeira de um aposentado é propiciar-lhe alcançar alguma dignidade humana.

POSTULAÇÃO ADMINISTRATIVA E JUDICIAL

Diante do instituto técnico, que não é automático, mas provocado pelo interessado, ele terá de ingressar com pedido na administração e, se for o caso, no Poder Judiciário.

245. Quais são os sujeitos dessa relação jurídica?

Apenas dois, uma pessoa física de direito privado e uma pessoa jurídica de direito público: a) um aposentado (ou o seu representante) e b) um órgão gestor da previdência social.

246. Há necessidade de uma solicitação inicial?

Aposentado com o benefício em manutenção, desejando abrir mão do benefício, depois de avaliar as consequências do seu ato, o titular expressar a desistência da aposentadoria. Ainda que a Administração Pública não aprove a ideia em si mesma descabe-lhe recusar-se ao protocolo desse pedido (CF, art. 5º, XXXIV, *a*).

Adriane Bramante e *Viviane Masotti* recomendam o requerimento administrativo com vistas à citação do INSS (CPC, art. 285-A) e para a definição da data-base (ob. cit., p. 137).

247. O pedido deve ser condicionado?

Quando for o caso, recomenda-se que os pedidos sejam condicionados à não devolução ou à devolução parcelada do auferido.

248. Cabe recurso da decisão contrária?

Sob os auspícios da Lei n. 9.781/99, em termos do RGPS cabe um Recurso Ordinário à Junta de Recursos da decisão do INSS de indeferir a pretensão. De acordo com a Portaria MPS n. 548/11, o prazo para a interposição da inconformidade é de 30 dias.

249. Pode-se recorrer da decisão da Junta de Recursos?

Da decisão da Junta de Recursos caberá Recurso Especial à Câmara de Julgamento — CAj do CRPS, em que caberiam o Pedido de Revisão e a Uniformização em tese da Jurisprudência (arts. 60/64).

250. Ainda existe a avocatória?

Não mais existe, mas são várias as possibilidades de revisão das decisões do contencioso administrativo.

251. Impõe-se necessariamente o exaurimento da via administrativa?

Diante da explicitude do art. 181-B do RPS, julga-se que não seja necessário requerer a desaposentação ao INSS, que seria negada e, nessas condições, admitindo-se a desnecessidade do exaurimento da via administrativa. No máximo, um requerimento e passagem de 45 dias.

José Evaldo Bento Matos Júnior, depois de fazer a distinção entre prévio exaurimento e prévia provocação e de mencionar os Enunciados FONAJEF ns. 77 e 79 exige essa providência

("O prévio requerimento administrativo como condição para o ajuizamento de ação nos Juizados especiais nas demandas do benefício previdenciário", *in RPS* n. 361/1.050).

252. Qual é opinião de *Marisa Ferreira dos Santos*?

Marisa Ferreira dos Santos conclui que não é exigível o esgotamento da via administrativa, mas ela impõe o requerimento administrativo, se não o Poder Judiciário se torna um órgão administrativo ("Ação Prévia e Prévio Requerimento Administrativo", *in Repertório de Jurisprudência IOB*, v. II, n. 12, 2ª quinzena de julho de 2007, p. 366-374).

253. O que diz o art. 126, § 3º, do PBPS?

Assevera que: "A propositura, pelo beneficiário ou contribuinte, de ação que tenha por objeto idêntico pedido sobre o qual versa o processo administrativo importa renúncia ao direito de recorrer na esfera administrativa e desistência do recurso interposto" (redação da Lei n. 9.711/98).

PROCEDIMENTO ADMINISTRATIVO

Quem pretender obter a desaposentação via administrativa precisa conhecer os caminhos do Direito Previdenciário Procedimental e, principalmente, as regras da Portaria MPS n. 548/11.

254. O aposentado tem de pedir a desaposentação ao INSS?

Rigorosamente teria, mas tendo em vista ser de domínio público que o INSS indeferirá a pretensão não é necessário protocolo do pedido nem o exaurimento via administrativa.

255. Precisa de requerimento?

Caso queira solicitar a desaposentação diretamente junto ao INSS, o aposentado deverá elaborar um requerimento específico, deixando clara a sua intenção, particularmente no que diz respeito às mensalidades renunciadas.

Em se tratando de salário-maternidade, indicar que se encontra em condições de voltar ao trabalho.

Nesse requerimento será útil configurar alguns fundamentos do pedido como:

a) Conceito doutrinário e jurisprudencial de desaposentação.

b) Destinação das contribuições posteriores à aposentação.

c) Inexistência de impedimento legal.

d) Direito constitucional de trabalhar.

e) Respeito ao equilíbrio atuarial e financeiro.

f) Princípio da dignidade humana.

256. Como se configura a negativa do INSS?

Após a instrução do pedido, sobrevirá o indeferimento da preensão por intermédio de Carta de Comunicação, cujo fundamento jurídico é o art. 181-B do RPS.

257. Qual o recurso possível?

Dessa decisão, no prazo de 30 dias, cabe um Recurso Ordinário à Junta de Recursos (Portaria MPS n. 548/11).

258. Quando do julgamento existe possibilidade de defesa oral?

Sim, acompanhado ou não de representante, o aposentado poderá pretender convencer os conselheiros da Junta de Recursos de sua pretensão.

259. Como será a decisão da Junta de Recursos?

Após exame de admissibilidade, devido sobre as razões do pedido e do Recurso Ordinário, a Junta de Recursos poderá:

a) baixar em diligência;

b) não conhecer do recurso;

c) conhecer do recurso e não provê-lo;

d) conhecer do recurso e dar-lhe provimento.

260. O que é comunicação da decisão?

A decisão da Junta de Recursos será comunicada ao interessado e ao INSS, juntando-se o texto do acórdão e abrindo-se prazo para recurso da parte perdedora.

261. Cabe Recurso Especial à CAj?

Da decisão da JR cabe Recurso Especial a uma das CAj do CRPS (Portaria MPS n. 548/11).

262. O que são contrarrazões?

A parte que perdeu (aposentado ou INSS), diante do recurso especial poderia aduzir razões contra o texto dos acórdãos, que são chamadas de Contrarrazões. As duas razões subirão ao CRPS, ente sediado em Brasília.

263. Como é a decisão da CAj?

A CAj decidirá em última e definitiva instância recursal, comunicando o resultado aos interessados.

264. O que é Revisão de Ofício?

A Portaria MPS n. 548/11 faculta um reexame de ofício da decisão da CAj.

265. E Pedido de Uniformização de Julgados?

Quando não existir uniformidade no âmbito do CRPS é possível requerer-se um PUJ (Portaria MPS n. 548/11).

266. Sobrevém trânsito em julgado?

Finalmente, não mais cabendo recurso, a decisão transita em julgado administrativamente e somente resta ao aposentado recorrer ao Poder Judiciário.

267. Vencido na lide, o INSS pode recorrer da decisão do CRPS ao Poder Judiciário?

É dos usos e costumes (*sic*) que a autarquia federal não recorra dessa decisão.

268. Quais são os documentos necessários?

Os documentos são:

a) requerimento escrito;

b) carta de concessão;

c) eventuais holerites;

d) comunicação do indeferimento da pretensão;

e) CTPS.

PROCESSO JUDICIAL

O tema desaposentação não tem características administrativas; ele é judicial e está nas mãos da Justiça Federal. Obrigou os magistrados a estudarem com profundidade os comandos técnicos da previdência social e em decorrência disso emergiram sérias dissenções.

Adriane Bramante e *Viviane Masotti* expuseram os aspectos práticos da postulação judicial (ob. cit., p. 127-142) e arrolaram os principais documentos necessários:

a) carta de concessão;

b) CTPS;

c) consulta ao CNIS;

d) contagem do tempo atual;

e) cálculo do novo benefício;

f) extrato da renda mensal atual;

g) prova do indeferimento do INSS, se for o caso.

E também citaram instrumentos judiciais possíveis.

Os principais são:

a) Ação Ordinária;

b) Mandado de Segurança (art. 5º, LXIX, da CF);

c) Tutela Antecipada;

d) Embargos Declaratórios;

e) Agravo de Instrumento.

269. A ação ordinária é recomendável?

A par do Mandado de Segurança a postulação mais comum tem sido a Ação Ordinária de Desaposentação condicionada a não restituição ou com restituição parcelada (CPC, arts. 274/281).

Quando do indeferimento de medida cautelar, sustenta-se o direito a uma modalidade de Agravo de Instrumento (arts. 4º/5º da Lei n. 10.259/01).

270. Tem cabimento a Tutela Antecipada?

Nos termos do art. 273 do CPC ela é cabível, valendo registrar o que diz a Súmula STF n. 729: "A decisão na Ação Direta de Constitucionalidade — ADC n. 4 não se aplica à antecipação de tutela em causa de natureza previdenciária"; logo, é válida para a desaposentação.

271. O que pensa a doutrina?

Assim não ajuíza *Emerson Odilon Sandin* ("Da Tutela Antecipada em face da Previdência Social", São Paulo: LTr, *in Jornal do CBPS,* 1997, p. 101), embora a aceitem *Roberto Norris* (*in RPS* n. 168/201), *Paulo Afonso Brum Vaz* (*in RPS* n. 175/391) e *Hiram Cunha Telles de Carvalho* (*in RPS* n. 188/578).

272. Pratica-se o efeito suspensivo?

Durante o trâmite da ação processual o órgão gestor é obrigado a manter o pagamento das mensalidades até que seja decidida a postulação do interessado.

273. Qual é o tema debatido nas ações administrativas ou judiciais?

Não há necessidade de provas, apenas a discussão do mérito, daí ser possível, em tese, o Mandado de Segurança.

A adoção desse recurso é menos tranquila que a Ação Ordinária ou a Tutela Antecipada, na medida em que não seria tranquilo o direito à desaposentação, mas prevalece aqui a Súmula STF n. 625: "Controvérsia sobre matéria de direito não impede concessão de mandado de segurança".

274. O que fazer no caso de uma sentença ilíquida?

Na hipótese de a sentença não deixar clara a restituição das mensalidades, será preciso arguir esclarecimentos do magistrado.

275. Qual o papel dos Embargos Declaratórios?

Os Embargos Declaratórios, entre outros aspectos, visarão definir a posição de decisão em face da obrigação ou da restituição do recebido.

276. A desaposentação implica em ato declaratório do órgão gestor?

Sim. A desconstituição da aposentação implica na emissão de um documento que poderia ser uma Carta de Desaposentação, mas com certeza, quando se tratar de abandono do RGPS em favor de um RPPS, será preciso emitir a Certidão de Tempo de Contribuição (CTC). Isso pode ser visto na AC n. 303.565 – Proc. n. 1999.51.01.078502-9, da 6ª Turma do TRF da 2ª Região, em que foi relator o juiz *Sérgio Schweitzer*, decisão de 11.6.2003, *in DJU* de 7.4.2004. Para alguns magistrados a data-base é a data da citação da parte contrária (*in RPS* n. 342/397).

277. Ajuizando-se com a Tutela Antecipada, estão presentes os requisitos do *fumus boni iuris* e o *periculum in mora*?

Doutrina e jurisprudência dominantes indicam que é preciso subsistir o direito do aposentado de renunciar às mensalidades de uma aposentadoria regular legal e legitimamente concedida em favor de uma nova aposentadoria.

De todo modo, tratando-se de aposentados idosos o princípio da celeridade informa que eles correm o risco de não ter atendida sua pretensão a tempo de poder usufruí-la.

278. A Tutela Antecipada é preferível ao Mandado de Segurança?

Por ora, abstraindo a questão da restituição do recebido, o processo de Tutela Antecipada pode produzir resultados imediatos, ainda mais quando se vislumbra a possibilidade de não ter de embolsar o recebido, caso seja a liminar.

279. Quais são os fundamentos do Recurso Especial?

O art. 541, I/III, do CPC explicita o Recurso Especial e os seus fundamentos seriam os arts. 150, III, *c* e 541, parágrafo único, do CPC e 255, §§ 1º e 2º, do Regimento Interno do STJ.

280. É possível o Incidente de Uniformização?

Referindo-se a *José Antonio Savaris* e *Flávia da Silva Xavier*, as advogadas *Adriane Bramante* e *Viviane Masotti* lembram a possibilidade de o art. 14, § 4º, da Lei n. 10.259/01 prever um Incidente de Uniformização a ser arguido (ob. cit., p. 162-163).

SÚMULAS COMPATÍVEIS

As súmulas, máxime depois que foram introduzidas as súmulas vinculantes, passaram a ter enorme importância no Direito Previdenciário e não podem ser ignoradas pelo profissional do Direito.

281. O tema foi sumulado?

São apenas duas súmulas das turmas recursais: uma do Rio Grande do Sul (TRF da 4ª Região) e outra do Rio de Janeiro (TRF da 2ª Região).

282. Existe súmula que afete a alimentaridade da restituição?

Lembra-se a Súmula STF n. 379: "No acordo de desquite não se admite renúncia aos alimentos, que poderão ser pleiteados ulteriormente, verificados os pressupostos legais".

283. O que diz a Súmula da Turma Recursal do RGS n. 3?

Ela reza que: "O tempo de serviço prestado após a aposentação somente poderá ser contado para concessão de nova aposentadoria se houver renúncia ao benefício ou desaposentação, com restituição de todos os valores já recebidos".

284. E a Súmula da Turma Recursal do Rio de Janeiro n. 70?

"É inviável a desaposentação no Regime Geral da Previdência Social para fins de aproveitamento do tempo de contribuição anterior para uma nova aposentadoria neste mesmo regime".

285. Qual o pensamento do TCU?

"O julgamento, pela ilegalidade, das concessões de reforma, aposentadoria e pensão, não implica por si só a obrigatoriedade da reposição das importâncias já recebidas de boa-fé, até a data do conhecimento da decisão pelo órgão competente" (Súmula TCU n. 106).

Esta súmula é de 25.12.76 e para alguns autores teria sido derrogada pelo art. 46 da Lei n. 8.112/90 (ESPCU).

286. O STJ já sumulou a respeito?

Não; crê-se que o pequeno número de julgados e as divergências internas sobre a restituição não sejam ainda suficientes para configurar uma condensação do pensamento processual para um instituto técnico ainda polêmico.

De modo geral, mas não de forma dominante, a linha do STJ é favorável à desaposentação, mas exige a devolução das mensalidades recebidas após a aposentação. Para muitos aposentados, em certo sentido, isso é ficar contra o instituto técnico, pois o vulto da restituição é elevado.

287. Qual é a posição do STF?

No final de 2010 o Ministro *Antonio José Tofolli* estava para votar no primeiro processo que ascendeu ao STF, oriundo da COBAP (RE n. 381.367), e que contava com o voto favorável do Ministro *Marco Aurélio de Mello,* mas até 28.2.11, a questão estava sem decisão. É altamente provável que o STF acompanhe o STJ.

REGIME DOS INFORMAIS

A partir de 2006, funcionando ao lado do RGPS, foi criado um regime especial de previdência social com possibilidade de os seus elementos serem transportados para esse RGPS e até mesmo para um RPPS.

288. O que é o Regime dos Informais?

É o Regime Especial de Inclusão dos Informais (REII), previsto no art. 201, §§ 12/13, da Carta Magna, disciplinado pela Lei n. 11.430/06 e regulamentado no Decreto n. 6.042/07.

Ele prevê uma contribuição mensal de 8% do salário mínimo e prestações de igual nível, em princípio sem direito à aposentadoria por tempo de contribuição.

289. É possível passar do REII para o RGPS?

Desde que o filiado ao REII opte pelo ingresso no RGPS e recolha a cotização adicional de 9%, ele ingressará no RGPS e então fará jus à aposentadoria por tempo de contribuição.

Conforme foi por nós sugerido ao Ministro da Previdência Social o REII deveria ser um processo educador dos segurados, tentando aproximá-los do RGPS e salientando o seu lado securitário (São Paulo: LTr, *Jornal do 16º CBPS*, 2003. p. 120-132).

Depois de algum tempo no REII muitas pessoas serão tentadas a ingressar no RGPS (não por conta da aposentadoria por tempo de contribuição), mas pensando em benefícios de valor superior ao mínimo.

290. É possível a desaposentação desses informais?

Trata-se de um regime jurídico semelhante ao RGPS. Depois de aposentado por idade com o salário mínimo, se alguém se filiou ao RGPS e passou a verter contribuições a esse regime e promovido o devido acerto de contas antes aludido, poderá se aposentar no RGPS, segundo as suas regras legais.

291. Quais seriam os pressupostos?

Obviamente terá de atender ao requisito do período de carência, o que implica em recolher 9% dos últimos 15 anos, sem falar na restituição do que recebeu até então.

PREVIDÊNCIA COMPLEMENTAR

Rigorosamente não se poderia falar em desaposentação na previdência complementar porque ali não existe aposentação, mas complementação da aposentadoria (ideia de valor). Entretanto, alguém que obteve a mensalidade da complementação e resolver desistir da sua percepção, ingressa no instituto técnico da desaposentação.

292. Qual é a natureza da relação entre participante e EFPC?

Para a maioria dos autores é de um contrato de adesão, contrato previdenciário no dizer de *Manuel Sebastião Povoas,* e uma instituição em que a pessoa adere às convenções previamente estabelecidas no Regulamento Básico do plano de benefícios.

293. É possível a desaposentação na previdência complementar?

Perfeitamente. Inicialmente considera-se apenas no âmbito da previdência fechada privada, pública e associativa, variando conforme o tipo de pedido do participante assistido. Evidentemente que terá de ser considerado o tipo de plano e o regime financeiro.

294. Existem disposições sobre a matéria?

Não. As Leis Complementares ns. 108/01 e 109/01 não tratam desse tema e possivelmente nenhum Regulamento Básico tenha previsto a hipótese.

295. Quais seriam as consequências da desaposentação?

O participante assistido voltaria a ser participante ativo para poder receber uma nova prestação mais adiante. Nesse caso, ele poderia restituir o que recebeu e restabelecer o capital ou apenas acrescer novas contribuições ao capital que restou até chegar a hora da nova complementação.

296. O que sucede se cessar o benefício básico?

Desde que a EC n. 20/98 acresceu o art. 202 ao texto constitucional, não há mais subsidiaridade do plano de benefícios ao RGPS. A regra está contemplada na LC n. 109/01. Se for concedida uma nova aposentadoria ao participante no RGPS, de maior valor, os cálculos da complementação terão de ser refeitos a partir da data-base conforme dispuser o Regulamento Básico.

297. E se for uma EFPC pública?

Igual se dará; ela é autônoma em relação ao regime próprio de previdência social do ente político. Se assim dispuser o Regulamento Básico, poderá manter o benefício da complementação.

PROPOSTAS DE REGULAMENTAÇÃO

Evidentemente, um tema desta natureza não poderia deixar de despertar o interesse político dos parlamentares sensíveis com relação à previdência social. Infelizmente tramitam vários projetos de lei e eles deveriam ser aglutinados para que se tenha uma disciplina tecnicamente adequada ao Direito Previdenciário.

Um Projeto de Lei do deputado *Chico Sardelli* (PV/SP) n. 6.237/05 que tratava da progressão da aposentadoria proporcional para a integral, foi apensado ao Projeto de Lei n. 6.831/02, do deputado *Newton Lima* (PTB/SP).

O Projeto de Lei da deputada *Laura Carneiro* n. 6.153/05 (cuidava do pecúlio), foi apensado ao Projeto de Lei n. 1.606/03 do *Deputado Rogério Silva.*

Em 1997, o deputado *Arnaldo Faria de Sá* apresentou um Projeto de Lei n. 3.900/97 que foi apensado ao Projeto de Lei n. 2.286/97.

Roberto Luis Luchi Demo examinou alguns projetos de lei em andamento, fazendo observações válidas para o seu aperfeiçoamento ("Aposentadoria. Direito disponível. Desaposentação. Indenização ao sistema previdenciário", *in RPS* n. 163/887).

Faukecefres Savi reproduziu parte do Projeto de Lei vetado pelo Presidente da República: "As aposentadorias por tempo de contribuição e a especial, concedidas pela Previdência Social, na forma da lei, poderão, a qualquer tempo, ser renunciadas pelo beneficiário, ficando assegurada a contagem, do tempo de contribuição que serviu de base para a concessão do benefício ("Desaposentação", em Savi Advocacia, colhido em 7.6.10).

298. Quais são as propostas de regulamentação?

Existem vários projetos de lei em andamento; espera-se que a União regulamente a matéria no seu todo, abordando os vários aspectos. Se isso não for politicamente possível, que alguma solução seja dada ao destino da contribuição dos aposentados que voltaram ao trabalho.

299. Quais são as principais soluções alvitradas?

É possível concluir que pelo menos três soluções são indicadas:

a) regulamentação da desaposentação;

b) revisão periódica requisitada; e

c) restauração do pecúlio.

300. Neste caso, como ficariam os processos em andamento?

Tecnicamente terão de ser resolvidos como vêm sendo, mas é bem provável que sobrevenha uma mudança no entendimento dos magistrados e dos tribunais em face do que for regulamentado.

301. Há alguma chance de ser implantada a desaposentação?

De acordo com as opiniões emitidas pelo MPS, por variados motivos a regulamentação da desaposentação parece ser a solução menos acolhida pelo Governo Federal.

302. O que é a revisão periódica?

A cada três ou cinco anos, se requerido pelo aposentado, o INSS promoveria uma revisão de cálculo e consideraria as contribuições até então vertidas e, nesse caso, não haveria necessidade de restituição do já recebido. As contribuições pagas e a idade avançada seriam financeira e atuarialmente bastantes para a majoração da mensalidade.

303. Sobrevirá a restauração do pecúlio?

Uma possibilidade bastante viável que se avizinha é a volta do pecúlio e na medida em que são restituídas apenas as contribuições pessoais do trabalhador, ficando o RGPS com a parte patronal.

304. O que diz o Projeto de Lei de *Luiz Carlos Hauly*?

Segundo o Projeto de Lei n. 7.092/10, a desaposentação poderia ser solicitada a qualquer tempo, sobrevindo uma revisão no cálculo, sem qualquer restituição e com incorporação das novas contribuições.

Produção Gráfica e Editoração Eletrônica: Peter Fritz Strotbek
Projeto de Capa: Fabio Giglio
Impressão: Pimenta Gráfica e Editora